Klassiker-Lektüren

Band 3

Gottfried von Straßburg: Tristan

von

Christoph Huber

2., verbesserte Auflage

ERICH SCHMIDT VERLAG

Die Deutsche Bibliothek – CIP-Einheitsaufnahme

Huber, Christoph:
Gottfried von Straßburg: Tristan / von Christoph Huber. – 2., verbesserte Auflage –
Berlin : Erich Schmidt, 2001
  (Klassiker-Lektüren ; Bd. 3)
  ISBN 3-503-06112-6

1. Auflage 2000
2. Auflage 2001

ISBN 3 503 06112 6
ISSN 1438-965X

Dieses Papier erfüllt die Frankfurter Forderungen der Deutschen Bibliothek
und der Gesellschaft für das Buch bezüglich der Alterungsbeständigkeit
und entspricht sowohl den strengen Bestimmungen der US Norm Ansi/Niso
Z 39.48-1992 als auch der ISO-Norm 9706

Druck: Danuvia Druckhaus Neuburg, Neuburg/Donau

Inhaltsverzeichnis

Vorwort..7

Vorwort zur verbesserten Auflage 8

Einleitung 9
    Literaturhinweise und grundlegende Hilfsmittel......................................12

1. Stoffgeschichte des Tristanromans..15
    Literaturhinweise und Diskussion 25

2. Autor und Publikum 27
    2.1. Entstehungskontext und mittelalterliche Rezeption 27
    Literaturhinweise und Diskussion 32
    2.2. Forschung..33

3. Der Prolog 37
    Literaturhinweise und Diskussion 45

4. Fatalität und Minne in der Vorgeschichte 47
    Literaturhinweise und Diskussion 53

5. Tristans Weg zu Isolde 54
    5.1. Vaterlose Kindheit 54
    Literaturhinweise und Diskussion 59
    5.2. Der „Literaturexkurs" (v. 4555-5011) 61
    Literaturhinweise und Diskussion 65
    5.3. Ritterschaft und Brautwerbung 66
    Literaturhinweise und Diskussion 72

6. Der Zaubertrank als Minnelegitimation 73
    Literaturhinweise und Diskussion 83

7. Minne als Ehebruch 86
    Literaturhinweise und Diskussion 96

8. Entrückung in die Minnegrotte...98
    Literaturhinweise und Diskussion 110

9. Heilsgeschichte der Minne in den Exkursen 112
    Literaturhinweise und Diskussion 117

10. Trennung der Liebenden und Fragmentschluß 120
    Literaturhinweise und Diskussion 128

Auswahlbibliographie..129

Vorwort

Das vorliegende Studienbuch geht auf mein Einführungsbändchen (HUBER 1986) zurück. Ich habe dessen Anlage mit einem Durchgang durch Gottfrieds Roman als roten Faden beibehalten, den Text aber gründlich revidiert und mit der Verarbeitung der neueren Gottfried-Forschung häufig die Akzente verschoben. In jüngeren Arbeiten ist neben einer Neubewertung der überlieferungsgeschichtlichen Vorgaben mehr und mehr der offene Charakter dieser Dichtung hervorgetreten, der aber – daran möchte ich festhalten – nicht von der intensiven Anstrengung um eine integrierende Lektüre des gesamten Textes entbindet.

Nach einleitenden Bemerkungen zu Thema und Hilfsmitteln wird in zwei Kapiteln der literaturgeschichtliche Hintergrund zusammengefaßt (Stoff, Autor, Überlieferung, Rezeption). Die folgenden Kapitel gehen in Abschnitten Gottfrieds Dichtung entlang. Sie sollen, auch wenn Perspektiven angelegt und Standpunkte bezogen werden, in erster Linie zur Auseinandersetzung mit dem reizvollen und rätselhaften Text selbst anregen. Zentrale Passagen werden daher mittelhochdeutsch zitiert, die Übertragungen stammen von mir. Auf Anmerkungen wird verzichtet, aber am Ende jedes Kapitels folgt ein Einstieg in die Forschungsdiskussion, die bis heute in einer für mittelalterliche Autoren ungewöhnlichen Schärfe kontrovers geführt wird. Dabei soll das Spektrum der Methoden und das Spannungsfeld der Standpunkte soweit deutlich werden, daß gezielt eine vertiefte Auseinandersetzung mit Einzelproblemen möglich wird. Die Bibliographie erschließt diesen Teil. Neuere und womöglich jüngste Beiträge habe ich berücksichtigt, doch stehen bei einem umstrittenen Autor wie Gottfried auch immer wieder ältere Positionen zur Debatte. Daher ist hier der Rückgang auf ältere Arbeiten, welche für die anschließende Diskussion die Weichen gestellt haben, unverzichtbar. Nicht der letzte Schrei, sondern die Perspektivik und Dynamik der Gottfried-Forschung und gewisse Meilensteine auf ihrem Weg sollen in den Blick kommen. Hinweise zu Ausgaben und Hilfsmitteln finden sich im Anschluß an das Einleitungskapitel.

Ich würde mir wünschen, daß diese Einführung dazu beiträgt, daß weiterhin gerade jüngere Leser den ästhetischen Rang und die provokative Kraft dieses hochmittelalterlichen „Klassikers" und seine herausragende literaturwissenschaftliche Bedeutung für sich entdecken.

Februar 2000   Christoph Huber

Vorwort zur verbesserten Auflage:

Die verbesserte Auflage tilgt einige Druckfehler und Versehen. Auf die notwendige Korrektur zum Brauch der Dichterkrönung (S. 63) machte mich zuerst F.P. Knapp aufmerksam. An Literatur wurden neu eingearbeitet DRAESNER (1996), FLOOD (2000), HAUG (2000), SCHEUER (2000). Außerdem wurden die Hinweise auf Internet-Sites (S. 13f.) aufgenommen.

Mit Dank für freundliche Anregungen,

Juni 2001   Christoph Huber

Einleitung

Die Kultur der europäischen Neuzeit hat bekanntlich entscheidende, bis in die unmittelbare Gegenwart wirkende Weichenstellungen im Mittelalter erfahren, besonders im 12. Jahrhundert. Eine wichtige Zäsur bildet hier der Aufstieg einer adligen Führungsschicht an den weltlichen Höfen, die sich bei großer Vielfalt im einzelnen an gemeinsamen adlig-ritterlichen Leitbildern orientiert. Diese Gesellschaft fördert eine Literatur in den Volkssprachen, in der sie sich selbst darstellt und deutet. Es treten so neue Erzählstoffe in die schriftliche Überlieferung ein, die über lange Zeiträume hin das Material für spezifisch „mittelalterliche Mythen" bereitstellen und bis heute eine unverwüstliche Produktivität entfalten. Fassen wir literarische Mythen als Erzählstoffe mit teils festen, teils variablen Elementen, die im Rückgriff auf ferne Ursprünge sich je neu als Deutungsmuster für Gegenwartserfahrungen anbieten, so treffen diese Merkmale gewiß für die Geschichten von König Artus, vom Gral wie auch von Tristan und Isolde zu. Dabei gibt sich die von Geoffrey von Monmouth 1136 in der *Historia regum Britanniae (Geschichte der Könige Britanniens)* literarisch geschickt zusammengeklitterte Artushandlung als politisches Modell zu erkennen, das in einer feudalen Hierarchie die Leitbilder von elitärer Einheit und Gleichheit kultiviert. Dieses Szenarium wird seit Chrétien de Troyes (*Perceval*, 1182/1190) in der Gralgeschichte zu einem Entwurf irdischen Heils mit parareligiösen Zügen stilisiert. Im engen Kontakt zur literarischen Artuswelt und in Auseinandersetzung mit ihr bemüht sich etwa seit 1150 die Liebesgeschichte von Tristan und Isolde in zahlreichen Fassungen um das gewagte Konzept einer innerweltlich autonomen Liebe.

Der Tristanstoff ist in seinem Kern, wie vor allem die Namen bezeugen, inselkeltischen Ursprungs, in einer festen Gestalt aber zuerst auf dem französischen Festland nachzuweisen. Darauf wandert er zurück auf die Inseln, um von dort auf das ganze mittelalterliche Europa und in eine neuzeitliche Weltliteratur auszustrahlen. Er umfaßt ein Erzählgefüge von hoher Komplexität, in dem sich in den verschiedenen Fassungen archaische Muster mit schnell wechselnden, raffinierten Moden der höfischen Liebeskultur überlagern. Im Mittelpunkt des Stoffes steht die Figur der „Passion", der überwältigenden, leidenschaftlichen Liebe, die paradox erlebt wird, sich gegen die größten gesellschaftlichen Hindernisse stemmt, schließlich scheitert und noch im Untergang als höchster Lebenswert triumphiert. Trotz aller Vorbehalte, zu denen diese Grundidee in den unterschiedlichen Tristanversionen immer wieder Anlaß gibt, wird hier mit der Konzeption individueller Liebe nachdrücklich das Recht des einzelnen gegen die Ansprüche des Kollektivs zur Geltung gebracht. Dieses Muster ist als Grammatik der Liebe, als Code von Intimität, in vielen Wandlungen durch die folgenden Jahrhunderte bis in die Gegenwart zu verfolgen. Der Stoff erhält auf diesem Weg eine diachrone Perspektivik, die ihn zum europäischen Mythos der Liebe macht, wie ihn Denis DE ROUGEMONT (1939 und später) beschrieben und kritisiert hat. Tatsächlich unterscheidet sich das Tristanmodell grundlegend von den Liebesentwürfen anderer Kulturen, etwa denen des fernen Ostens.

Ihre diachrone Resonanz, die auch in schwächeren Bearbeitungen mitschwingt, hat die Tristanfabel im Mittelalter schon bald erreicht. Als variante und vielsinnige Geschichte kommt sie um 1210 bei Gottfried von Straßburg in die Hände eines überlegenen Autors. Gottfried wählt die damals modernste französische Version aus und bearbeitet sie auf der Grundlage seiner überragenden Bildung. Er zeigt sich beschlagen in der lateinisch-klerikalen Literatur: Er kennt seine antiken Klassiker und die modernen Autoren des 12. Jahrhunderts. Souverän beherrscht er die *artes liberales* mit Kenntnissen in zahlreichen Spezialgebieten, etwa der Dichtungstheorie. Auch die Abstraktionen der frühscholastischen Theologie und Philosophie haben sein Werk geprägt. Gottfried ist belesen bei den Theoretikern der Liebe von Ovid bis zu den höfischen Zeitgenossen. Er blickt über seinen Stoff hinaus auf die volkssprachliche Literatur Frankreichs und Deutschlands und sucht sich vor diesem Panorama seinen eigenen literarischen Ort.

Gottfried bringt so, indem er seiner Vorlage folgt, den Geist der Tristanmythe zum Sprechen, aber er behauptet sich selbst als Autor ganz entschieden. Er erörtert Varianten der Stoffgeschichte, er retuschiert seine Vorlage in wichtigen Details, er kommentiert. Er legt im Prolog und in einer Reihe von Exkursen ein spekulatives Denkgebäude in den Gang der Handlung hinein. Dieses entwirft mit dem Instrumentarium frühscholastischen Denkens eine Liebesanthropologie eigenen Zuschnitts und reflektiert auf die Bedingungen ihrer literarischen Vermittlung. Indem so der Standpunkt zwischen den Redeebenen hin und her wechselt, gewinnt das Liebesphänomen im Ablauf der Dichtung prozeßhaft Kontur, ohne daß die Geschichte zu einem eindeutigen Thesenroman zurechtgebogen würde. Trotz dieser Unschärfen scheint der Autor die Zügel so fest in der Hand zu haben, daß man ihm nicht Unentschiedenheit, Beliebigkeit, punktuelle Effekthascherei oder ein Scheitern seines literarischen Projektes unterstellen möchte. Als besondere Schwierigkeit fällt hier ins Gewicht, daß der Roman an einer empfindlichen Stelle abbricht, nämlich als Tristan sich innerlich von der Geliebten entfernt und einer anderen Frau gleichen Namens zuwendet. Die Heirat mit der zweiten Isolde und die weiteren Verwicklungen bis zum Ende wurden von Gottfried nicht mehr bearbeitet.

Daß es dieser komplexe Text dem Leser nicht leicht macht, kann schon ein erster Blick auf die Gottfried-Philologie verdeutlichen. Diese ist, wenn wir den ersten neuzeitlichen Handschriften-Abdruck von Christoph Heinrich MYLLER (1785) als Orientierung wählen, etwas mehr als 200 Jahre alt. Aus ästhetischen und moralischen Bedenken heraus brachte das 19. Jahrhundert keine kritische

Gottfried-Ausgabe zustande, ja eine verbindliche, modernen Anforderungen genügende Textgrundlage fehlt bis heute. Die Ausgabe RANKEs (1930) blieb bis auf wenige Passagen in einer Auswahlausgabe (1946) ohne kritischen Apparat. Daher ist man immer noch auf den textkritischen Appart MAROLDs (1906, erneuert von W. SCHRÖDER 1969) angewiesen. Neben einer weitgehend homogenen Kernüberlieferung, die in einer modernen Edition etwas weniger glatt als bei RANKE erscheinen dürfte, wird man heute auch die Varianzen stärker beachten, vor allem die kürzende Fassung der ältesten Handschrift M. Zur tatsächlichen historischen Rezeptionsgestalt des Werkes gehören ferner die zusammen mit Gottfrieds Text überlieferten Fortsetzungen, auch wenn sie formal und konzeptionell von jenem empfindlich abweichen. In dieser Form hat das Mittelalter das Meisterwerk gekannt und sich mit ihm auseinandergesetzt.

So verwundert es kaum, daß Gottfrieds *Tristan* auch gehaltlich große Schwierigkeiten bereitet und in wichtigen Grundansichten bis heute umstritten ist. Die Voraussetzungen hierfür sind zweifellos in der literarischen Eigenart des Textes selbst angelegt. Doch verschwinden die Probleme nicht einfach, wenn man Dissonanz und Zweideutigkeit zu Prinzipien der Textstruktur erhebt. Trotz seiner internen Spannungen ist der Roman auf vielen Ebenen dicht gewoben und von den ersten Versen bis zur Bruchstelle hin konsequent vernetzt. Wenn er daher ein reiches Potential an Deutungen zuläßt, sind auch die übergreifenden Perspektiven, auf die er zustrebt, zu beachten. Die vorliegende Einführung kann und will keinen umfassenden Forschungsbericht zu den dilemmatischen Problemen der Tristaninterpretation liefern, dies wäre eine eigene Aufgabe. Auch literaturgeschichtliche Auswertungen und Einordnungen muß sie weitgehend zurückstellen. Wichtiger ist ihr der Versuch, in Gottfrieds Dichtung und in den literarischen Prozeß hineinzuführen, der das Werk in ein so schillerndes Licht setzt.

Literaturhinweise und grundlegende Hilfsmittel

Zur Aktualität des Mittelalters mit Einzelbeiträgen zur höfischen Kultur Joachim HEINZLE (Hg. 1994). – Der Begriff des mittelalterlichen „Mythos" (bzw. der einzelnen „Mythe") wäre zu präzisieren; ein breiter Ansatz liegt etwa vor bei der von Ulrich MÜLLER und Werner WUNDERLICH herausgegebenen Reihe *Mittelaltermythen* (1996 ff.). Nur schwach reflektiert wird der Begriff der Tristan-„Mythe" in Alois WOLFs Monographie (1989) als „Elementares", das „über das Menschliche in einer einmaligen Situation hinausweist und die kulturelle Substanz ganzer Generationen formt und nicht an einzelne Völker und Sprachen gebunden ist" (S. 1). Vom Tristanmythos ist vor allem im Zusammenhang mit modernen Adaptationen seit dem 19. Jahrhundert, z. B. Wagners Oper oder BÉDIERs Nacherzählung, die Rede (THIBAULT-SCHAEFER 1995). Diverse Corpora mittelalterlicher und moderner Tristan-Texte werden so anthropologisch und psychologisch, besonders Jungianisch, ausgewertet (CAZENAVE 1981; Lexikonartikel von THIBAULT-SCHAEFER 1988). Mit einem diffusen Quellenhintergrund bildet die Tristanhandlung die Folie für die kulturkritische Darstellung abendländischer Liebe durch DE ROUGEMONT (1939 und spätere Fassungen, stark beachtet nur in Frankreich; vgl. ROCHER 1982). Das gleiche gilt für die an ein breiteres Leserpublikum gerichtete Abhandlung von Robert A. JOHNSON (1983, dt. 1985) mit einem Vergleich der Tristanmuster und ihrer mentalitätsgeschichtlichen Reflexe zu östlichen Liebesauffassungen. Bezeichnend sind die (unspezifizierten) Tristan-Zitate in dem Essay von Roland BARTHES *Fragments d'un discours amoureux* (1977).

Das von der mittelalterlichen Terminologie nicht gedeckte, von Gaston PARIS 1883 in die Mediävistik eingeführte Forschungskonzept der „höfischen Liebe" hat nach einer Grundsatzdebatte Rüdiger SCHNELL komparatistisch revidiert und als höfischen Diskurs über die Liebe mit bestimmten zentralen Werten neu definiert (zahlreiche Arbeiten, besonders die Monographie 'Causa amoris' 1985 und die Aufsätze von 1990, 1991 und 1994).

Die Überlieferung von Gottfrieds *Tristan* ist in Werner SCHRÖDERs Nachwort der Ausgabe von MAROLD/SCHRÖDER (1969), S. 283-303, zu überblicken. Die jüngste größere Arbeit zu den *Tristan*-Handschriften (Untersuchung der Fragmente) stammt von René WETZEL (1992), der die Edition RANKEs (1. Aufl. 1930) in den Grundzügen bestätigt. Auf die variante Überlieferung verwiesen Peter STROHSCHNEIDER (ZfdA 1991, S. 420f.) und Nikolaus HENKEL (1993, S. 45, 54-56); auf die Parallelüberlieferung höfischer Epen ging grundsätzlich Joachim BUMKE ein (1996, bes. S. 119; 123).

Das Faksimile der ältesten Gottfried-Handschrift M (cgm 19) mit ihrer kürzenden Textfassung und ihren wertvollen Bildseiten wurde von Ulrich MONTAG und Paul GICHTEL (1979) erläutert; zu M im Kontext verwandter Handschriften vgl. Thomas KLEIN (1992, S. 54-62). Ausgewählte Abbildungen quer durch die handschriftliche Überlieferung bietet Hans-Hugo STEINHOFF (1974, besonders zur Passage der Minnegrotte). – Eine Ausgabe der Handschrift H (cpg 360) von Wolfgang SPIEWOK (1989, kein getreuer Abdruck) wurde kritisch aufgenommen (Werner SCHRÖDER, Irrwege 1991, Entgegnung SPIEWOK 1991).

Als maßgeblicher Text wird meist die Ausgabe von RANKE benutzt (1930, Berichtigungen ²1949, ab ³1958 im Text), daneben die von MAROLD/SCHRÖDER (1969, teils abweichende Verszählung), deren Lesartenapparat auf jeden Fall beizuziehen ist, solange noch keine verbindliche kritische Gottfried-Edition vorliegt. Die Ausgabe von BECHSTEIN/GANZ (1978) bietet neben einer sehr guten Einführung ins Werk von Peter GANZ für die selbständige Übersetzungsarbeit nützliche philologische Erklärungen. Zu Gottfrieds Wortgebrauch und zur schnellen Auffindung von Parallelstellen ist der Wortindex von Clifton D. HALL (1992) unentbehrlich.

Im Internet ist Gottfrieds Text auf zwei Servern vollständig zugänglich:

a) bei Gutenberg (RANKE/KROHN-Text): http://gutenberg.aol.de/gvstrass/tristan/trist001.htm;

b) bei der 'Bibliotheca Augustana' (RANKE/SAPPLER-Text, dazu die beiden Sprüche über das 'Gläserne Glück'_und 'Dein und Mein'): http://www.fh-augsburg.de/~harsch/germanica/Chronologie/13Jh/Gottfried/got_intr.html.

Beide Textquellen sind gemeinsam verzeichnet bei http://www. mediaevum. de/texte/epik.htm. Dort findet man auch weitere Tristan-Texte (Eilhart, Thomas, Richard Wagner).

Von den Übersetzungen des 19. Jahrhunderts war die Versübertragung von Hermann KURTZ (1844 und öfter, vgl. GROSSE-RAUTENBERG 1989, S. 31, Nr. 294) von großer Wirkung, unter anderem auf Richard Wagner; sie wurde bearbeitet von Wolfgang MOHR (1979). Von den neueren Übersetzungen ins Deutsche ist die prägnante Prosa von Xenja von ERTZDORFF (1979) leider nur einsprachig gedruckt. Rüdiger KROHN bietet zusammen mit einem revidierten RANKE-Text eine glättende neuhochdeutsche Prosa sowie Nachwort und Stellenkommentar (1980; neubearbeitete Auflage 1991). Die Übertragung von Dieter KÜHN (1991 u. ö.) in rhythmischer Prosa ist begleitet von einem einleitenden Essay und wird ergänzt durch die Übertragung der Fortsetzung Ulrichs von Türheim. Einige Passagen, darunter der zentrale *huote*-Exkurs, werden in den Anhang verbannt. Die rhythmische, sprachspielende Form dieser Adaptation ins Neuhochdeutsche läßt literarischen Anspruch erkennen, entfernt sich aber von Gottfrieds stilistischer Eleganz und Glätte.

Der Stellenkommentar von Rüdiger KROHN (3. Band der Reclam-Ausgabe 1980; ³1991 und spätere Abdrucke) verbindet Sachinformation und Forschungsreferat. Der breit angelegte Stellenkommentar von Lambertus OKKEN (1984/85; 2., überarb. Aufl. 1996) enthält neben detaillierten sachkundlichen Materialien (dazu die Anhänge zu Musik, Kostüm und Waffen, Heilkunde) vor allem zahlreiche Parallelstellen aus der antiken und christlichen lateinischen Literatur (mit Übersetzung), die Gottfrieds Profil als Neoklassiker herausheben.

Bibliographien: STEINHOFF (1971; 1986); KROHN (Kommentarband ³1991); OKKEN zum Kommentar ²1996, Bd. 2, S. 876-1006; im Rahmen des kurzgefaßten Handbuchs Literaturhinweise bei WEBER/HOFFMANN (1981/82). Eine fortlaufende Gottfried-Bibliographie mit Kurzreferaten findet sich im Bulletin der Internationalen Artusgesellschaft (Société Internationale Arthurienne / International Arthurian Society) 1948 ff. (verzeichnet auch Rezensionen). Eine an STEINHOFFs Berichtszeitraum anschließende Bibliographie von HUBER und Mitarbeitern über die Jahre 1984-1999/2000 (mit Schlagwörtern) ist abrufbar im Internet unter: http://www.mediaevum.de/bibliographie/tristan/bib_tristan.htm. Im übrigen ist die Adresse http://www.mediaevum.de als mediävistische Informationsquelle vielfältig nutzbar, sie verzeichnet Institutsadressen, Texte, Bibliographien, Forschungsprojekte und mehr (schnelle Orientierung über die Sitemap). – Zu Forschungsberichten vgl. die Literaturhinweise nach Kapitel 2.

1. Stoffgeschichte des Tristanromans

Der mittelalterliche Erzähler ist nicht auf Originalität bedacht. In der Wiederholung erneuert er den Stoff, dem er unabhängig von seiner Arbeit eine Art Eigenleben zuerkennt. Übersetzen und Bearbeiten sind nicht zweitrangige Leistungen, sondern die deutende Bewältigung der Vorlage, wobei schon minimale Eingriffe den Sinn entscheidend ändern können. Die Wahl eines bestimmten Stoffes, womöglich einer bestimmten Vorlage, ist bereits eine weitreichende Entscheidung, die freilich in der Regel gar nicht vom Autor gefällt, sondern von einem Auftraggeber und im Hinblick auf ein bestimmtes Publikum vorgegeben wird. So erscheint der Spielraum für den gestaltenden Dichter zunächst klein, und es überrascht, mit welcher Souveränität sich dennoch die großen Erzähler des mittelhochdeutschen höfischen Romans in ihrer Eigenart durchsetzen.

Der Tristanstoff steht seit seiner schriftliterarischen Bezeugung um die Mitte des 12. Jahrhunderts in Konkurrenz zu anderen Stoffen. Etwa gleichzeitig erscheinen Erzählungen nach klassisch-antiken Stoffen und die Artusgeschichte auf der literarischen Szene Frankreichs, in der über Jahrzehnte Mäzene aus der mächtigen Familie des Hauses Anjou-Plantagenêt den Ton angeben. Vor allem im Vergleich zum Artusstoff, mit dem sich der *Tristan* im Lauf seiner Geschichte immer wieder überschneidet, sind die Unterschiede augenfällig. Zwei verschiedene Erzählmodelle, zwei konträre Weltsichten stehen einander gegenüber. Die Artussage entwickelt trotz des Untergangs der Tafelrunde und der Selbstzerstörung des Reiches eine positive Gesellschaftsutopie. Artus wird am Ende von Feen entrückt und eines Tages wiederkehren. Das englische Königshaus beruft sich auf ihn als historisches und ideelles Vorbild. Chrétien de Troyes entwirft (etwa ab 1160) in der klassischen Fassung des Stoffes ein Modell politischer Balance und zugleich ein Konzept personaler Integration, indem der Held in einem doppelten Bewährungsweg auf dem Feld ritterlicher Leistungskonkurrenz seinen Platz in der Gesellschaft erobert, in der Minnefreundin die Ehefrau findet, und schließlich als idealer Herrscher regiert, so vor allem in dem Prototext der Gattung *Erec et Enide*. Dagegen fordert der Tristanstoff schon in seiner frühen höfischen Gestalt die geheiligten Ordnungen von Vasallität, Ehe und Religion, die historisch die Grundlagen mittelalterlicher Herrschaft bestimmen, heraus. Die unentrinnbare Liebe zweier Menschen, die trotz aller Vorbehalte als Wert erkannt wird, verstößt gegen göttliches und menschliches Recht, sie opponiert gegen Gesellschaft und Weltlauf und geht in diesem Konflikt schließlich unter. Ihre ideelle Bestätigung am Ende hat tragische Züge. Alle Versuche literarischer Bearbeitungen, diese im Grunde heillose Anlage der Fabel zu glätten und einen in ihr oder gegen sie bestehenden Sinn zu behaupten, stoßen an ihre Grenzen. Das gilt aber noch nicht für die ältesten Vorstufen des Stoffs.

Wie der Artusstoff reicht der *Tristan* auf keltische Quellen zurück und bewahrt in den Namen realhistorische Spuren. Der Name des Helden weist in die piktisch-schottische Vorgeschichte, andere Namen verteilen sich auf Irland, Wales, Cornwall und die Bretagne. Dies ist auch der geographische Raum der Erzählung. Ob man so eine Wanderung des Stoffes oder nur gemein-keltischen Ursprung erkennen kann, ist umstritten, zumal Einzelheiten auch auf klassisch-antike und sogar orientalische Quellen hinweisen.

Der zentrale Konfliktansatz ist in irischen Sagen belegt, die spät aufgeschrieben und bis ins 18. Jahrhundert mündlich überliefert wurden, aber zweifellos einen früheren Zustand (11./12. Jahrhundert?) festhalten. So wird etwa im Sagenkreis um König Finn von Diarmaid und Grainne berichtet. Grainne verliebt sich in Diarmaid, den Gefolgsmann ihres Gatten, und bindet ihn durch Zauber an sich. Das Paar flieht in den Wald, aber der Mann verweigert der Frau die sexuelle Vereinigung und hält dem Lehnsherrn die Treue. Er schläft mit dem blanken Schwert (oder einem Stück Fleisch) zwischen den Körpern. Das Motiv ist in fremder Funktion (RANKE-GRAVES, S. 19f., hat dies für die griechische Mythologie als „Ikonotropie" beschrieben) in späteren Stadien in der Episode des Waldlebens bzw. der Minnegrotte erhalten. Grainnes beleidigendes Wort vom „kühnen Wasser", das ihr beim Ritt durch eine Furt zwischen die Schenkel spritzt und dabei mehr wage als bisher jede Männerhand, ist später in Tristans gestörte Beziehung zu seiner Ehefrau Isolde Weißhand versetzt worden und leitet auch dort den Vollzug der Liebe ein. Der Ausgang der irischen Sage variiert. Neben dem ursprünglichen Ende, nach dem der Mann, von seinen Verfolgern eingeholt und tödlich verwundet, die Frau in einer letzten Umarmung erdrückt, werden versöhnliche Varianten, die Rückgabe Grainnes an Finn und die Verbannung Diarmaids oder gar seine Rehabilitation, erzählt. Auf jeden Fall siegt hier eindeutig die Ordnung; Vasallentreue und Ehe werden über das Gesetz der Liebe gestellt.

Wie ein höfischer „Urroman" um 1150 im einzelnen ausgesehen haben könnte, ist nicht mit Sicherheit zu erschließen. Die Quellenberufungen der überlieferten Texte deuten jedenfalls auf Vorstufen hin, die in einer Grauzone zwischen Mündlichkeit und schriftlicher Fixierung liegen. Die Fragmente eines Beroul, deren Datierung von 'nach 1190' bis zu einem wesentlich früheren Ansatz schwankt, berufen sich mehrfach auf eine *estoire* als Vorlage; die Fassungen eines gewissen Bleri (Breri) oder La Chièvre sind verloren. In der provenzalischen und später der nordfranzösischen Minnelyrik (wie ihren deutschen Nachdichtungen) wird die Figur Tristans als bekannt vorausgesetzt. Er ist ein vorbildlicher Liebhaber, dem freilich durch den zwanghaften Liebeszauber, das narrative Kernelement und Erkennungszeichen des Stoffes, die Rolle eines Negativbeispiels im Streit um die „rechte Liebe" zukommt. Distanziert verhält sich Chrétien de Troyes, der geniale Erneuerer des höfischen Romans. Daß seine im *Cligès-*

Prolog erwähnte Erzählung von *König Marc und der blonden Iseut* verloren ist, kann man nur bedauern. Da Chrétien quer durch sein erhaltenes Werk auf den *Tristan* nur kritisch Bezug nimmt und in zwei ganz unterschiedlich angelegten Romanen, dem *Cligès* und dem *Karrenritter*, auch als Erzähler betont gegen den Stoff anschreibt, kann man vermuten, daß auch die Erzählung, die im Titel ausgerechnet Marke und Isolde zusammenspannt und dabei den Ehemann an erster Stelle nennt, sich kaum mit dem ehebrecherischen Liebespaar verbündet haben dürfte. Alle Anzeichen deuten darauf hin: Der *Tristan* war im literarischen Gespräch der Zeit ebenso präsent wie umstritten. Die Überlieferung gab Chrétien recht und verwarf die französischen Tristanromane des 12. Jahrhunderts oder brachte sie höchstens in Bruchstücken auf uns.

Ein französischer Archetyp ist am ehesten über die mittelhochdeutsche Bearbeitung des Eilhart von Oberg zu erschließen. Voraussetzung ist hier, daß der Dichter eine schriftliche französische Fassung vor Augen hatte, die auf irgendeinem Wege, vielleicht über die Beziehungen des Welfenhauses zum anglonormannischen Königshof, in den Braunschweiger Raum gekommen sein muß (Heinrich der Löwe war verheiratet mit Mathilde, der Tochter Heinrichs II., und hielt sich zeitweise bei seinen Verwandten in England auf). Auf diese Quelle beruft sich Eilhart als Autorität, setzt sich aber mitunter auch ratlos oder kritisch gegen sie ab. Der schriftliche französische Urroman in einem varianten mündlichen Umfeld ist, wie weit er auch Eilharts Vorlage vorausliegen mag, als Arbeit eines Dichters vorstellbar, der mit den oben erwähnten Namen identisch sein könnte. Nur ein individueller, überlegt disponierender Autor konnte den großen Bogen der Geschichte von Tristans Eltern bis zum Untergang des Liebespaares ersinnen und dabei Einzelelemente höchst unterschiedlicher Herkunft in einen Handlungsstrang verflechten. Keltische Sage, mündlich tradiertes östliches und schriftliterarisch-antikes Erzählgut verbinden sich hier zu einem synkretistischen, in sich nicht völlig widerspruchsfreien Ganzen, das gerade in seiner Uneinheitlichkeit voll reizvoller Möglichkeiten der Ausdeutung und Akzentuierung steckt.

Der Ort von Eilharts *Tristrant* ist seinerseits in der deutschen Literaturgeschichte nur unsicher zu bestimmen. Die Datierung und romangeschichtliche Einordnung des Werkes hängt an der Frage, wie man die Parallelen zum *Eneas* des Heinrich von Veldeke beurteilt. Isaldes aus dem Erzählfluß herausbrechender Monolog nach dem Genuß des Minnetranks klingt in vielen Punkten an den Minnemonolog der in Eneas verliebten Lavinia an. Ist Eilhart der Gebende, dann müßte sein Text vor der Mitte der 1170er Jahre bereits vorliegen, als das Manuskript des noch nicht fertigen *Eneas* gestohlen wurde und eine neunjährige Schaffenspause bis zum Abschluß von Veldekes Werk eintrat. Eilharts Liebesdarstellung wäre dann als bahnbrechend modern und literarhistorisch höchst folgenreich einzuschätzen. Geht Veldeke voraus und ist mit der breiteren Veröffentlichung seines Romans in den achtziger Jahren (spätestens bis 1190) zu rechnen, ist der *Tristrant* nun sogar nach Hartmanns *Erec* (um 1180), neben einer verfeinerten höfischen Erzählkunst ein altertümlicher Nachzügler, dessen formale und erzähltechnische Schlichtheiten nur im Raum einer mitteldeutschen Literaturprovinz erklärlich wären.

Während nun die Prioritätsfrage zwischen den parallelen Texten nicht eindeutig entscheidbar ist, lassen sich zur Bekanntheit des Stoffs in Deutschland aus anderen Werken Argumente beibringen. Veldeke streicht in der Szene, wo Venus gewaltsam die Liebe der Dido entzündet, ausgerechnet alle Formulierungen seiner Quelle (des *Roman d'Eneas*), die an einen Liebeszauber in Trankform erinnern, heraus. In seiner lyrischen Tristrant-Strophe (IV, *Des Minnesangs Frühling*, 58, 35 ff.) greift Veldeke wie Bernger von Horheim (I, *Des Minnesangs Frühling*, 112,1 ff.) auf ein Lied von Chrétien de Troyes zurück, beide Minnesänger haben hier ihren Text nicht aus der epischen Tradition entlehnt. Noch um 1180 tilgt Hartmann von Aue in seinem *Erec* konsequent Chrétiens intertextuelle Tristan-Anspielungen, und das wahrscheinlich nur deshalb, weil sie ihm oder zumindest seinem Publikum nicht geläufig waren. Erst Wolfram setzt ab dem 3. *Parzival*-Buch, mit dem er um 1200 seine Arbeit begonnen haben muß, bei seinen Hörern Vertrautheit mit dem Stoff, und dies mit den Namensformen Eilharts, voraus. Anderseits deuten auch historische Belege auf die 90er Jahre. So schlägt in der Forschung das lange unentschieden schwankende Pendel heute mehr zugunsten der Spätdatierung aus.

Die Überlieferung von Eilharts Text wirft ein Licht auf das Schicksal seines Romans im deutschen Raum. Erhalten sind nur frühe Fragmente und späte, unterschiedlich bearbeitende vollständige Handschriften, die unter ihren Glättungen, Kürzungen und Aufschwellungen eine zusammenhängende Restauration des Originals nicht mehr erlauben. Aber noch in diesem zerrütteten Erhaltungszustand läßt sich die Konzentration und Präzision, das heißt die außerordentliche Qualität des ursprünglichen Texts und seiner Vorlage, auf Schritt und Tritt greifen. Es gehört zu den Merkwürdigkeiten des deutschen *Tristan*, daß die Fassung, welche allein die älteste Stufe des Stoffes im Ganzen bezeugt, das Werk Eilharts, im deutschen Spätmittelalter wieder ihre Stunde hat. Sie wird als Ergänzung zu Gottfrieds Fragment beigezogen, in den Arbeiten der Fortsetzer oder direkt. Und sie liefert die Hauptvorlage zu dem ab 1484 wiederholt gedruckten Prosaroman von *Tristrant und Isalde*.

Dieser Stofftradition gehört weitgehend auch das Fragment des Beroul zu. Es ist nur in einer Handschrift des 13. Jahrhunderts erhalten und weist in den Südwesten Frankreichs. Der reizvolle Text steckt voller Rätsel. Er reicht nur von einigen Listepisoden an Markes Hof über die Flucht in den Wald zur Rückgabe Isoldes an ihren Mann. Der letzte Teil mit Tristans Rache an seinen Verrätern folgt Sonderquellen. Ob alles von einem Verfasser stammen kann, wurde diskutiert; die Datierung schwankt von einem sehr frühen Ansatz bis nach 1190. Stilistisch ist der Text sehr eigenwillig. Sein dramatisches, sprunghaftes, auf Kontraste hin komponiertes Erzählen kümmert sich wenig um Logik und Psychologie. Sicher wahrt es so noch Züge eines lockeren, mündlichen Sprachgestus. Doch ist es deswegen nicht primitiv oder nachlässig zu nennen. Berouls Ästhetik, die

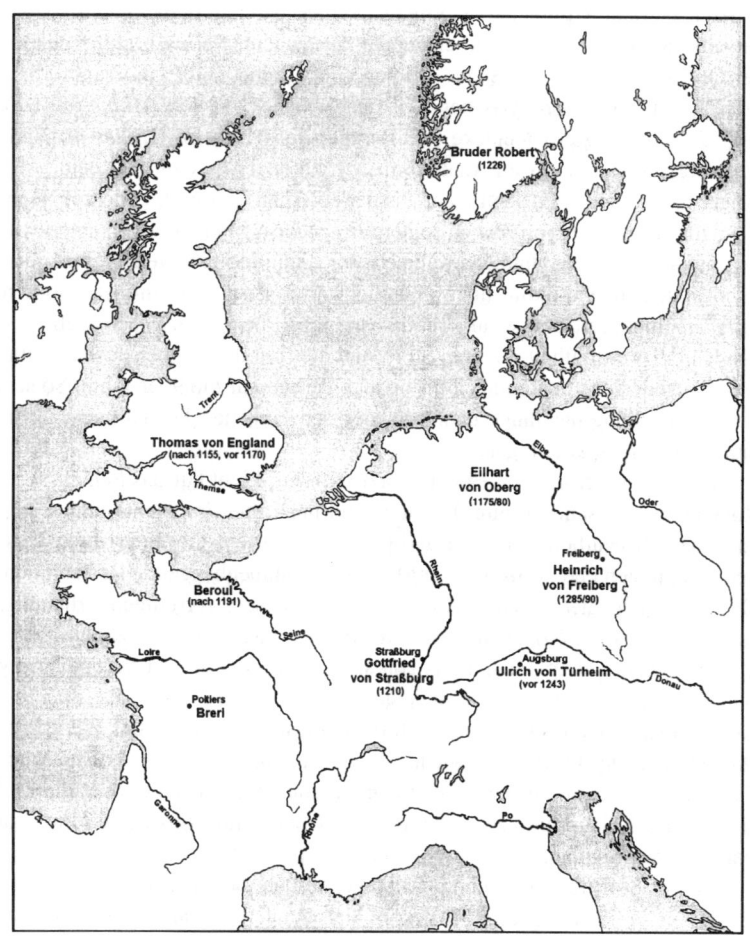

Abb. 1: Geographie der *Tristan*-Fassungen

nicht Ereignisse horizontal verknüpft, sondern Aspekte überlagert und ineinander spiegelt, ist von hohem Rang, die gedankliche Durchdringung des Konflikts läßt philosophische Kategorien aufscheinen.

Ein späteres Stadium erreicht der Stoff unter der Feder des Thomas von England in anglonormannischer Sprache. Auch hier ist die zeitliche Einordnung ein fast verzweifeltes Unterfangen. Der *Tristan* des Thomas wurde nach 1155 und wahrscheinlich vor Chrétiens gereizter Reaktion im *Cligès* (ab 1170) geschrieben. Liest man in dem Wappen Tristans mit den drei Löwen eine Anspielung auf das Wappen Heinrichs II. von England, so wurde das raffinierte Werk diesem Herrscher dediziert, und dies wohl noch vor dessen endgültigem Zerwürfnis mit seiner Gattin Eleonore von Aquitanien (1173/74). Das müßte sich demnach noch vor den Arbeiten des Beroul und Eilhart ereignet haben. Jedenfalls kann aus dem stoffgeschichtlich 'späteren' Stand kein chronologisches Argument abgeleitet werden, die ungebrochene Lebendigkeit einer früheren Stufe wird räumlich und im Kulturgefälle des jeweiligen Rezeptionsumfelds begründet sein.

Man hat die beiden Stadien als „version commune" und „version courtoise", als „spielmännische" und „höfische" Fassung oder ähnlich kontrastiert. Doch sind auch Eilhart und Beroul bereits „höfisch" geprägt, während der kultivierte Thomas und nach ihm Gottfried sich in der Aussage letztendlich „höfischer" Vereinnahmung und Domestizierung entziehen. Thomas mildert den „Realismus" der Handlung, die Drastik der früheren Stufen; er kennt feinere Sitten, er glättet und psychologisiert die Erzählfolge. Er bekennt sich zu einer moderneren, verinnerlichten, am Beispiel der Lyrik geschulten Liebesauffassung. Thomas erläutert und räsoniert in einer artifiziell und ornamental stilisierten Sprache. Verschiebungen im Erzählgefüge führen zu einer veränderten Konzeption. Sein Beitrag ist so nicht in Einzelheiten, sondern in einer neuen Handlungssynthese und ihrer Sinngebung zu sehen. Unter der eleganten Oberfläche indes bleibt das alte Dilemma des Stoffes eher noch radikaler stehen.

Seiner Fassung schließt sich Gottfried von Straßburg programmatisch an. Leider, und das spricht für einen Abbruch des Rezeptionsinteresses, sind von der französischen Dichtung wieder nur wenige Bruchstücke erhalten. Fünf seit längerem bekannte Fragmente stammen durchweg aus den späteren Teilen des Romans, und nur zwei Passagen davon (die Entdeckungs- und Abschiedsszene sowie Tristrans selbstquälerischer Monolog unter dem Eindruck seiner neuen Liebschaft) überlappen sich mit Gottfrieds Torso und ermöglichen so den Vergleich. So bedauerlich das ist, so glücklich ist auch der Umstand einzuschätzen, daß auf diese Weise der von Gottfried gekannte, aber nicht mehr bearbeitete Schluß der Vorlage erhalten ist und mit ihm eine der großartigsten Passagen der mittelalterlichen Romanliteratur. Für die Hauptmasse des Textes ist die Bearbeitungsleistung der deutschen Neufassung nur über eine raffende altnordische Prosabearbeitung des Thomas zu rekonstruieren, die ein Mönch namens Robert 1226 für den norwegischen König Haakon Haakonson angefertigt hat. An einzelnen

Punkten können der mittelenglische *Sir Tristrem* (Ende 13. Jahrhundert) und Abschnitte aus der italienischen *Tavola Ritonda* (14. Jahrhundert) die Rekonstruktion unterstützen. In dieser Situation bedeutete 1995 die Entdeckung des *Fragments von Carlisle* eine echte Sensation, die auch durch die großen Tageszeitungen ging. Aus dem Spiegel einer Handschrift stammen die zwei Doppelblätter, welche aus der Dichtung des Thomas keine geringere Szene als die Beschreibung der unmittelbaren Folgen des Minnetranks bis zum Brautunterschub Brangänes in der Hochzeitsnacht Markes mit Isolde enthalten. Die jüngst aufgefundene Passage erlaubt es nun, die Erzähltechnik und Motivationskunst der deutschen Bearbeitung und anderseits auch die Vorlagentreue der altnordischen Prosa neu abzuschätzen.

Vor diesem Hintergrund können wir nun einen Überblick über die Gesamtanlage der Handlung auf den zwei hauptsächlichen Bearbeitungsstufen des Stoffes skizzieren. Ich halte mich dabei, soweit ich nicht ausdrücklich unterscheide, an Gottfrieds Namensformen. Der Vita des Helden ist die Geschichte seiner Eltern vorgeschaltet. Riwalin, König von Loonois (später Parmenie) in der Bretagne, liebt Blancheflur, die Schwester des Königs Marke von Cornwall, zeugt mit ihr ein Kind und entführt sie in seine Heimat. Während bei Eilhart die Mutter auf der Überfahrt stirbt und der Sohn durch eine Schwertgeburt zur Welt gebracht wird, indes der Vater noch lange weiterlebt, arbeiten Thomas und Gottfried durch Riwalins Tod im Kampf und Blancheflurs Sterben nach der Geburt des Knaben bereits Parallelen zum Liebestod in der Haupthandlung heraus.

Es folgt die Jugendgeschichte Tristans, seine rundum vollkommene Ausbildung und sein Auftreten an Markes Hof. Während bei Eilhart der junge Held zielstrebig, aber incognito zu seinem Onkel zieht, erfindet Thomas die Entführung des Siebenjährigen durch ein Kaufmannsschiff, das ihn am Strand von Cornwall aussetzt. Tristan führt sich durch seine Künste bei seinem Onkel Marke ein und steigt schnell zu dessen Liebling auf. Nach der dramatischen Enthüllung seiner Identität wird er zum Erben Cornwalls erklärt und in feierlicher Schwertleite in den Ritterstand erhoben.

Tristans Ritterkarriere führt ihn in einem doppelten Anlauf der vorbestimmten Partnerin zu. Zunächst besiegt er den bedrohlichsten Feind des Landes, den Menschentribut fordernden Riesen Morold aus Irland. Die Befreiungstat verstrickt den Befreier. Ein Splitter von Tristans Schwert bleibt im Schädel des Erschlagenen stecken, wird mit diesem nach Irland überführt und von dessen tieftrauernder Nichte Isolde gefunden und aufbewahrt. (Thomas/Gottfried doppeln die Isolden-Figur und schreiben diese Rolle deren gleichnamiger Mutter zu.) Tristan selbst ist durch das vergiftete Schwert Morolds tödlich verwundet worden und kann wiederum nur von dieser Schwester bzw. Nichte geheilt werden. Der Todkranke vertraut sich in einem führerlosen Boot Wind und Wellen an und wird so zum ersten Mal nach Irland getragen. Er findet als Spielmann Tantris Aufnahme am Hof und wird von seiner Wunde geheilt. Während Eilharts Isalde den Fremden nie zu Gesicht bekommt, macht Thomas seinen Spielmann zum Lehrer des jungen Mädchens in den Künsten und der Moral. Nach der Rückkehr des Tantris/Tristan zu Marke soll für diesen eine Ehefrau gesucht werden. Das führt den Helden zum zweiten Mal nach Irland, diesmal als Brautwerber für seinen Onkel. Den Zutritt in das feindliche Land erreicht der Listenreiche nun in der Rolle eines Kaufmanns. Er besiegt einen Irland verheerenden Drachen und erhält dadurch Anspruch auf die Hand der als Preis ausgesetzten Prinzessin. Aber diese Lösung ist durch das Vorausliegende unheilvoll verbaut. Die Königstochter erkennt den Drachenbesieger beim Reinigen seines Schwerts an der Scharte, in die der Splitter paßt, als den Mörder ihres Onkels. In rasender Wut will sie ihn töten, läßt sich aber schließlich davon abbringen, nicht zuletzt, um der Ehe mit dem feigen Truchseß zu entgehen, der betrügerisch den Drachensieg und die Prinzessin als Preis beansprucht. So kann der Brautwerber sie schließlich seinem Onkel zuführen.

Auf der Rückfahrt nach Cornwall ereignet sich die schicksalshafte Wendung. Der Brautwerber und die Braut trinken von einem für die Hochzeitsnacht bestimmten Minnetrank und werden so auf Leben und Tod aneinander gebunden. Bei Eilhart und Beroul ist die Wirkung des Tranks zeitlich gestaffelt. In einem Zeitraum von drei bzw. vier Jahren hätte die Trennung der Liebenden tödliche Folgen, später wirkt der Trank in gemilderter Form, aber auch dann lebenslänglich bindend weiter. So kann die Liebesbeziehung in der Erzählhandlung später in eine Situation der Trennung übergeleitet werden. Thomas und Gottfried reduzieren diese magische Mechanik und lassen den Trank sofort lebenslang unverändert wirken.

Nach der Vereinigung der Liebenden auf dem Schiff wird die Braut dem König Marke, wie geplant, übergeben und angetraut. Da sie ihre Jungfernschaft verloren hat, muß beim ersten Beischlaf die Dienerin Brangäne ihre Stelle einnehmen. Die Liebenden suchen nun ihr ehebrecherisches Verhältnis heimlich fortzusetzen, bis dieses schließlich entdeckt, verfolgt und nach einer Kette von Intrigen vor Marke bewiesen wird.

Hier spalten sich die Versionen. Die archaische gestaltet durch die List des zwischen den Betten ausgestreuten Mehls eine Entdeckung in flagranti. Der erboste Ehemann will seine Frau zuerst auf dem Scheiterhaufen verbrennen, dann liefert er sie zur noch grausameren Bestrafung einer Horde von Aussätzigen aus. Dort befreit Tristan die Geliebte und flieht mit ihr in den wilden Wald. Die Strapazen des Lebens in der Wildnis treiben das Paar sofort nach dem Abklingen der Trankwirkung in die Zivilisation zurück. Isolde wird Marke durch die Vermittlung des frommen Einsiedlers Ogrin zum zweiten Mal übergeben, Tristan aber des Landes verwiesen.

Bei Thomas entläßt ein verwirrter Gatte das Paar freiwillig ins Exil. Anstelle der Flucht durch den Wald genießt es ein paradiesisches Leben in einer Grotte und ihrer lieblichen Umgebung. Von dort kehrt es ebenso freiwillig an den Hof zurück. Erst jetzt erfolgt die Entdeckung bei einem mittäglichen Beischlaf im Baumgarten, welche die Phase der endgültigen Trennung einleitet. Es ist klar, daß in dieser Folge die äußere Motivation und Verknüpfung der Ereignisse geschwächt wird. Thomas kann sich nicht ohne schwerwiegenden Grund zu diesem nicht leicht zu bewältigenden Eingriff entschlossen haben.

Der folgende Teil, die Fortsetzung der Liebe im Zustand der Trennung, variiert in den Fassungen stark. Nach Kämpfen im Ausland (bei Eilhart auch einem Aufenthalt bei König Artus) kehrt Tristan auf das Festland zurück und läßt sich parallel zur Situation der Geliebten in die Heirat mit einer anderen Isolde ein, ohne zunächst die Ehe vollziehen zu können. Später führen ihn Fahrten in verschiedenen Rollen nach Cornwall zur blonden Geliebten zurück. Eine Reihe von selbständigen Episodengedichten hat hier ihren Platz. Die Liebenden erleben infolge von Tristans Heirat ein heftiges Zerwürfnis, Streit, Zurückweisung, Versöhnung, und genießen kurze, gefährdete Stunden des Glückes. Bei einem Unternehmen als Minnehelfer in der Bretagne empfängt Tristan schließlich abermals eine tödliche Wunde, die nur die blonde Freundin heilen könnte. Sie wird gerufen, ein weißes oder schwarzes Segel soll das Zeichen für Erfolg oder Scheitern der Mission sein. Isolde läßt alles zurück und eilt übers Meer herbei. Als die Ehefrau dem Agonierenden irrtümlich oder absichtlich das schwarze Segel ansagt, stirbt Tristan in Verzweiflung. Isolde folgt ihm an seiner Bahre in einem Liebestod nach. Während Thomas nach dem überlieferten Schlußfragment hier endet, setzen Eilhart, aber auch der Thomas-Redaktor Robert in seiner altnordischen Paraphrase mit dem Wunder der über den Gräbern verschlungenen Zweige von Rose und Rebe noch einen verklärenden Akzent.

Damit ist die Architektur des Stoffes in ihren wichtigsten Linien umrissen. Sie bildet so bereits auf der Stufe der *estoire* kein buntes Episoden-Konglomerat, sondern ein wohlberechnetes und gegliedertes Ganzes, in dem jede Szene einen sinnvollen Platz hat. Man wird kaum zögern, dieser Handlung, auch wenn sich in ihrem Verlauf Rollen und Beziehungsmuster verschieben, eine Geschlossenheit zu bescheinigen, wie sie Chrétien de Troyes im Prolog seines *Erec*-Romans mit der Qualität der *conjointure* (v. 14) für sich beansprucht. Als große Gliederungseinheiten lassen sich Zweier- oder Dreiergruppen herauslösen, die auf die Einheit des Paares als Grundgedanken bezogen sind: Tristans Weg zu Isolde, Tristans Leben mit Isolde, Tristans Trennung von Isolde. In der Mittelachse liegt nach Eilharts Stoffverteilung das Eingreifen Ogrins und die Rückkehr der Flüchtlinge aus dem Wald. Gottfried erreicht die Mitte nach dem rekonstruierten Gesamtplan wahrscheinlich genau mit dem Minnetrank. Wesentlich erscheint dabei, daß in allen Fassungen die Phase des gemeinsamen Lebens im Dreieck des Ehebruchs nur einen kleinen Teil ausmacht, den die Lebensabschnitte der Trennung weit überwiegen. Lang ist Tristans Weg zu Isolde. Immer schließt an die Entdeckung des Ehebruchs eine Periode endgültiger äußerer Trennung an, ein Leidensweg, auf dem auch die innere Zersetzung dieser größten aller Leidenschaften geschildert wird. Die Heillosigkeit dieser Liebesbeziehung und ihr tragischer Verlauf kommt nicht allein von der Gesellschaft und vom Schicksal, auch die Liebenden selbst arbeiten an ihr mit. Vor allem der Abschnitt nach der Trennung zeichnet eine Abstiegsbewegung, gegen welche der Wert der Minne, der Lebenssinn, den sie bedeuten mag, nur als paradoxe Gegenthese aufrecht erhalten werden kann. In den Rahmen eines christlichen Weltbilds, in dem die Erotik in der Hierarchie der Liebesstufen an untergeordneter Stelle einen festen Platz hat, in der die Ehe als Wert über der sinnlichen Liebe steht und alle irdischen Widersprüche in der Transzendenz zum sicheren Ausgleich kommen, kann dieser Stoff nicht bruchlos eingepaßt werden, auch wenn sich die Bearbeiter je nach Einstellung redlich darum bemühen. Auch ein feudales Eheverständnis, das die Liebe als Funktion der Fortpflanzung und der Machterhaltung der Dynastie begreift, kann mit diesem Gang der Geschichte nicht ohne weiteres konform gehen. Insofern bedeutet es ein Wagnis, wenn ein mittelalterlicher Autor den prekären Stoff seiner Zeit und seinem Publikum darbietet.

Literaturhinweise und Diskussion

Die Tristanstoffgeschichte bibliographiert STEINHOFF (1971), Kap. 15, S. 87 ff.; ders. (1986), Kap. 15, S. 78 ff.; einen gesamteuropäischen Überblick gibt in konzentrierter Form STEIN (1984); vgl. auch WEBER-HOFFMANN (1981), S. 31-57. In die Neuzeit verfolgt die Stoffgeschichte bereits GOLTHER (1907). Zur Gottfried-Rezeption Hinweise unten zu Kap. 2.

Eine Anthologie zum mittelalterlichen Tristanstoff mit literaturwissenschaftlichen Erläuterungen, Inhaltsangaben und zweisprachigen Auszügen brachte 1925 RANKE heraus; ähnlich BUSCHINGER-SPIEWOK (1991, knappe Erklärungen, nur einsprachige Textauszüge). Die altfranzösischen Versversionen finden sich mit neufranzösischer Übersetzung bei PAYEN (1974), LACROIX-WALTER (1989) und MARCHELLO-NIZIA (1995). Vgl. unten Bibliographie, 1. Texte, dort auch Einzelausgaben.

Zu den keltischen Vorstufen stammt das klassische Werk von Gertrude SCHOEPPERLE (1913, [2]1960). Hypothesen zur Frühgeschichte des Stoffes entwickelte EISNER (1969, vgl. Rezensionen). Die Diskussion um die keltischen Quellen resümiert neuerdings McCANN (1990). Zu der häufig beigezogenen Sage von Diarmaid und Grainne vgl. KÜHNEL (1987) und SIMMER (1989). Den altfranzösischen „Urroman", die sog. *'estoire'*, rekonstruierte (vor allem über Eilhart) Joseph BÉDIER (1902-1905), der seine Forschungen auch in eine moderne Nacherzählung faßte, welche für die Rezeption des Stoffes im 20. Jahrhundert von großer Wirkung war (1900; deutsch von Rudolf G. BINDING 1911 und öfter; vgl. GALLAGHER 1980; 1982).

Die frühhöfische Fassung Berouls ist in der zweisprachigen Ausgabe mit deutscher Übersetzung von MÖLK (1962) zugänglich. Die Fragmente des Thomas sind in der zweisprachigen Ausgabe von BONATH (1985), in textkritischer Bearbeitung mit Anmerkungen und der Schließung der Lücken durch eine Nacherzählung der altnordischen Saga, erschlossen. Die kritische Ausgabe des 1995 entdeckten *Fragments von Carlisle* stammt von BENSKIN/HUNT/SHORT (erschienen 1996), französische Übersetzung in der französisch-zweisprachigen Anthologie von MARCHELLO-NIZIA (1995); deutsch bereits in der altfranzösisch-neuhochdeutschen Thomas-Ausgabe von BUSCHINGER-SPIEWOK (1995), Nachtragsheft. Die Übersetzung des teils lückenhaften Textes wird auch in der Diskussion um Textkritik und Übersetzung erörtert, dazu JANTZEN-KRÖNER (1997) und ZOTZ (2000). Die Debatte um die literaturwissenschaftliche Auswertung des Fragments mit der Bearbeitungleistung Gottfrieds im Fluchtpunkt ist noch im Gange (außer oben bes. HAUG 1996; 1997; 1999). – Edition der altnordischen Saga mit nhd. Übersetzung KÖLBING 1878, Nachdr. 1978.

Die Interferenzen von Tristan- und Artusstoff (in deutschen Erzähltexten) behandeln McDONALD (1989 u.ö.) und MERTENS (1998), S. 250-261. Die Diskussion, ob Thomas mit Tristans Löwenschild auf ein Mäzenat Heinrichs II. von England schließen läßt, referiert und ergänzt mit positivem Votum GÖLLER

(1990), S. 61-65. Zur Bedeutung von Eleonore von Aquitanien und ihrer Familie für die mittelalterliche Literatur, vor allem den volkssprachlichen Roman, LEJEUNE (1954); OWEN (1993), S. 162-212; WEIR (1999), S. 136-138. Die Auseinandersetzung des Chrétien de Troyes mit dem Tristanstoff überblickt BAEHR (1971).

Eilharts *Tristrant* macht dem Philologen grundsätzliche Schwierigkeiten hinsichtlich der Datierung, der Überlieferung und der Textgestalt. Für die Spätdatierung (um 1190) votieren mit guten Argumenten KARTSCHOKE (1984) und MERTENS (1987). Für die Überlieferungslage mit frühen Fragmenten und Handschriften aus dem 15. Jahrhundert war von Interesse die Entdeckung der St. Pauler Fragmente (um 1300; BRANDSTETTER 1988). Da in vielen Fällen der ursprüngliche Text nicht mehr erschließbar ist, wird man sich für den Roman insgesamt mit den vorliegenden varianten Fassungen der späten Haupthandschriften begnügen müssen (Ausgabe BUSCHINGER 1976, Fragmente synoptisch BUSSMANN 1969, St. Pauler Fragment GRÖCHENIG-PASCHER 1984).

Anders als die stoffgeschichtliche Betrachtung stellt HAUG 2000 Gottfrieds Roman in den Rahmen der „erotischen Diskurse" des Mittelalters (skizziert werden sieben Diskurskontexte, der kirchlich-kanonische Diskurs, der feudale Diskurs usw.), um die Eigenart und innere Widersprüchlichkeit bzw. Ambivalenz von Gottfrieds literarischem Entwurf abzuheben (dazu auch HAUG, Sexueller Sündenfall, 1985).

2. Autor und Publikum

2.1. Entstehungskontext und mittelalterliche Rezeption

Von der historischen Person des Autors Gottfried ist uns außer dem Namen nur überliefert, was sich aus dem Werk und seiner Rezeption erschließen läßt. Das Attribut *'meister'* weist auf nichtadlige Herkunft, zumal der Adelstitel *'her'* nirgends auftaucht. Es bezeichnet normalerweise klerikal gelehrte Ausbildung, doch deutet der Kontext der Nennungen vor allem auf die literarische Kompetenz, Gottfrieds vorbildliche Meisterschaft in der Dichtkunst. Als einzig sicheres Werk ist uns der knapp 20 000 Verse umfassende Torso seines Tristanromans erhalten. Aus einem kleinen Lied-Corpus, das die Minnesang-Handschriften A und C (mit Autorbild) Gottfried zuschreiben, ist ihm ein recht harmloses Minnelied nicht zwingend abzusprechen. Am ehesten authentisch sind aufgrund der Themen und der literarischen Qualität zwei Sangspruchstrophen im gleichen Ton, über das gläserne Glück (Zuschreibung und Paraphrase durch Rudolf von Ems im *Alexander*, v. 20621 ff.) und über Mein und Dein, die C unter dem Namen Ulrichs von Lichtenstein einordnet.

Die Entstehungszeit des Romans ist wie bei vielen mittelalterlichen Texten nur ungefähr zu erschließen. In einem literarischen Exkurs (v. 4589 ff.) überblickt Gottfried die Vorläufer und Zeitgenossen der volkssprachlichen deutschen Romankunst und Lyrik. Von Heinrich von Veldeke, der mit seinem *Eneas* (weitgehend fertig ca. 1174, abgeschlossen nach 1183, spätestens 1190) den höfischen Roman im antiken Genre von Frankreich nach Deutschland brachte, wird im Präteritum gesprochen. Hartmann von Aue, der Adaptor des von Chrétien de Troyes geschaffenen Artusromans, wird im Präsens gepriesen und ist offenbar noch am Leben. Sein letzter Roman, der *Iwein*, dessen Entstehung in die ersten Jahre des neuen Jahrhunderts hineinreichen dürfte, ist in zahlreichen Anspielungen präsent. Der Minnesänger Reinmar, für den ein Lied nach 1194 datierbar ist, wird als tot beklagt. Walther von der Vogelweide, der etwa ab 1198 bis ca. 1230 dichtet, wird zu seinem Nachfolger in der Liedkunst erklärt. Weiter steht im Raum ein heftig angegriffener Gegner, der nicht namentlich genannt wird, aber trotz aller Unsicherheiten naheliegend auf Wolfram von Eschenbach zu beziehen ist. Eine Reihe von Anklängen macht es wahrscheinlich, daß die beiden herausragenden Romandichter der Zeit, die das Mittelalter nebeneinander verehrte und die moderne Kritik nicht zu Unrecht als Antipoden konfrontiert, tatsächlich im Lauf ihrer Arbeit, die – was man genauer von Wolfram weiß – etappenweise an die Öffentlichkeit kam, polemisch aufeinander Bezug nahmen. Nachdem die Entstehungsphasen des *Parzival* im ersten Jahrzehnt des 13. Jahrhunderts festlegbar sind, setzt man schließlich für den *Tristan* als Datierung einen Zeitraum um 1210 an. Wolfram könnte später im *Willehalm* (4,19) erneut repliziert haben. An diesen Zusammenhängen scheint vor allem wichtig: Gottfried selbst leistet mit seinen Angaben eine geschichtliche Ortsbestimmung, allerdings keine noch so marginale Anknüpfung an bestimmte politische Ereignisse, sondern eine literarhistorische Zuordnung, die als solche in ihrer Zeit einzigartig dasteht. Gottfried selbst nennt die literarischen Bezüge, in die er sein Werk einfügt und in denen es, wenn man es historisch verstehen will, zu lesen ist.

Es wurde versucht, Gottfrieds Biographie und die zeitgenössische Aktualität seiner Dichtung von der Geschichte Straßburgs her zu erhellen. Die Stadt erlebte seit dem ausgehenden 11. Jahrhundert eine kulturelle Blüte: Aufschwung der Wirtschaft in Handwerk und Handel, wachsende Bevölkerung, Bautätigkeiten, vor allem am Münster. Das geistige Klima war durch die Nähe zu Frankreich und seiner überlegenen Bildung geprägt. So lag die Stadt im Bannkreis nicht nur der frühscholastischen Theologie, sondern auch der häretischen Bewegungen der Zeit. Soziologische Verschiebungen bewirkten das Erstarken der unabhängigen Bürgerschaft gegenüber dem Stadtherrn, dem Bischof. Dies führte zu einer Kette von Konflikten, in denen die Parteien Rückhalt in der Reichspolitik suchten, welche durch den Thronstreit nach dem Tod Heinrichs VI. (1197) selbst parteilich zerrissen war. Es sei hier nur an die Proklamation Straßburgs zur reichsunmittelbaren freien Stadt durch Philipp von Schwaben nach der Einnahme am 12. Juli 1205 erinnert, die dem Patriziat den Rücken stärkte.

Gottfried selbst und sein Auftraggeber, für den das Akrostichon des Prologs den Namen DIETERICH nahelegt, werden am ehesten in intellektuellen Patrizierkreisen zu suchen sein. Genaueres gibt das Werk nicht preis. Weder die Rolle der Kaufleute noch die Distanz gegen Religion und Kirche noch die ironische Darstellung feudalhöfischen Rittertums helfen, den historischen Entstehungsumkreis zu präzisieren. Soziologische Untersuchungen warfen Licht auf die sogenannten „Kammerhandwerker", eine Gruppe privilegierter Straßburger Bürger, die im Dienst des Bischofs und im Rat der Stadt nach beiden Seiten Interessen verfolgten. Die Situation dieser Schicht wurde mit der im Werk entworfenen Minneexistenz verglichen. Gottfried fordert hier seinem Publikum die Bereitschaft zum Konflikt zwischen Freude und Leid ab, den er die Romanhelden im Gegeneinander von Hof und Minnewelt durchleben läßt. Diese Analogien haben aber keine historische Beweiskraft und sind als Interpretationshilfe für Gottfrieds Aussage unergiebig.

Im Jahre 1212 führte Bischof Heinrich II. von Vehringen einen Ketzerprozeß durch, der das Beweismittel der Eisenprobe praktizierte und mit der Hinrichtung von 80 Menschen oder mehr endete. Gottfried könnte das Ereignis erlebt haben. Wenn er in seinem kritischen Kommentar zum Gottesurteil, das Isolde durch Betrug heil übersteht, Kritik an dem Verfahren übt, wäre dies ein *terminus post* für diese Passage, auf die noch etwa ein Fünftel des Textes folgt (v. 15733 ff.). Die Tendenz würde so mit der sich durchsetzenden Ablehnung des Gottesurteils durch die offizielle Kirche konform gehen. Eine andere Sicht macht Gottfried selbst zum betroffenen Ketzer und den *Tristan* zu einer verhüllten Programmschrift, die im Zuge der Verfolgung nicht zu Ende geführt werden konnte. Diese Wendung setzt aber ein höchst anfechtbares Werkverständnis voraus. Wir sehen, Gottfrieds Haltung zum Gottesurteil und zur orthodoxen Theologie ist ein vertracktes Interpretationsproblem. Zu welchem Ergebnis man auch kommt, eine direkt aktualisierende Anbindung an die Straßburger Realität und an einen konkreten geschichtlichen Augenblick bleibt auch an diesem Punkt fragwürdig.

Immerhin sind im Werk Züge einer intellektuellen Physiognomie des Autors zu fassen. Gottfried muß eine hervorragende Ausbildung, wohl an einer der großen Schulen der Zeit, genossen haben. Seine Kenntnisse in den *artes liberales* gehen über ein erstklassiges Trivium hinaus und umgreifen Spezialfächer wie Theologie, Philosophie, Jurisprudenz und die höfischen Künste der Jagd und der Musik. Seine Belesenheit erstreckt sich auf die lateinische, französische und deutsche Dichtung. Im „Literaturexkurs" (v. 4555 ff.), der im Ganzen nicht leicht zu überblicken ist, offenbart sich hinter den Reverenzen vor den verstorbenen und noch lebenden Kollegen ein außerordentlicher Dichterstolz, ein Anspruch, alle bisherige Literatur in den Schatten zu stellen.

Doch setzt sich die Autorfigur auch in ein anderes Licht. Gottfrieds breit gestreute und niveauvolle Bildung spiegelt sich im Lehrplan des spielerisch lernenden Wunderkindes Tristan. Schon bei Thomas stehen (nach der altnordischen Saga, Kap. 17) an erster Stelle die Wissenschaften mit den sieben Freien Künsten, den Sprachen und der Musik, Gottfried fügt aber an dieser Stelle kommentierend eine bemerkenswerte Distanzierung zu Studium und Gelehrsamkeit an. Der Beginn von Tristans Unterricht mit *der buoche lêre* war „der erste Abschied von seiner Freiheit. Da trat er in die Gesellschaft von Zwängen und Sorgen, die ihm vorher verborgen und ferngehalten waren. In den aufblühenden Jahren, in denen sich all seine Lust entfalten sollte, als er, von Freuden begleitet, ins Leben eintreten sollte, da war sein bestes Leben dahin. Als er in Freuden zu blühen begann, überfiel ihn der Reif der Sorgen, der vielen jungen Leuten Schaden tut" (v. 2068 ff.). Tristans vollkommen gebildetes, alle Menschen bezauberndes Wesen ist so im Innern *arbeitsaelic* (v. 2103), wird von „Müh-Seligkeit", einer Art Melancholie, durchzogen. So breitet Gottfried sein Wissen nicht selbstgefällig aus, sondern setzt es überlegen und distanziert ein. Er bezieht als Autor einen Standpunkt, der dem *poeta doctus* von den Alexandrinern bis zu Thomas Mann geläufig ist, den der Ironie.

An einigen Stellen scheint hinter dem Kommentator der Autor in eigener Person aus seiner Reserve zu treten und erlebte Erfahrung zum Zentralthema der Minne einfließen zu lassen. Im Prolog, wo er seine Geschichte den Liebenden widmet, bekennt er pathetisch: „Ich weiß es wahr wie den Tod und erfahre es aus der gleichen Not" (v. 119f.). Bei der Schilderung der Liebesgrotte schiebt er alle kleinmütigen Zweifel und Einwände beiseite und verbürgt die wunderbare Lebensform von Tristan und Isolde mit seiner Erfahrung, die freilich hinter der Idealität des vorbildlichen Paares zurückbleibe. Man könnte versucht sein, in diesen Bekenntnissen einen biographischen Kern wahrzunehmen, doch ist der gewitzte Literaturwissenschaftler auf der Hut. Auch eine Sprache der Betroffenheit ist rhetorisches Medium und läßt es nicht zu, die historische Person hinter ihren Masken zu fassen. Das ist methodisch hieb- und stichfest, trotzdem hat man wohl auch Grund, hinter dem angestrengten, fast humorlosen Ernst des Erzählens und Reflektierens, der unbeirrten Parteinahme für die Sache der Liebenden, der beschwörenden Lehrgeste, keine spielerische Unverbindlichkeit, sondern echtes Engagement und eine subjektive Spur des Autors zu erkennen. Gottfried in der Autormaske legt Zeugnis ab, 'und sein Zeugnis ist wahr'.

So haben wir schließlich von der regieführenden Autorinstanz, wie es an zentraler Stelle von der Minne heißt, „nur das Wort" (vgl. v. 12282). Aber auch dieses entzieht sich der Festlegung und dem Zugriff des Verstehens. Für Gottfrieds historische Leser bestätigt sich das im Verlauf der Rezeptionsgeschichte. Am Publikumserfolg seines *Tristan* läßt die verhältnismäßig reiche Überlieferung in 11 vollständigen Handschriften und 16 Fragmenten keinen Zweifel. In der deutschen Literatur des 13. Jahrhunderts ist Gottfried bewundertes Stilvorbild und immer wieder auch thematischer Bezugspunkt. Ob man ihn wirklich verstehen konnte und wollte, steht auf einem anderen Blatt.

Bereits die beiden Fortsetzer Gottfrieds, die das Fragment in den Bahnen des vorgegebenen Handlungsverlaufes zu Ende erzählen, Ulrich von Türheim (in den 30er Jahren) und Heinrich von Freiberg (gegen Ende des 13. Jahrhunderts), sind dem Straßburger Meister nicht nur ästhetisch nicht gewachsen. Sie können und wollen wohl auch dem Gottfriedschen Liebeskonzept nicht nachfolgen, das zeigt besonders grell ihre Bewertung des Liebestodes. Ulrich von Türheim schwankt und bemüht sich in einer differenzierten, in der Forschung unterschätzten Schlußpartie, das traurige Ende aufzuarbeiten. Er stellt sich hinter das Liebespaar, versucht dessen Partei mit den Ansprüchen des Hofes und einer nicht wenig gewagten geistlichen Rechtfertigung zusammenzuspannen. Eine Synthese wird nicht wirklich versucht, damit folgt Ulrich einer Tendenz nachklassischen Erzählens, welche die Summierung heterogener Aspekte betreibt und keine glatten Lösungen mehr sucht. Ganz anders erzwingt Heinrich von Freiberg durch Reduktion und nivellierende Glättung einen eindeutigen Schluß. Er beklagt (v. 6847 ff.) in der Sprache des mittelalterlichen *contemptus mundi* die trügerische Weltsüße und setzt dem versöhnlichen Motiv von Rose und Rebe, die sich über den Gräbern vereinigen, eine geistliche Auslegung auf: Allegorisch bezeichne der Rosenstock Christus, „der am Kreuz für uns bis in den bittern Tod verwundet wurde und die roten Rosen ... an seinem Herzen, den Händen und den Füßen trug." Die Weinrebe bedeute die Seele, die aus Christus entspringt und Frucht trägt (Joh. 15, 5), um sich schließlich mit dem „wahren blühenden Rosenstock" zu verflechten. Die posthume Vereinigung von Tristan und Isolde wird so gelesen als die Verschmelzung der liebenden Seele mit ihrem himmlischen Bräutigam. Diese Deutung ist nicht einfach als unpassend oder geschmacklos abzutun, sie ist in der Auslegungstradition weltlicher Liebe im geistlichen Sinne methodisch nicht einmal auffällig und formuliert hier ein historisches Votum gegenüber dem Stoff und Gottfrieds deutendem Entwurf.

So wären schließlich für eine umfassende Beschreibung der mittelalterlichen Rezeption Gottfrieds von Straßburg die handschriftliche Überlieferung mit ihren varianten Fortsetzungen, dazu auch die Gottfried-Illustrierung (im Rahmen der Ikonographie des gesamten Stoffes) heranzuziehen, ferner das ganze Spektrum der literarischen Anspielungen im deutschen Literaturraum, die sich auf Gottfried explizit oder allgemeiner die Tristangeschichte zurückwenden.

Literaturhinweise und Diskussion

Übersichten zu Autor, Werk, Datierung, Überlieferung finden sich in den Hand-
büchern allenthalben, z. B. im Nachwort des Kommentarbandes der zweisprachigen Reclam-Ausgabe von KROHN (^{3}1991), S. 295-326. Forschungsgeschichtliche
Referate bieten WEBER-HOFFMANN (1981), S.1-8; fiktional-biographische Re-
konstruktionen versuchen GLOGER (1976) und KÜHN (Vorwort zur Übersetzung
1991), vgl. die Bibliographie von GROSSE-RAUTENBERG (1989), S. 44f. Auf einen anderen Ansatz weist BERTAU (1973): Mit Gottfrieds „*haecceitas*" stehe
nicht die Biographie, sondern die geschichtliche Bedeutung des *Tristan*-Autors in
Frage, „der weltgeschichtliche Rang von Person und Werk" (S. 124), wobei sich
der Autor im Werk selbst in verschiedenen Ich-Figurationen vorstelle (S. 123-
127).

Zu den sonstigen Werken WEBER-HOFFMANN (1981), S. 9-30; zu den Sprü-
chen STACKMANN (1963), zum Minnesang KROHN (1995).

Einzelnes: Biographisches und Zeitgeschichtliches bei SÄLZER (1975); zum
sozialgeschichtlichen Rahmen im Straßburger Patriziat HAUPT (1977); zum Titel
'*meister*' GROSSE (1989); zum Begriff '*arbeitsaelic*' im Bericht von Tristans
Bildung JAEGER (1992). Mit den Ketzerbewegungen (besonders den Katharern)
wurde Gottfried und sein Werk durch die geistesgeschichtliche Deutung WEBERS
(1953) in Zusammenhang gebracht; in dieser Linie argumentiert später BETZ
(1969), gegen dessen sexuelle Grottenauslegung haben JAEGER (1978) und zuletzt NELLMANN (1999) Einspruch erhoben; methodisch unhaltbar sind verschiedene Arbeiten von BAYER (z.B. 1988). Die Ketzer-These bedarf erneuter, methodisch geklärter Überprüfung.

Zur Gottfried-Überlieferung vgl. die Hinweise oben nach der Einleitung. Die
Ausgaben der Fortsetzer Ulrich von Türheim und Heinrich von Freiberg sind in
der Ausgaben-Bibliographie nachgewiesen. Beide Schlüsse müssen, auch wenn
sie die Eigenart und das „Niveau" von Gottfrieds Vorgabe nicht erreichen, als
produktive Auseinandersetzung mit Gottfried und dem Stoff gelesen werden
(vgl. STROHSCHNEIDER 1991; J.-D. MÜLLER 1992, Forschungsbericht WETZEL
1996, S. 226-237). Zur Gottfried-Rezeption bzw. dem *Tristan* im späteren Mittelalter HAUG (Rudolfs 'Willehalm', 1975); WACHINGER (1975); KUHN (1976);
RIDDER (1999) in dem mit der gesamten Stoffgeschichte das Spätmittelalter er-
fassenden Sammelband von ERTZDORFF (Hg. 1999).

Die *Tristan*-Ikonographie behandeln FRÜHMORGEN-VOSS (1975), OTT
(1975; 1982 zweimal), CURSCHMANN (1991), VAN D'ELDEN (1994), die eine
Präsentation des gesamten Materials vorbereitet, WALWORTH (1995).
Neuzeitliche Übersetzungen, Nacherzählungen und Bearbeitungen des
Tristanstoffs in Deutschland, die nur teilweise auf Gottfried zurückgehen,
verzeichnet die Bibliographie von GROSSE-RAUTENBERG (1989), S. 31-43. Zur
modernen literarischen Rezeption BATTS (1995).

2.2. Forschung

Auch die literaturwissenschaftliche Exegese Gottfrieds, die mit den Anfängen der Mittelalterphilologie im 18./19. Jahrhundert einsetzt, trägt wie bei kaum einem anderen mittelalterlichen Autor den Stempel des jeweiligen Zeitgeistes. Sie spiegelt so die Wissenschaftsgeschichte mit ihren sich ablösenden Methoden. Im Wandel von Verstehen und Wertung wird dabei immer wieder die Substanz der Dichtung Gottfrieds, ihre ästhetische und gedankliche Leistung, grundlegend in Frage gestellt, was einen Konsens nur schwer aufkommen läßt. Die frühe wissenschaftliche Beschäftigung mit Gottfried (1759-1925) referiert LANGMEIER (1978), das Bild Gottfrieds in der Literaturgeschichtsschreibung FRITSCH-RÖSSLER (1989). Forschungsberichte verzeichnet STEINHOFF in seinen Bibliographiebänden (1971, S. 14 f.; 1986, S. 17f.). Angeführt seien hier die Dissertation von DIETZ (1974), die den Roman nach Themenschwerpunkten durchgeht; die knappe Einführung von WEBER-HOFFMANN (1981), die teils chronologisch, teils problembezogen argumentiert (S. 58-101); zuletzt der Forschungsbericht zum gesamten Tristanstoff im deutschen Mittelalter von WETZEL (1997), der nach Autoren ordnet und in seiner Auswahl und Gewichtung nicht ganz glücklich verfährt.

Ich gebe im folgenden einen knappen Durchblick durch einige Leitfragen der Tristanphilologie, die obstinat von den frühen Stimmen bis in die neueste Diskussion wiederkehren, verbunden mit einer groben Periodisierung des Forschungsverlaufs.

1. Die stoffgeschichtliche Fragestellung hat sich bis in neuere Arbeiten hinein gehalten. Wie steht Gottfried in der Stofftradition? Was verdankt er im besonderen seiner Vorlage Thomas von England? Wie deutet er sie um? (Vgl. PIQUET 1905 und 1929; HEIMERLE 1942). Gottfrieds Verpflichtungen an Thomas in der Handlungsführung, die größtenteils über Zwischenstufen rekonstruiert werden müssen, wurden vor allem von der französischen Mediävistik unter dem Stichwort der „adaptation courtoise" bis in kleinste Details aufgelistet. Dabei bleibt als Ergebnis vor allem die enge Vorlagentreue im Raster. Gottfrieds Eigenleistung wird in der Stilkunst gesehen, die für das Werkganze bedeutsame Kommentarebene kommt zu kurz (wenig ergiebig HUBY 1982, 1984, 1988; grundsätzliche Kritik der Methode bereits WOLF 1977). Einen frischen Impuls hat der Vergleich mit Thomas durch die Entdeckung des *Fragments von Carlisle* erhalten, und dies mit weitreichenden Folgerungen für die Gesamteinschätzung (vgl. Kapitel 1 mit den Literaturhinweisen). Wir müssen uns grundsätzlich klarmachen, daß die vergleichende Lektüre der Versionen keine abschließbare Aufgabe ist, die man als gesichertes Wissen ad acta legen kann, sondern daß sie sich im Fortgang des literaturwissenschaftlichen Gesprächs mit den sich wandelnden Fragen und Perspektiven an den Text jeweils neu stellt.

2. Gottfrieds Sprachkunst hat an Faszination nie verloren und die Bewunderung für das Gedicht am durchgängigsten aufrechterhalten. Die historischen Vor-

aussetzungen für seine stilistische Meisterschaft sind im gelehrten Schulbetrieb und in der mittellateinischen Poetik zu suchen (grundlegend SAWICKI 1932; GLENDINNING 1987 und 1992; STEVENS 1990), etwa der *Ars versificatoria* des Matthaeus von Vendôme (vor 1175), deren Benutzung man direkt nachweisen kann (GLENDINNING 1987, S. 625f., und HUBER 1988, S. 122f.). Die schulmäßige Stilkunst hat freilich auch schon auf Gottfrieds französische und deutsche Vorgänger wie Thomas auf der einen und Veldeke und Hartmann auf der anderen Seite eingewirkt. Eine zusammenfassende Darstellung zu Gottfrieds Stil und seine rhetorikgeschichtliche Einordnung auf dem heutigen Erkenntnisstand steht noch aus.

In neueren Arbeiten verschob sich die Analyse stilistischer Techniken und poetologischer Verfahren zu komplexeren literarästhetischen und kunstphilosophischen Problemstellungen. Es wurde gefragt, was Gottfrieds betörende Sprachkunst leistet, ob sie Sinn und Programm der Aussage verschleiert und verwischt, ob sie dem Rezipienten disparate Verstehensmöglichkeiten vorlegt oder gerade in einem angestrengten Versprachlichungsprozeß die komplexe und widersprüchliche Minneerfahrung zum Ausdruck bringen will. Die Meinungen dazu sind kontrovers. (Verdunkelung des Sinnes durch Klang vertritt Bertau, Literaturgeschichte II, 1973, z. B. S. 932f., und seine Schule; die sinnbildende Leistung von Gottfrieds Rhetorik demontiert CHRIST 1977, für ein rhetorisches Konsonanzmodell plädiert HUBER 1979; Gottfrieds Versprachlichung der unsagbaren Minneerfahrung in Analogie zur mittelalterlichen Musiktheorie beschreibt die Thèse von Anna SZIRÀKY, Manuskript 1999; zum produktionsästhetischen Programm in der Dichterschau des „Literaturexkurses", v. 4621 ff., überblickt die ausgedehnte Literatur der Kommentar von MÜLLER-KLEIMANN 1990.)

3. Im Gegensatz zum gefälligen Stil wurde früh die moralische Bedenklichkeit der dargestellten Gehalte moniert. Das 19. Jahrhundert verdächtigte den Roman verruchter Libertinage. „Wir sind weit davon entfernt, die Poesie mit unzeitigem Rigorismus einzig nach der kurzen moralischen Elle messen zu wollen; allein hier handelt es sich nicht mehr um Moral, sondern um Vernichtung von Religion, Tugend, Ehre und Allem, was das Leben gross und edel macht. Hier wird zum erstenmal das, in allen späteren Romanen bis zum Ekel wiederholte, Dogma von der unbedingten Geschlechtsliebe verkündet, welcher alles Andere unterthänig weichen und die ganze Welt nur zu würdigem Aufputz und Zierrath dienen soll." So Eichendorff in seiner *Geschichte der poetischen Literatur Deutschlands* (1857, Bd. I, S. 87). „Üppigkeit und Gotteslästerung" hielten Karl Lachmann davon ab, die Edition in Angriff zu nehmen (weitere Wertungen verzeichnet LANGMEIER 1978, S. 33-35; 65; Nachweis der Eichendorff-Stelle S. 304f.; vgl. WOLF 1973, Einleitung, S. 1).

Als die Prüderie des 19. Jahrhunderts, die auch andere erotische Meisterwerke des Mittelalters auf die literarhistorischen Hinterbänke verbannt hatte, abgeebbt war, blieb doch die Kontroverse um die *Tristan*-Ethik, die das Werk prägenden Werte und ihre Beurteilung, virulent. Am Text ist zu verfolgen, wie die

Geschichte Schritt für Schritt verschiedene Normperspektiven aufbaut. Die Wertwelt der Liebenden spaltet sich von der des Hofes ab, wobei das Auftauchen der gleichen Begriffe aus den verschiedenen Systemen, oft dicht nebeneinander, Verwirrung stiftet (SCHNELL 1992, S. 28ff., trifft die hilfreiche Unterscheidung von „Innennormen" und „Außennormen"). Weiter fällt der Roman auf der Erzählebene und der des Autorkommentars in gegensätzliche Diskurse auseinander. Läßt sich zwischen der Handlung und den punktuellen Kommentaren und schließlich den großen programmatischen Exkursen überhaupt ein gemeinsamer Fluchtpunkt finden? (vgl. unten, Diskussionsstand SCHIROK 1994). Ist Gottfrieds dialektisch auseinandertretende Ethik mehr ein Aspekt der rhetorisch-formalen Machart oder kann sie als Programm und als Zeichen epochaler Umbrüche gelesen werden?

Das moralische Unbehagen entfachte in der geistesgeschichtlichen Periode der Germanistik die Diskussion um Gottfrieds Weltanschauung. Nach reichlich engstirnigen Kontroversen um Gottfrieds christliche Orthodoxie gab RANKES Aufsatz zur Allegorie der Minnegrotte (1925) mit dem Aufweis geistlicher Auslegungsmuster nach dem Schema der theologischen Exegese des Kirchengebäudes künftiger Forschung den Anstoß. Die These von einer „Minnereligion" des *Tristan* wurde in verschiedene Richtungen, zu einer christlich-analogen, einer mystischen im Umkreis Bernhards von Clairvaux, einer antithetisch-analogen und ketzerischen (katharisch-waldensischen) Interpretation vorangetrieben (Forschungsreferat DIETZ 1974, S. 152 ff.; eine christlich-analoge Minnereligion sieht DE BOOR 1940, Bernhardischen Einfluß vertritt SCHWIETERING 1943; Fortführung der Diskussion ALLGAIER 1983; für die Ketzer-These richtungweisend WEBER 1953, methodisch unhaltbar verschiedene Arbeiten von BAYER z.B. 1978).

Auch nach dem Scheitern der geistesgeschichtlichen Gesamtansichten blieben denk- und formgeschichtliche Bezugsfelder relevant. Wiederholt stand die Aufnahme Abaelards und des frühscholastischen Nominalismus zur Debatte. Oder es wurde Gottfrieds Verpflichtung an den antikisierenden, platonisierenden Humanismus der sogenannten „Schule von Chartres" herausgestellt, der auch die erwähnten Poetiken der Zeit durchzieht. Nicht unabhängig davon blieb die Suche nach einer den Roman tragenden Liebesdoktrin. Läßt sich die Optik von Gottfrieds Deutungsanstrengungen mit der traditionellen christlichen bzw. platonisierenden Entgegensetzung von einer geistigen, den Kosmos belebenden Liebe gegenüber einer destruktiven Sinnlichkeit zur Deckung bringen? Oder werden primär literarisch tradierte Konzepte aufgenommen und weiterverarbeitet? (Die Abaelard-Rezeption erörtert zuerst grundsätzlich FROMM 1973; in der Perspektive postmoderner Mehrdeutigkeit LANZ-HUBMANN 1989; in eine erkenntniskritische Gottfried-Gesamtdeutung integriert Abaelard SCHNELL 1992; Gottfrieds Beziehungen zur sog. „Schule von Chartres" diskutieren JAEGER 1977 und HUBER 1988, im Kontext der Rhetorik GLENDINNING 1987; 1992. Die platonistische Liebeskonzeption mit ihrem Dualismus postuliert als philosophischen Hin-

tergrund von Gottfrieds Minneauffassung WISBEY 1980.) Soviel läßt sich abse-
hen: Für das Verständnis von Gottfrieds Text und seine historische Ortsbestimmung ist das ganze Spektrum der Gedankenwelt des 12. Jahrhunderts und
ihrer Fundamente in der älteren Bildung zu beachten. Überraschend und beden-
kenswert ist dabei, daß sich Gottfried, aufs Ganze gesehen, offenbar keiner der
Richtungen einseitig verpflichtet, sondern in seiner Dichtung eigene Wege geht.
In diesen Perspektiven kann noch keiner der Quellenbereiche als erschöpfend
ausdiskutiert gelten.

Gegen die geistesgeschichtliche Methode setzte sich in den 60er Jahren eine
werkanalytische Phase mit der erklärten Absage an Gesamtdeutungen und der
Hinwendung zu Einzelproblemen durch (ein vielbeachtetes Signal gaben die
Raumanalysen von Ingrid HAHN, Raum 1963. Rückblick aus postmoderner Position EHRISMANN 1991). Es wurden ideologiekritische, strukturale, auch linguisti-
sche Ansätze erprobt. Mit der stärkeren Betonung der Liebesgeschichte oder der
Kommentare stellten sich dennoch wieder Gesamtsichten ein. Man interpretierte
das Exkursgebäude (vgl. unten Kapitel 9) zusammenhängend als utopische
Überhöhung der ausweglos scheinenden Handlung; die Exkurse und das Publikum des Romans würden so die Welt der Tristanminne mit ihrer historischen
Bedingtheit hinter sich lassen. Oder man ließ Geschichte und Exkurse in einem
bewußt aporetischen Dissens auseinandertreten. Den schroffen Gegensatz zwischen Handlungs- und Kommentarebene statuierte PEIFFER (1971). Dagegen
vertraten synthetisierende Modelle TOMASEK (1985: Utopie), HUBER (1988:
Sündenfall und Reintegration) und SCHNELL (1992: Wahrheitserkenntnis). Un-
auflösbare Ambivalenz behauptete in einem einflußreichen Aufsatz HAUG
(1989). Im Rückblick auf diese Positionen schlug eine Unterscheidung und Zuordnung der Redeebenen nach diskursanalytischen Kriterien SCHIROK (1994)
vor. In dekonstruktivistischen Bahnen wurde eine Auflösung der Sinnspannun-
gen angestrebt, indem man eine ideelle Mitte des Werkes verabschiedete, das
Gedicht als Projektionsfläche verschiedener sich kreuzender Diskurse las und
Entscheidungsfragen an die Rezipienten weiterreichte (LANZ-HUBMANN 1988).
Eine späte Abrechnung mit der Geistes- und Problemgeschichte verband
EHRISMANN 1991 mit einem Plädoyer für postmoderne Widersprüchlichkeit und
Meinungspluralismus.

Mehrfach wurde in jüngerer Zeit auch Gottfrieds (doch wieder global in eins
gefaßte) Liebeskonzeption im Kontrast zu anderen Tristanversionen herausgearbeitet, wobei die werkimmanenten Schwierigkeiten in den Hintergrund traten
(MIKASCH-KOETHNER 1991; KECK 1998).

Nun äußert sich Gottfried selbst zur Grundfrage nach dem Sinnaufbau seiner
Dichtung an verschiedenen Stellen. Er tut dies im Prolog unter dem weitesten
Aspekt: der Verständigung von Autor und Publikum über den Text. Er fragt hier
über die Exordialtopik hinaus, welches 'Gut' auf welchem Wege die Erzählung
ihrem Publikum vermitteln könne.

3. Der Prolog

Nach den Regeln der Rhetorik stellt der Prolog des mittelalterlichen Romans die ideale Redesituation her. Der Autor nennt sich und den Auftraggeber, er umreißt das Thema und bezeichnet dessen Ertrag für das Publikum. Denn Literatur soll nach der dem Mittelalter geläufigen Formel des Horaz beides vereinigen, sie soll Freude und Nutzen verbinden (*delectare et prodesse*; vgl. *Ars poetica* v. 333 ff.); sie ist so nie Selbstzweck, sondern wirkt sich auf das Leben aus, um sich dort zu bewähren und zu erfüllen. Die Hörer oder Leser sollen nun in der Vortragssituation für das Werk gewonnen werden oder, wie es die Rhetoriklehrbücher formulieren, „geneigt, aufmerksam und lernwillig" gemacht werden. Das heißt, die Publikumslenkung ist auf Inhalte hin gerichtet, Strategie und Programm schließen sich dabei nicht aus, sondern bezeichnen Weg und Ziel. Dies alles ist topisch weitgehend festgeschrieben. Dennoch bietet gerade der literarische Prolog Raum für persönliche Akzentsetzungen. Gottfried von Straßburg räsoniert sehr allgemein über das Gute in der Welt.

Gedœhte man ir ze guote niht,	Gedächte man derer nicht im Guten,
von den der werlde guot geschiht,	von denen der Welt Gutes geschieht,
so wœrez allez alse niht,	dann wäre es alles wie nichts,
swaz guotes in der werlde geschiht.	was Gutes in der Welt geschieht.
Der guote man swaz der in guot	Der gute Mensch, was der alles im Guten
und niwan der werlt ze guote tuot	und einzig der Welt zugute tut,
swer daz iht anders wan in guot	wer das etwa anders als im Guten
vernemen wil, der missetuot.	aufnehmen will, der handelt verkehrt.
Ich hœre es velschen harte vil,	Ich höre, wie man völlig entstellt,
daz man doch gerne haben wil:	was man doch gerne erhalten will,
da ist des lützelen ze vil,	da gibt es an Kleinem zuviel,
da wil man, des man niene wil.	da will man, was man niemals will.

Zuerst beeindruckt die formale Stilisierung dieses Anfangs, die weiter kaum zu treiben sein dürfte. Je vier Verse bilden eine Strophe mit nur zwei Reimwörtern, die zuerst kreuzgereimt, dann in der zweiten Strophenpentade umarmend gereimt sind; eine einzelne kreuzgereimte Strophe schiebt sich dann ein, und erst ab Vers 45 setzt sich der Prolog in Reimpaaren, also mit einem stichischen Teil fort. Die Strophen sind mit einer Fülle weiterer Klangresponsionen durchwoben und fügen sich zu einem abstrakten Sprachornament. Die geschriebene Form trägt ihre eigene Information. Der Text beginnt mit einer Initiale, die zusammen mit den Anfangsbuchstaben der weiteren Strophen das Akrostichon GDIETERICHT ergibt. Der paargereimte Text beginnt mit einem I. Es ist klar, daß damit die verschlüsselte Schrift nicht zu Ende ist. Außer dem sofort erkennbaren Namen *Dieterich* hat die Forschung nach und nach ein den ganzen Roman durchschlingendes, in den Handschriften nur unvollkommen bewahrtes Initialenspiel aufgedeckt, das mit Gottfrieds Text abbricht, aber zu einem geplanten Werkabschluß hin ergänzt werden kann. Eine Reihe ungedeuteter Stropheneinsätze, meist ohne Initiale in den Handschriften, die den Reiz des vielleicht für immer Rätselhaften wachhielten, sind mit großer Wahrscheinlichkeit auszuscheiden. Es bleiben, ineinander verschachtelt, außer dem erwähnten *Dieterich,* in dem man allgemein den Auftraggeber sieht, der Name des Autors und in doppelter, invertierter Verschränkung die Namen der beiden Liebenden, wie das folgende Schema zeigt (die ergänzten Initialen stehen in Klammern):

G TIIT O RSSR T IOOI E SLLS (F TDDT R AEEA I NNNN T)

G		O		T		E		(F		R		I		T)

DIETERICH

	T		R		I		S		(T		A		N)
	I		S		O		L		(D		E		N)	
	I		S		O		L		(D		E		N)	
		T		R		I		S		(T		A		N)

Statt des Nominativs *Isot* wird hier eine flektierte Form *Isolden* angesetzt, damit das Umarmungsspiel mit gleicher Buchstabenzahl aufgehen kann. Die grammatische Bindung bezieht die Namen aufeinander (etwa: „Tristan für Isolde"); in dem abschließenden N vereinigen sich die Lettern und bringen die Bewegung zur Ruhe. Die Form des Autornamens *Gotefrit* (nicht *Gotfrit)* hat einen Buchstaben mehr und spannt den äußersten Rahmen. Dies ist nötig, denn das *Tristan/Isolden*-Akrostichon mündet stets in einen paargereimten Abschnitt, während die den Autorbuchstaben folgenden Passagen in Reimpaaren (zuerst v. 1755 ff.) nicht zum Akrostichon zählen. Am Schluß aber wären aus Symmetriegründen wieder Strophen zu erwarten, vielleicht mit weiteren Initialen. Das ausgeklügelte Spiel käme so folgerichtig zu seinem Ende. Will man den zentralen Gedanken Gottfrieds, die Minne, für die das Paar das Beispiel gibt, aus der innersten personalen Gemeinschaft auf alle gesellschaftlichen Bezüge bis in die Realität von Autor und Publikum hinein ausstrahlen lassen, so ist diese Dimension in der Chiffre des Akrostichons bereits eingefangen.

Die genaue Aussage des Anfangs indes macht Schwierigkeiten, die sich in den zahlreichen Varianten der vorliegenden Übersetzungsversuche niederschlagen. Einzelne Zeilen (z.B. die elfte) haben eine eigene Forschungsgeschichte.

Konsequent wurde daher behauptet, es gehe Gottfried gar nicht um einen präzisen Sinn, er wecke Erwartungen, die er gar nicht einzulösen gedenke, und tiefschürfende Interpreten gingen ihm auf den Leim. Gottfried wähle den Einstieg der *insinuatio,* die dem Publikum ein heikles Thema (das der Tristanstoff zweifellos war) geschickt schmackhaft zu machen suche. Durch absichtlich vage, inhaltlich leere Wendungen werde Einverständnis suggeriert und Kritik kategorisch unterbunden.

Diese rhetorisch gemeinte Lösung wird, abgesehen davon, daß sie gerade von der Rhetoriktradition nicht gedeckt ist, dem grundsätzlich gehaltlichen Anspruch des Formalen nicht gerecht, den etwa das Akrostichon eindrucksvoll bezeugt. Gottfried beginnt in der Art einer Sentenz, wie sie in der Prologpraxis beliebt war. Ein illustres Beispiel hierfür ist Chrétiens *Erec*-Prolog: „Der Bauer sagt in seinem Sprichwort, man pflege manches zu verachten, was viel mehr wert sei, als man glaube. Darum tut der gut, der sein Studium auf etwas Sinnvolles richtet... So sagt auch Chrétien de Troyes, daß es die Vernunft gebiete, daß jeder stets daran denke und sich darauf einlasse, gut zu reden und gut zu verstehen." (v. 1 ff.).

Gegen diesen klassischen Prolog-Anfang hebt sich der Tristan-Einsatz durch seine Abstraktion ab. Dabei versteckt sich in Gottfrieds Eingangssentenz, im Konditionalsatz, mit dem das Gedicht anhebt, ein symptomatisches Überlieferungsproblem: Der Wortlaut schwankt in der Bezeichnung des Subjekts. Ein Teil der Handschriften setzt den Singular, „Gedächte man nicht dessen, von dem der Welt Gutes geschieht...". Die eine und letzte Instanz, von welcher der Welt Gutes widerfährt, von der alles Gute sein Sein hat, ist im mittelalterlichen Weltbild aber Gott. Nachdem der Preis des Schöpfergottes als Prologtopos verbreitet ist, könnte diese Variante statt auf den handelnden Menschen auf die Instanz des Schöpfers zielen, die sonst in Gottfrieds *Tristan* als Fluchtpunkt der Werte nur undeutlich, ja fragwürdig auftaucht. Dagegen spricht für die generelle, immanent gemeinte Fassung der Eingangsmaxime ein Anklang an die antike Literatur:

Die Aussage der Sentenz wurde in der Tradition der Historiographie nachgewiesen, genauer in den Proömien des Sallust, die für das Mittelalter Maßstab waren. Hier findet sich die klassische Formulierung des römischen *memoria*-Gedankens: Das Werk des Geschichtsschreibers garantiert das Weiterleben der historischen Taten im Gedächtnis. „So wird auch die Leistung derer, die sie vollbracht haben, genauso hoch eingeschätzt, wie glänzende Geister sie in Worten zu erheben vermochten" (*Catilina* 8,4). Auch im folgenden liegen Parallelen zu Sallust in der Luft, daneben zu Cicero und zur Bibel. Aber der große Gedankenbogen, der nicht bei einer Sentenz steckenbleibt, sondern sich in einer Pointenreihe über elf Strophen spannt, ist so nicht zu fassen.

Offenbar geht es Gottfried weniger um das Fortleben großer Taten als um die rechte Einschätzung im Zusammenspiel von Autor und Publikum, von dem auch Chrétien spricht. Falls Gottfried hier auf Chrétien (über Hartmann und seinen verlorenen *Erec*-Prolog?) antwortet, ordnet er sich, wie schon beobachtet, in ein Literaturgespräch im Gattungsrahmen des höfischen Romans ein. Als Novum überrascht hier der spekulative Ton, der für einen scholastisch geschulten Autor nicht abwegig ist: Ohne das gutwillige Gedenken sei das Guttun in der Welt „wie nichts". Versuchen wir also eine philosophische Lesart der ersten Strophen!

Es geht dann um nichts weniger als um die Existenz des Guten in der Welt. Ohne das gutwillige Gedenken wäre das gute Getane wie nichts. Das heißt, im Handeln und im Erinnern daran, also zwischen den Subjekten, wird die Existenz des Guten in der Welt begründet. Sie ist objektiv gebunden an das, was Gutes „geschieht", aber das Faktum allein genügt nicht, die Kategorie „gut" muß an das Faktum angelegt und im Konsens der Subjekte bestätigt werden. „Gedenken" ist so mehr als „erinnern"; es ist „denken mit einem Ziel, meinen, intendieren". Der Begriff der Intention, den Abaelard in die Ethik des 12. Jahrhunderts eingeführt hat, klingt an.

Die zweite Strophe stellt eine Kette von Akten vor, die zur Entsprechung gebracht werden müssen. Auf das 'gut sein' folgt 'gut meinen', 'gut handeln' und beim Aufnehmenden wieder 'gut meinen' und 'gut werten', das als Handlung seinerseits dem Werturteil anderer unterliegt. Das Gute in der Welt entsteht so aus der Übereinstimmung dieser Akte. Nun enthält die Strophe noch eine merkwürdige Einschränkung. Es ist die Rede von einem ausschließlich auf die Welt bezogenen Guttun, dem sich der Wertende zu stellen habe. Damit wird eine entschieden säkulare Perspektive eingenommen. Nicht daß ein transzendentes Gut mit Gott im Fluchtpunkt zurückgewiesen würde, aber für das Argument ist es nicht relevant. Das Gut wird hier nicht von oben abgeleitet, sondern zwischenmenschlich gefunden. Die Konkurrenz von antik geprägter Moralphilosophie und Moraltheologie, die das Denken des 12. Jahrhunderts durchquert, zeichnet sich ab.

Die dritte Strophe führt aus, wie der Wertungskonsens zerbricht, und dies zuerst im wertenden Subjekt. Das Verfälschen des Urteils kommt einer Bewußtseinsspaltung im Kritiker gleich, der eigentlich das Rechte weiß, aber etwas will, was er im Grunde nicht will. Die weiteren Strophen leiten die ethische in eine ästhetische Spekulation über. Die Leistung des Dichters und ihre Anerkennung in der Gesellschaft (*lop, êre*) bedingen sich wechselseitig, entsprechend dem oben Gesagten.

Das Verweilen bei diesem Romananfang belegt das Dilemma aller Gottfried-Interpretation zwischen rhetorischem Formalismus und gedanklicher Belastung, womöglich Überfrachtung und Verzerrung. Die mehrsinnige literarische Form, in der die Aussage daherkommt, läßt verschiedene Lesungen zu und entrückt sie eindeutiger Festlegung. Die Vielfalt möglicher Bezüge quer durch den Roman ist fast erdrückend reich. Nach dem Durchgang durch die Erzähl- und Reflexionsräume des überkommenen Torso wird man sich vergewissern müssen: Bleiben die ornamentalen Gedankenspiele des strophischen Prologs ganz außen vor? Läßt sich das Prologprogramm insgesamt mit dem folgenden Text in Einklang bringen? Lassen die Brüche auf eine Konzeptionsänderung im Lauf von Gottfrieds

Arbeit bis zu einem ratlosen Abbrechen schließen? Oder öffnet Gottfried bereits von vornherein das Tor auf widersprechende Perspektiven, zwischen denen sich der Rezipient zu entscheiden hat? Tritt er mit seiner Autorposition ganz zurück oder führt er als Regisseur des Ganzen eine Diskussion der Werte über verschiedene Stufen weiter? Tauchen etwa schon Perspektiven des nicht mehr erzählten Schlusses am Texthorizont auf?

Die allgemeine Gut-Diskussion wird nun im weiteren Verlauf des Prologs in seinem paargereimten Teil auf das anstehende Vorhaben hingeführt. Gottfried vertieft sie für sein ganz besonderes Publikum und dessen Lektüreleistung, für den Stoff und seine 'Wahrheit', die im Publikum zum Leben erweckt werden soll. Der Autor widmet seine lebenserfüllende Tätigkeit einer diesseitigen Welt, wie dies bereits anklang: „Ich habe mir ein Geschäft der Welt zuliebe vorgenommen, um edlen Herzen ein Vergnügen zu bereiten, den Herzen, für die mein Herz schlägt, der Welt, in die mein Herz hineinsieht. Ich meine nicht die Welt der vielen, von der ich erzählen höre, sie könne keine Traurigkeit ertragen, sie wolle nur in Freuden schwimmen; die lasse auch Gott in Freuden leben..." (v. 45 ff.).

Das Kennwort der Zugehörigkeit heißt *edelez herze* (zuerst v. 47). Die Formel hat eine lange Ahnenreihe. Man kann sie von der Antike bis in das volkssprachliche Mittelalter, von der christlichen Orthodoxie über die Mystik bis zur Ketzerei verfolgen und Gottfrieds Bekenntnis oder Widerspruch zu den verschiedenen Richtungen erwägen. Auch später taucht die Formel mit ihrer spezifischen gedanklichen Struktur auf. Soziologisch leistet sie eine Abgrenzung, sie etabliert den Anspruch einer Gruppe, 'nicht vulgär' zu sein. Das kann bei Gottfried aber, im Gegensatz zu anderen Belegen der Zeit, nicht mehr eindeutig ständespezifisch gelesen werden, nämlich als Abgrenzung höfisch-aristokratischer Lebensform nach unten, wie sie noch Chrétien de Troyes für sein Publikum betreibt. Mit der abgelehnten Freudewelt wird gerade das Harmoniestreben der ständisch definierten Ritterkultur angegriffen sein, das der Artusroman mit seinen gruppenintegrativen Zielen proklamiert. Gottfried bewegt sich dagegen in die Position eines spiritualisierten Seelenadels. Dies macht die Gruppe noch kleiner, noch elitärer – oder es weitet sie aus. Insofern die Zugehörigkeit nicht von Standesgrenzen bestimmt ist, benennt das Stichwort ein Leitbild für alle, die nur zu folgen gewillt sind. Die Lebensform der edlen Herzen aber ist so gefüllt:

ein ander werlt die meine ich,	Einer anderen Welt bin ich zugetan,
diu samet in eime herzen treit	die miteinander in einem Herzen trägt
ir süeze sur, ir liebez leit,	ihre süße Bitternis, ihr lustvolles Leid,
ir herzeliep, ir senede not,	ihre herzliche Freude, ihre sehnsüchtige Qual,
ir liebez leben, ir leiden tot,	ihr lustvolles Leben, ihren leidvollen Tod,
ir lieben tot, ir leidez leben:	ihren lustvollen Tod, ihr leidvolles Leben,
dem lebene si min leben ergeben,	diesem Leben sei mein Leben gewidmet,
der werlt wil ich gewerldet wesen	dieser Welt will ich welthaft sein,

mit ir verderben oder genesen.   mit ihr verderben oder Heil erlangen.
(v. 58 ff.)

Dies ist die Welt der Liebes-Passion, zu der sich Gottfried mit religiös gefärbter
Begeisterung bekennt, ein höchst ambivalentes Gut. Die Wendungen beschreiben
in ihrem Fortschreiten von der Leidfreude zum Todleben eine radikale Zuspitzung, sind aber als solche nicht originell. Nahe stehen sie etwa einer rhetorischen
Reihe in der lateinischen *Klage der Natur* des Alanus ab Insulis (*Planctus Naturae* zwischen 1160 und 1180). Dort wird in grimmiger Invektive gegen die
(volkssprachliche) höfische Liebeskultur die erotische Passion, ihre paradoxe
Zerrissenheit, als Abfall von der Natur und Quell aller Laster gebrandmarkt. Dieses Leiden, das die Lyrik jedenfalls in der Hohen Minne bejaht, wird im Roman
in der Regel als ein gefährliches Stadium überwunden. In der Tristanhandlung
bleibt es der höchste Wert des Weltlebens bis zum bitteren Ende, und Gottfried
gibt, wie wir sehen werden, nur an wenigen Punkten den Ausblick auf die Möglichkeit eines restlos ungetrübten Liebesglücks frei.

Wie aber kann der für die leidenschaftlich Liebenden geschriebene Roman
von diesen aufgenommen werden? Gottfried behandelt die Frage in einer traktat-
artig gerundeten Ausführung, in der er seine Beherrschung scholastisch-schul-
mäßiger Argumentationskunst vorexerziert. These: Beschäftigung lenkt ab von
den Herzensproblemen. Alle sind sich einig, daß bei Liebeskummer Muße das
Liebesleid verstärkt, also muß sich der unglücklich Liebende dringend nach Beschäftigung umsehen. Die soll reiner Liebe aber nicht unwürdig sein, also nehme
sich ein *senedære* (Liebender) ein *senemære* (Liebesgeschichte) vor. Einwand: Je
mehr sich ein Liebender mit Liebesgeschichten abgibt, um so mehr verstärkt er
gerade seinen Kummer. Das weiß die mittelalterliche Liebeslehre aus Ovids *Re-
media amoris*. Gottfried entgegnet: Bei inniger Liebe stellt sich das Herz gern zu
den Schmerzen, die es fühlt: „Dieses Leid ist an Freuden so reich, dieses Übel tut
so herzlich wohl, daß kein edles Herz darauf verzichtet, da es davon gerade *ge-
herzet wirt*", das heißt: in der Qualität seiner Innerlichkeit bestätigt wird (v. 115
ff.). Die groß angelegte Beweisführung läuft so auf einen Zirkel hinaus, der dem
des ethischen Gutes entspricht. Nur ein Sein befähigt zur rechten Einstellung und
zum rechten Tun, dieses ist aber bereits Voraussetzung für das Sein. Die edlen
Herzen stehen in der Lektüre von Liebesgeschichten zu ihrem Leid und bestätigen damit gerade ihre Existenz als edle Herzen. Literatur übernimmt identifikatorische Funktion.

In voller Übereinstimmung damit ist das Thema des Romans gewählt. Es
handelt *von edelen senedæren, die reiner sene wol taten schin*, „Liebenden, die
reine Sehnsuchtsliebe hell aufscheinen ließen" (v. 126 f.). Es handelt von Tristan
und Isolde. Hier erörtert Gottfried ausführlich die Wahl seiner Version. Gemäß
der Eingangsmaxime würdigt er den guten Willen aller Verfasser. Nach dem
künstlerisch kompetenten Qualitätsurteil, das auch hier betont wird, biete aber
allein Thomas von England *die rihte und die warheit* (v. 156). Die Berufungen

auf „Wahrheit" sind in der mittelalterlichen Literatur von vexierender Unschärfe. Sie schwanken zwischen historischer Faktentreue und literarisch gesetzter Wahrheit des Sinns. Gottfried beruft sich auf den zweiten Aspekt, wenn er der sagenhaften Viermännerstärke des Riesen Morold einen raffiniert vervierfachten Tristan entgegensetzt, der mit Hilfe von Gott, Recht und der personifizierten Dienstbereitschaft zum Kampf antritt: „Auch wenn ich das in den Quellen nie gelesen habe, mache ich es doch wahrheitsfähig" (v. 6874 ff.). Anderseits hält er im Gegensatz zu Chrétien und seinen Nachfolgern, die den politisch aktuellen Artusstoff in eine Märchenwelt entrücken, an der historischen Absicherung seines Stoffes fest. Thomas von England, „der ein Meister des Aventiureromans war", habe „in britannischen Quellen die Viten aller adligen Herren des Landes studiert und uns bekanntgemacht" (v. 151 ff.). Soll das in dessen *Tristan* geschehen sein oder geht es um die Quellen des Thomas? Womöglich um ein anderes Werk? Jedenfalls sind Tristan und Isolde Helden, die gelebt haben, und die Autoren ihrer Geschichte gewissermaßen Historiographen.

Letztlich aber verantwortet der Autor das Gut seiner Version selbst. „Ich lege sie aus freiem Entschluß allen edlen Herzen vor, damit sie sich damit in ihrer Mußezeit beschäftigen. Es ist ihnen sehr gut dargeboten. Gut? Ja zuinnerst gut. Es macht Liebe lieb und Gesinnung edel, Treue dauerhaft und Leben zum Wert ... Liebe ist eine so beglückende Wirklichkeit, ein so seligmachendes Streben, daß niemand ohne ihre Schule Tugend noch Ehre besitzt" (v. 169 ff.). Und weiter die bekannten Worte: „Wem nie von Liebesfreude Leid geschah, dem geschah auch Freude von Liebe nie. Freude und Leid, die waren stets an Minne ungeschieden. Man wird mit diesen beiden Ehre und Lob erringen oder ohne sie zugrunde gehn" (v. 204 ff.). Der Prolog scheint hier auf das Erziehungsprogramm höfischer Minnelehre einzuschwenken, das die paradoxe Liebe als Leistungsansporn und so als 'Quell aller Güter' erklärt. Für den Tristanstoff wirft das aber die größten Probleme auf. Minne wird hier nicht durch Leistung erworben. „Alle Tugenden" erscheinen in der Ehebruchsaffäre untergraben und nach der Trennung sogar zwischen den Partnern gefährdet. Von Lob und Ehre bekommen diese wenig zu spüren. Hier ist zu bedenken, daß mit der Scheidung der Lebensformen ein doppeltes Wertsystem von Anfang an vorausgesetzt ist. Wenn dann im Text die Wertvorstellungen aufeinanderprallen, so ist dies gerade das Thema. Das Gut der edlen Herzen selbst ist ambivalent, und der Wert der Minnenden taucht zirkelhaft im Prozeß der Minne selbst auf. Auch die vorbildhaften Hauptfiguren sind nicht unwandelbar, sondern müssen in diesem Prozeß „reine Treue" erfahren und wagen. Ob in einer letzten Perspektive die Leidfreude in reines Glück und die Feindschaft der vielen in Lob und Ehre auslaufen können, sagt Gottfried erst spät im sogenannten *huote*-Exkurs. Der Leser muß sich bis dahin mit den Romanfiguren auf den Weg machen.

Auf welche Weise ihm das gefährdete Gut „aller Tugenden" mitgeteilt werden kann, sagt der Prologschluß in einem hochgreifenden Modell. Die historisch geglaubten Exempel werden in der Erzählung zu neuem Leben erweckt. Gottfried paraphrasiert hier Chrétiens und Hartmanns Bemerkungen aus dem *Iwein*-Prolog zum Fortleben des Königs Artus im Namen, in der Literatur, und das in gewagter Zuspitzung. Er setzt den Erzählvollzug in Analogie zur geistlichen Verkündigung, wo die vergegenwärtigende Erneuerung von Christi Tod den Gläubigen Heil und Leben spendet. So gilt für die Romanhelden:

ir süezer name der lebet iedoch	Ihr erquickender Name lebt aber,
und sol ir tot der werlde noch	und es wird ihr Tod den Menschen
ze guote lange und iemer leben...	zum Heil noch lange, ja immer leben...
ir tot muoz jemer mere	Ihr Tod wird in alle Zukunft
uns lebenden leben und niuwe wesen;	uns Lebenden leben und neu sein,
wan swa man noch hœret lesen	denn wo man noch heute erzählen hört
ir triuwe, ir triuwen reinekeit,	von ihrer Treue, der Reinheit ihrer Treue,
ir herzeliep, ir herzeleit,	von ihrer herzlichen Liebe und ihrem
	herzlichen Leid,
Deist aller edelen herzen brot.	da ist dies das Brot aller edlen Herzen.
hie mite so lebet ir beider tot	Damit lebt ihrer beider Tod.
wir lesen ir leben, wir lesen ir tot	Wir lesen ihr Leben, wir lesen ihren Tod,
und ist uns daz süeze alse brot.	und es ist uns dies köstlich wie Brot.
Ir leben, ir tot sint unser brot.	Ihr Leben, ihr Tod sind unser Brot.
sus lebet ir leben, sus lebet ir tot.	So lebt ihr Leben, so lebt ihr Tod.
sus lebent si noch und sint doch tot	So leben sie immer noch und sind doch tot,
und ist ir tot der lebenden brot.	und es ist ihr Tod der Lebenden Brot.
(v. 228 ff.)	

Daß diese Stelle auf das Brot der Eucharistie anspielt, wurde bestritten. Mit der Metapher der geistlichen Speise wird aber auf jeden Fall eine religiöse Denkform eingespielt, die Wirkung des Gotteswortes wird auf das Wort der Literatur übertragen. Die Vergegenwärtigung von Christi Leben und Tod als je neu präsente Wirklichkeit ereignet sich im Meßopfer, im Wortgottesdienst geschieht dies im feierlichen Vortrag des Evangeliums. Analog dazu ist hier das säkulare Erzählen kein einfacher Informationsfluß und die Vermittlung dessen, was der Roman als „Gut" anbietet, keine bloße Rezitation. In einer quasi-rituellen Handlung wird das Gewesene zu neuem Leben erweckt. In der Feier der Erzählung, in der sich Autor und Publikum freundschaftlich verbinden, wird es wirklich, bringt es der Literaturgemeinde Leben und Heil. Gottfried sucht mit seiner Literarästhetik den Anschluß an das Ritual kultischer Erneuerung.

Literaturhinweise und Diskussion

Die rhetorischen Voraussetzungen des mittelalterlichen Prologs stellt allgemein Hennig BRINKMANN (1964) dar (Korrekturen bei JAFFE 1978). Daß die topisch geprägten Prologe des Mittelalters dennoch auf eigene theoretische Aussagen befragt werden müssen, die sich im Zusammenspiel mit dem Werk selbst ergeben, hat HAUG in seiner *Literaturtheorie* (1985; ²1992) methodisch begründet und praktisch nachgewiesen. Dort findet sich auch ein interpretierender Durchgang durch Gottfrieds *Tristan*-Prolog (²1992, S. 200-219). Gottfrieds kunstvolles, vom Prolog aus den Text durchziehendes Initialen-Kryptogramm hat zuerst SCHOLTE (1942) wiederentdeckt. BERTAU diskutierte es in seiner Literaturgeschichte (Bd. 2, 1972, S. 933 ff.); weitere Präzisierungen steuerten SCHIROK (1984) und BONATH (1986) bei. Auf sonstigen formalen Schmuck im Prologtext, z.B. das Spiel mit den Klängen der Namen des Liebespaares, verwies STEIN (1975).

Für die Interpretation des Prologs hat der Aufsatz von SCHÖNE (1955) einen Markstein gesetzt. Gegen ein gedanklich-spekulatives Verständnis dieses Romaneingangs hat EIFLER (1975) rein formale rezeptionslenkende Strategien in der Tradition der *insinuatio* geltend gemacht, die freilich zur inhaltsbezogenen Lektüre nicht in Widerspruch stehen brauchen. Wiederholt wurde das Prologprogramm dem folgenden Roman entgegengesetzt (PESCHEL 1976, radikaler STEIN 1980). LANZ-HUBMANN (1989) sieht die Prologaussagen vor dem Hintergrund des Zerfalls einer eindeutigen Botschaft (S. 16; Kap. 5). Wie immer man sich hier entscheidet, der Prolog ist auf jeden Fall im Zusammenhang mit Gottfrieds großen spekulativen Exkursen zu lesen (vgl. SCHIROK 1994).

Gottfrieds Publikumsentwurf, der sich hinter dem Stichwort der *edelen herzen* verbirgt, wurde zu anderen (falls Quellen, älteren) Konzepten des Geistes-, Seelen- oder Herzensadels aus der Antike, der christlichen Theologie oder der mittelalterlichen Hofwelt in Bezug gesetzt (SPECKENBACH 1965 lehnt mystischen Einfluß ab, KUNISCH 1971 hält ihn für wahrscheinlich; vgl. DIETZ 1974 [Forschung bis 1970], S. 23-32). HAUPT (1977) sieht konkrete Verbindungen zu Gottfrieds historischem Rezipientenkreis in der städtischen Ministerialität Straßburgs. McCONNEGHY (1984) liest eine Polemik gegen den feudalen Kult von Jugend und Reichtum und sieht Parallelen zum Lied 42,31 Walthers von der Vogelweide (erwägt direkte Anspielung). Grundsätzlich ist zu bedenken: Denkt Gottfried an eine kleine, elitäre Gemeinde oder bietet er ein Identifikationsangebot für einen großen Kreis, grundsätzlich alle Leser des Romans, an (These EIFLER 1975)? Jedenfalls steuert er auf eine identifikatorische Rezeption seines Gedichtes zu und verbindet sie mit einer außergewöhnlichen, konflikt- und risikobereiten Lebenseinstellung.

Gottfrieds Äußerungen zu den älteren Tristanversionen und zur Wahl seiner Quellen (v. 136 ff.) sind nicht eindeutig, grundlegende Erörterung bei Werner SCHRÖDER (1975). Zwar nennt die Passage Thomas von Britannien (v. 150), aber als Geschichtsquelle. Was ist von seiner Suche in französischen und lateinischen Handschriften zu halten? Nach TENNANT (1982) zeigt vor allem CHINCA (1993) eine betont historiographische Stilisierung auf, vgl. auch KECK (1998), S. 175f.

Seit SCHÖNE (1955) wurde der Schluß des Prologs mit Gottfrieds Wort vom „Tod der Liebenden als Brot der Lebendigen" als Eucharistieanalogie verstanden. Dagegen erhob WILLMS (1997, Forschungsrückblick) vehementen Einspruch. Sie hält fest an der Metapher von der geistlichen Speise, will aber die religiöse Sinnebene nicht nur aus dem Prolog, sondern aus dem Roman überhaupt heraustilgen. Gottfrieds Aussage läßt sich aber nicht durch Belege zum Wort „Brot" philologisch entscheiden, sondern nur von ihren Kontexten her abschätzen. Die Nähe zur Wirkungsstruktur der Messe, vor allem zum Evangelium und zu den Wandlungsworten, ist schwerlich abzuweisen. Der von Gottfried entworfene Rezeptionsprozeß zeigt Züge eines vivifizierenden Rituals. Ein literarästhetisches Resümee im Sinne eines Fiktionalitätskonzeptes vertritt HAUG (1985; [2]1992), Kap. XI.

4. Fatalität und Minne in der Vorgeschichte

Der Eintritt in die Handlung erfolgt in einer dem höfischen Roman auch sonst geläufigen Elternvorgeschichte. Diese Exposition ist Ausdruck genealogischen Denkens. Die Haupthelden der Erzählung führen das aus, was in ihrer Art, ihrer ererbten 'Natur' angelegt ist. So heißt es grundsätzlich von der Minne, sie sei eine *passio innata* (eine eingeborene Leidenschaft, Andreas Capellanus, *De amore*, I,1). Tristan trägt als Helmzier den Pfeil der Minne, die auch als seine „Erbherrin" bezeichnet wird (v. 6594 ff.; 11764 ff.). Die Liebenden werden auf dem Höhepunkt ihres gemeinsamen Lebens in der Minnegrotte mit allem Wünschenswerten versorgt von der Minne, ihrem „ererbten Gewerbe" (v. 16842 ff.). So haben die Eltern Riwalin und Blanscheflur Tristan sein Minneschicksal vorgelebt. Zahlreiche Spiegelungen von Vorgeschichte und Haupthandlung beschreiben dabei das Verhältnis von Verheißung und Erfüllung, von Vorbereitung und Vollendung, wie es das Mittelalter in der Denkform der Typologie am Zusammenhang von Altem und Neuem Testament entwickelt und von dort auf andere Geschichtskontexte übertragen hat.

Objektiv werden in der Vorgeschichte die treibenden Prinzipien aufgedeckt, welche die Lebensschicksale gleichermaßen bestimmen. Bereits die erste Vorstellung von Tristans Vater Riwalin macht ein Handlungsgesetz von größter Tragweite sichtbar. Gottfried beginnt mit einer Charakterskizze, die den jungen Landesherrn mit allen äußeren und inneren Vorzügen ausstattet, die er in seiner Stellung braucht, aber Schatten trüben dieses Bild: Er wollte „zu hoch in seines Herzens Lüften schweben und nur nach seinem Willen leben, was ihm dann später zum Verhängnis wurde" (v. 263 ff.). Dieser hochfliegende Drang zur Selbstentfaltung sollte eigentlich für ein „edles Herz" kein Fehler sein. Der Autor kommentiert: „Aufsteigende Jugend und materielle Fülle erzeugen Übermut. Nachgeben, wie es auch viele Mächtige üben, kam ihm nie in den Sinn. Böses mit Bösem vergelten, Kraft gegen Kraft setzen, darauf war er aus." Dies beschreibt ein gesellschaftliches Kräftespiel und hat offensichtlich mit der geistlichen Ursünde der Hoffart wenig zu tun. Riwalins Verhalten wird – nicht ohne eine gewisse Sympathie für die Figur – pragmatisch beschrieben und aus den Umständen hergeleitet. Und diese lehren: „Wer keinen Schaden hinnehmen kann, dem erwächst genau dadurch großer Schaden; das ist ein tödliches Verfahren, damit fängt man den Bären" (v. 281 ff.).

Dies spielt an auf eine mittelalterliche Technik der Bärenjagd, nach welcher vor einem Honigloch ein Knüppel aufgehängt wurde, den der Bär mit der Schnauze beiseite schob. Ein Mechanismus ließ den Knüppel zurückprallen. Das wiederholte sich so lange, bis das betäubte Tier von den Jägern überwältigt wer-

den konnte. Dieses drastische Bild zeigt als Gesetz des Handelns ein antagonisti-
sches Auseinandertreten von innerem Antrieb und äußerer Einwirkung. Wenn
Gottfried dieses Prinzip wiederholt *'aventiure'* nennt, setzt er sich gegen das
aventiure-Muster des Chrétienschen Artusromans ab. Dort ist die Romanwelt so
konstruiert, daß der inneren Verfassung des Helden immer gerade das, was von
außen als Aufgabe auf ihn zukommt, antwortet. Auch der Irrweg stellt sich in
diesem harmonistischen Konzept als nötiger Umweg zum Ziel heraus. Am Ende
einer Kette von glücklich bestandenen Prüfungen wird Gelingen gnadenhaft geschenkt. Riwalins erste Handlung dagegen leitet bereits seinen Untergang ein.
Die Anteile von Fatum und Charakter sind dabei unentwirrbar verschränkt: „Ob
das Not oder Übermut veranlaßte, weiß ich nicht, denn, wie seine *aventiure* erzählt, griff er Morgan als einen Schuldigen an" (v. 342 ff.). Das Prinzip der Bärenfalle läßt so keine moralisierende Auflösung zu.

Als amoralisch und sinnlos beschreibt das Mittelalter die Weltlenkung der
Fortuna. Riwalins Feldzug gegen seinen Lehnsherrn Morgan steht unter ihrem
Diktat, ein echtes politisches Pokerspiel mit Raub, Brand, Mord und unberechenbaren Erfolgen: „Denn zu Fehde und Rittertaten gehören Verlust und Ge-
winn. So laufen Fehden ab. Verlieren und Gewinnen, das läßt die Kriege sich
hinziehn" (v. 366 ff.). Wenn die Zuweisung im *Alexander*-Roman des Rudolf
von Ems stimmt (v. 20621 ff.), hat Gottfried diesem Thema auch einen Sang-
spruch gewidmet:

Glück, das geht wunderlich auf und ab.
Man findet es viel leichter, als man es festhält,
es entschlüpft, wo man nicht gut darauf aufpaßt.
Wen es belasten will, dem gibt es vor der rechten Zeit
und nimmt auch vor der Zeit zurück, was es gegeben hat.
Es macht zum Toren den, dem es zu viel borgt,
Freude bringt den Schmerz.
Ehe wir ohne Bedrückung des Leibes und des Herzens sein können,
finden wir das gläserne Glück.
Das hat schwache Festigkeit.
Grad wenn es uns vor den Augen scherzt und am allerschönsten leuchtet,
dann zerspringt es ganz leicht in winzigfeine Stücke.

So rollt das Rad der Fortuna (die *schibe*, v. 7161; 14470) auch durch den *Tristan*.
Entscheidende Wendungen geschehen *von aventiure* (z. B. v. 737, vgl. Literaturhinweise). Zuweilen greift die rätselhafte Macht des *billich* ein, die vielleicht
mehr eine konstruktive, ausgleichende Seite des Fatums meint (v. 9370; 10058;
18023). Eine transzendente Überwindung des Fortuna-Prinzips aber, wie sie das
mittelalterliche Denken seit der *Consolatio*, der Trostschrift des spätantiken Po-
litikers und Philosophen Boethius (hingerichtet 524) in der Natur, im Liebesgesetz des Kosmos und in der göttlichen Providenz als sinngebende Kehrseite des

undurchschaubaren Wirrwarrs postuliert, läßt Gottfried außer Betracht. Doch sind auch hier noch weitere Mächte im Spiel.

Die zweite Ausfahrt Riwalins gehorcht einem anderen Gesetz. Er macht sich *durch banekie* (v. 412), zum Zeitvertreib, auf die Reise an den Hof des jungen Königs Marke von Cornwall. Dieser trägt als weitberühmter Mittelpunkt höfischer Kultur und Repräsentant höfischer Ideale Züge des Königs Artus, woran auch die Topographie mit Residenzen in Tintajel und Carliun erinnert. Auch ist Markes spätere Rolle als betrogener Ehemann in einem Zweig der Artus-Tradition, dem Dreieck Artus – Ginover – Lancelot, vergleichbar gezeichnet. Festzuhalten ist für Gottfried, daß das Bild des Königs und seines glanzvollen Hofes zuerst frei von negativen Zügen bleibt. Riwalin wird mit offenen Armen empfangen und rückt sofort in den Brennpunkt der allgemeinen Bewunderung. Nun hat Marke eine Schwester Blanscheflur mit allen äußeren und inneren Qualitäten der idealen Dame, welche die Ritter verzückt und zu den höchsten Anstrengungen anspornt. Für den ganzen Monat Mai wird auf der Wiese von Tintajel ein Frühlingsfest ausgerufen. So bieten der idyllische Naturort, eine festliche Gesellschaft und zwei zu Protagonisten stilisierte Figuren die konventionelle Staffage für eine Minnehandlung.

Die bleibt nicht aus. Sie bricht überraschend und beunruhigend in die Idylle ein. Es kommt zum ersten Wortwechsel, als der Ritter nach seiner Bestleistung im Turnier durch Zufall oder Schicksal (*von aventiure*) grüßend an der Schönen vorbeireitet. Die Begegnung setzt eine differenzierte Seelenmechanik in Gang, wie sie die höfische Liebesdichtung für die Beschreibung von Minneentstehung aufzubieten pflegt. Vor allem Ovid liefert die Details, der Antikenroman (wie Heinrich von Veldeke in seinem *Eneas*) hält ein Erzählmodell bereit. Das psychologisierende Raisonnement setzte für den Tristanstoff Thomas von England durch, aber auch in Deutschland bot schon Eilhart im Monolog seiner Isalde nach dem Minnetrank ein Beispiel 'moderner' literarischer Seelenanalyse, die aus seiner sonstigen objektivierenden Erzählweise seltsam heraussticht. Gottfried komponiert nun selbständig aus den topischen Materialien einen sehr folgerichtigen, zielstrebigen Ablauf, der später gesteigert bei Tristan und Isolde nach dem Minnetrank ein Gegenstück findet und dort besprochen werden soll. Wir greifen hier nur die Antriebe heraus, die den Gang der Ereignisse steuern.

Minne selbst betritt die Bühne in diversen allegorischen Gestalten, die ihre Funktionen beschreiben: als stürmende Kriegerin, als Brandstifterin, als Färberin der Gesichter, später als Ärztin, die allein die Minnekrankheit heilen kann. Im Innern der Figuren sind unterschiedliche und widerstreitende Kräfte am Werk. Die kurze Begegnung, in der Blanscheflur unter der Hülle des höfischen small talk ihre Betroffenheit durchscheinen läßt, löst in Riwalin angestrengtes Nachdenken aus. Die intellektuelle Entschlüsselungsarbeit, in der er nach allen Regeln der Semiotik die verbalen und gestischen Zeichen auf ihren möglichen Sinn überprüft, bringt ihm das Resultat: Aus den Äußerungen des Mädchens kann nur eines sprechen, Minne. Dies stürzt Riwalin in einen heftigen inneren Kampf.

Gottfried vergleicht den jungen Mann mit dem Vogel, der sich auf die präparierte Leimrute setzt, nicht mehr loskommt und flügelschlagend immer fester kleben bleibt. „Genauso ergeht es dem noch ungebändigten Sinn: Wenn er in sehnsüchtiges Nachdenken kommt und Liebe an ihm mit Sehnsuchtsschmerz ihre Wunder wirkt, dann will der Sehnende zurück in seine Freiheit. Aber es zieht ihn die Süßigkeit des Minneleims nach unten, und er verstrickt sich darin so hoffnungslos, daß er sich daraus weder dahin noch dorthin retten kann" (v. 859 ff.).

Das Bild ist platonistischen Ursprungs und wurde von den Kirchenvätern (besonders Ambrosius und Augustinus) aufgegriffen und ins Mittelalter tradiert. Es beschreibt die Inkarnation der ursprünglich freien Seele, die ihren göttlichen Ursprung verläßt und in die materielle Welt der Körperlichkeit eintaucht, an die sie durch den Leim (den Nagel, den Käfig) der Sinne gebunden bleibt. Gottfrieds Minneanthropologie übernimmt diesen Dualismus. Nicht selten legt sie den Nachdruck auf die „wunderliche", „verwirrende", „gespenstisch" zwanghafte Seite der Sinnlichkeit, ohne diese zum einzigen und dominierenden Minnemerkmal zu erklären. Anderseits setzt sie sich gegen die spirituell-moralisierende Tendenz der platonisierenden wie der kirchlichen Tradition ab, die mit allen Mitteln das Band der Sinne zerreißen und die Rückkehr der Seele an ihren göttlichen Ursprung befördern will.

Wie Gottfried die Tatsache der Minneverstrickung bewertet, ist nicht leicht zu entscheiden. Eine Durchschichtung negativer und positiver Aspekte, welche die Einschätzung zuletzt dem Rezipienten überläßt, ist nicht anzunehmen. Es geht nicht um ein Entweder-Oder, sondern um das paradoxe Zugleich, zu dem sich der Autor in seiner Solidarität mit den Liebenden letztlich positiv stellt. Riwalin erlebt in seinem Seelenkampf die Inkarnation zu einem neuen Leben, das bestimmt ist von der Leidfreude der 'edlen Herzen'. Diese ist im Konflikt von Intellekt und körperverhafteter Sinnlichkeit als affektiver Zwischenraum angesiedelt. Freude und Leid sind klassische Paradigmen der Affekte. Sie sind das Feld, auf dem sich die Liebespassion entfaltet. Die Freude-Leid-Existenz des *Tristan* hat so ihren Ort in der überkommenen Seelenlehre.

Mit Blanscheflurs Reaktion in einem langen, an literarischen Vorbildern geschulten Minnemonolog erhält eine weitere Komponente Gewicht: Zwanghaftem Minnezauber, den sie dem Mann zuerst unterstellt, um dann den Vorwurf zurückzunehmen, setzt sie die ethisch verantwortete Entscheidung zur Minne entgegen: „Mein törichter, ungesteuerter Sinn ist es, der mir da Leid antut; er ist es, der meinen Schaden will. Er will und will doch gar zu viel, was er nicht wollen sollte, wenn er bedenken wollte, was Anstand wäre und Ehre" (v. 1045 ff.). Sie identifiziert dann aber ihr Gefühl mit dem, was sie von Minne gehört hat, und wirft die Skrupel über Bord. Sie sendet dem Mann tiefe Blicke und schürt das Liebesfeuer, das sie beide überwältigt.

Gottfrieds Anthropologie der Minneentstehung umfaßt so die ganze Breite der Seelenvermögen: Intellekt, Affekt, Sinnlichkeit, moralisch verantwortete Willensentscheidung. Sie werden durch eine äußere Konstellation herausgefordert, durch schicksalhaften Anstoß in Bewegung gebracht. Die eigentliche Konfrontation mit dem Fatum erfolgt in einer weiteren Phase der Minneentwicklung, die über die Vereinigung auf schnellstem Weg in den Untergang führt. Das Gesetz der Bärenfalle wird so in seiner Unentrinnbarkeit sichtbar.

Der erste Schlag: Nach dem Fest ein Krieg. Riwalin wird halbtot nach Hause gebracht. Blanscheflur übernimmt die Rolle der pathetisch Minnenden zwischen Gefühlsausbrüchen und tollkühnen Initiativen. In einer Klageszene (es folgen später zwei weitere) läßt sie ihrer Verzweiflung freien Lauf; dann überredet sie ihre Dienerin, eine Zusammenkunft in allen Ehren mit dem Sterbenden zu vereinbaren. Als Bettlerin verkleidet, in der Rolle der Ärztin, Verkörperung der Minne, erscheint sie an Riwalins Bett und bricht über ihm zusammen – ein präfigurierter Liebestod. Aber in Riwalin erwacht die Kraft der Minne. Im Zeichen des Todes vereinigt sich das Paar und erneuert so das Leben. Riwalin gesundet, „nur weil Gott ihm aus der Not half" (v. 1328). In dem fatalen Kontext der Ereignisse erscheint diese Feststellung ironisch gebrochen. Blanscheflur hat Tristan empfangen. Der kommentierende Autor läßt an den Folgen keinen Zweifel: Das empfangene Leben wird ihr Tod sein. Die Liebenden genießen so eine kurze Zeit das Glück ihres *leal amur,* ihrer nicht nach den Gesetzen der Gesellschaft, sondern im Urteil des Erzählers „legitimen Liebe" (v. 1362). Sie erfahren eine Weltfreude, „um die sie kein anderes Himmelreich gegeben hätten" (v. 1372; in einem Teil der Handschriften fehlt der provokante religiöse Anklang, es heißt hier „um kein Königreich" oder „nicht um tausend Königreiche").

Der zweite Schlag: Morgan, der ganz in Vergessenheit geraten war, fällt in Riwalins Reich ein. Blanscheflur bricht ein zweites Mal in Klagen aus und überzeugt den Freund in wohlgegliederter Rede, er könne sie als Schwangere nicht allein zurücklassen. Riwalin beugt sich bedingungslos ihrem Willen und organisiert die Flucht. Der Rest spielt sich schnell ab: Überfahrt, vorläufige Eheschließung zur Sicherung der Erbfolge, Kriegsvorbereitungen, Riwalins Tod. Gottfried arbeitet das tragische Ende der Vorgeschichte, das immerhin ein Spiegel des nicht ausgeführten Romanschlusses ist, als extremen Widerspruch von Fatalität und Liebesgesetz heraus. Riwalins Tod kommentiert er so: „Das ist passiert, es muß nun so sein, er ist tot, der treffliche Riwalin. Da bleibt nichts mehr zu tun, als was man von Rechts wegen mit einem Toten tun muß. Da steht auch wirklich nichts anderes mehr an: Man soll und wird ohne ihn auskommen, für ihn möge Gott im Himmel sorgen, der edle Herzen nie vergaß" (1704 ff.). Aus dieser Bemerkung spricht keine religiös fundierte 'Kunst des Trauerns', auch nicht Zynismus, sondern der illusionslose Blick auf unabänderliche Tatsachen im Raum der Geschichte.

Blanscheflur bleibt in ihrer dritten und letzten Klage stumm:

si bewarte al der werlde wol	Sie bewies aller Welt sehr wohl,
daz ir sin tot ze herzen gie.	daß ihr sein Tod ins Herz ging.

ir ougen diu enwurden nie	Ihre Augen wurden kein einziges Mal
in allem disem leide naz...	in all diesem Leid naß...
da was ir herze ersteinet:	Da war ihr Herz versteinert.
dan was niht lebenes inne	Da war kein Leben mehr darin
niwan diu lebende minne	als die lebende Minne
und daz vil lebeliche leit,	und das höchst lebendige Leid,
daz lebende uf ir leben streit.	das lebhaft gegen ihr Leben stritt.
geclagetes aber ir herren iht	Beklagte sie wieder ihren Herrn [Riwalin]
mit clageworten? nein si niht:	mit Klageworten? Nein, das tat sie nicht.
si erstummete an der stunde,	Sie verstummte augenblicklich,
ir clage starp in ir munde;	ihre Klage erstarb in ihrem Munde;
ir zunge, ir munt, ir herze, ir sin,	ihre Zunge, ihr Mund, ihr Herz, ihr Sinn,
daz was allez do da hin.	das war da alles dahin.
diu schœne enclagete do nieme:	Die Schöne klagte da nicht mehr.
sin sprach do weder ach noch we;	Sie sprach da weder 'ach' noch 'weh'.
si seic et nider unde lac	Sie sank nur nieder und lag da,
quelende unz an den vierden tac	sich quälend drei Tage lang,
erbermeclicher danne ie wip;	jämmerlicher als je eine Frau.
si want sich unde brach ir lip	Sie wand sich, und ihr Leib zuckte,
sus unde so, her unde dar	so und so, nach hier, nach dort,
und treip daz an, biz si gebar	und trieb das fort, bis sie gebar
ein sünelin mit maneger not.	ein Söhnlein mit großer Not.
seht, daz genas und lac si tot.	Seht, das kam durch, und sie war tot."
(v. 1724 ff.)	

Ist so, wenigstens für diesen Abschnitt der Dichtung, ein letztes Wort gesprochen? Läßt Gottfried die Minne scheitern an der blinden Fatalität? Wir sollten diesen Ausgang nicht als Urteil über Macht und Wert der Minne verabsolutieren. Fortuna und Minne wirken mit- und gegeneinander, das böse Fatum siegt, ein transzendierender Ausgleich wird verweigert. Aber in der Minnehandlung, in einer diesseitigen Welt und unter dem Eindruck des Todes, wird ein Raum der Erfüllung gezeigt, der auch vom Tod nicht ausgelöscht wird. Gottfrieds leidenschaftliches Engagement scheint diesem Lebenssinn zu gelten. Fortuna hat das Gesetz der Minne und den Wert, den es bedeuten kann, nicht widerlegt und nicht aus der Welt gebracht. Tristan ist geboren und wird die Minneexistenz seiner Eltern erneuern.

Literaturhinweise und Diskussion

In der Fassung Eilharts stirbt Tristans Mutter bereits auf der Überfahrt an der Geburt des Sohnes (Motivparallele zum Apolloniusstoff, vgl. TOMASEK 1997, S. 232f.; Rezeption des Stoffes an anderen Stellen bei Gottfried ebd. S. 230-232), der Vater lebt bis in den Schlußteil der Handlung weiter. Die ganze Anlage zeigt, daß die Parallelführung der Vorgeschichte zur Haupthandlung erst das Werk des Thomas ist, wobei Gottfried gerade diese Züge noch stärker ausarbeitet (z.b. Liebestodmotiv, HUBER 1996, S. 135).

Die Übertragbarkeit typologischer Muster von der Heilsgeschichte auf Profanes, so auch den höfischen Roman, wurde von Friedrich OHLY und Werner SCHRÖDER kontrovers diskutiert (Einstieg OHLY 1977, S. 361, Anm. 1; vgl. auch OHLY 1988). Typologische Bezüge im Kontext von Gottfrieds Erzählung arbeitet KEUCHEN (1975) heraus. Eine strukturale Analyse der Vorgeschichte nach dem Erzählmodell von A. GREIMAS unternimmt NOWÉ (1982).

Die Auffassung der Vorgeschichte führt bereits auf zentrale Interpretationsprobleme des Gesamtromans zu:

1. Handlungsgesetz: Im Vergleich mit der *aventiure*-Struktur des Artusromans in der Nachfolge Chrétiens hat HAUG (1972) das Handlungsgesetz der Bärenfalle (v. 284 ff.) und Gottfrieds spezifischen *aventiure*-Begriff als weichenstellend auch für das Tristanleben herausgestellt; später sprach WORSTBROCK (1995) der kurzen Bemerkung diese weitreichende Bedeutung ab und erklärte das allgemeine Fortuna-Konzept als strukturbildend für den Gesamtroman. Zu Gottfrieds Fortuna-Spruch STACKMANN (1963).

2. Minneauffassung: Für Gottfrieds Minnedarstellung ist die Dissertation NICKELs (1927) forschungsgeschichtlich wichtig und nach wie vor anregend. Zu der das Werk durchziehenden Minnemetaphorik liefert WESSEL (1984) nicht nur eine Fülle von Belegen, sondern auch bemerkenswerte interpretierende Auswertungen. Die Entstehung der Liebe von Riwalin und Blanscheflur spiegelt bereits detailgenau die Entstehung der Liebe der Haupthelden nach dem Minnetrank. Zum neuplatonistischen Hintergrund des Leimrutengleichnisses COURCELLE (1958). Den literarhistorischen Hintergrund des Texttypus 'Minnemonolog' beschreibt BUSSMANN (1969). Folgenreich ist es, ob man in Vorgeschichte und Haupthandlung das gleiche oder ein (graduell) verschiedenes Minnekonzept erkennen will. WYNN (1984) plädiert für den Unterschied („Gegenstück zur Haupthandlung", S. 65); von gleichen Voraussetzungen geht SCHNELL (1985) aus (S. 332f., in dem Band reiche Materialien zur Topik der Liebesentstehung). POAG (1989) sieht bereits in der Vorgeschichte das Zerbrechen säkularer Heilsmuster im Gegensatz zum optimistischen Artuskonzept und liest darin Züge eines epochalen Umbruchs in Richtung auf die Neuzeit.

5. Tristans Weg zu Isolde

5.1. Vaterlose Kindheit

Die Schicksale des jungen Tristan nehmen in der Stoffverteilung des Romans einen auffallend breiten Raum ein. Die Vereinigung mit seiner Partnerin durch den Minnetrank erfolgt erst nach rund 12 000 Versen, in der vermutlichen Mitte des geplanten Ganzen. Nach dem schnellen, direkt auf das Ziel zusteuernden Gang der Vorgeschichte kennzeichnen die Haupthandlung zunächst Hemmungen, Umwege und überraschende Peripetien. Das könnte der Tribut an einen aufgeschwellten Stoff sein, auf den Gottfried durch seine Vorlage verpflichtet ist. Wenn hingegen Tristans wechselvoller Weg zu Isolde als sinnvoll und notwendig gelesen werden kann, so wird in dieser Perspektive das Leben der Partner vor ihrer Zusammenführung und ihre Bewegung aufeinander zu eines der Hauptthemen der Erzählung.

Was mit Tristans Eltern angelegt wurde, muß von ihrem Sohn aufgearbeitet werden. Die genealogische Hypothek erhält auf diese Weise über einen typologischen Spiegel und ein inneres Erbe hinaus motivierendes Gewicht. Die alten Weichenstellungen wirken fort. Der Sohn kann seine Bestimmung, die auf die Partnerin als Ziel gerichtet ist, nur mühsam aus dem Erbe lösen und schrittweise einholen. Entsprechendes gilt auch aus der Perspektive der Frau. Das wird in einem Überblick über den Raum der Handlung sofort klar (vgl. Abb. 2). Tristan wiederholt bei der Entführung durch die norwegischen Kaufleute unbewußt und wider Willen den Weg seines Vaters von der Bretagne nach Cornwall. Dort wird er in einer irritierenden Bindung an seinen Onkel gefesselt. Der Weg ins Mutterland nimmt aber wie bei Riwalin im Grunde die Richtung auf die vorbestimmte Frau. Tristan muß sie weiter, bis in den äußersten Westen, nach Irland, verfolgen. Die Heimholung der Partnerin zurück in den Osten gelingt dann aber nicht, sie führt in die Ehe Isoldes mit Marke und scheitert so an der Minnebindung der richtigen und der Ehebindung der falschen Partner. Als in der integralen Gestalt des Stoffes Isolde schließlich dem verwundeten Geliebten in die Bretagne nachfolgt, bricht wie bei Riwalin und Blanscheflur das tragische Ende herein.

Die weitgehend von außen gesteuerten Etappen seines Weges führen den Helden Zug um Zug zu sich selbst. Tristan trägt den Geburtsmakel des mythischen Heilbringers. Er kennt (wie Parzival) seine Herkunft nicht. Riwalins Marschall Rual hat ihn nicht nur adoptiert, sondern das Kind seiner Frau durch eine vorgetäuschte Schwangerschaft regelrecht untergeschoben, um es vor den Verfolgungen des Erbfeinds Morgan zu schützen. Er hat es auf den Namen 'Tristan' taufen lassen, den der Erzähler im Blick auf seine ganze Existenz (pseudo-ety-

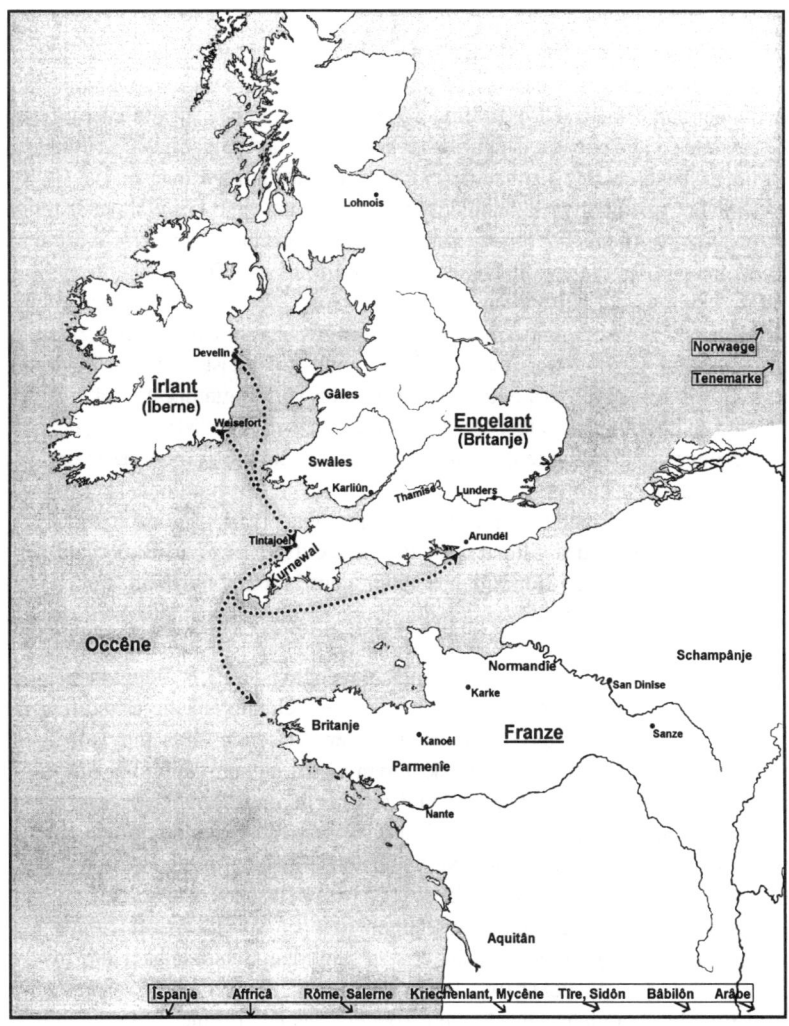

Abb. 2: Geographie von Gottfrieds *Tristan*

mologisch von französisch 'triste' herleitet und auslegt. Diese Elternbeziehung, die nicht auf der Basis des Blutes, sondern der einer moralisch vorbildlich erfüllten Vasallentreue ruht, wird von den Beteiligten als restlos positiv und über die Aufklärung der wahren Verhältnisse hinaus dauernd erlebt. „Da wurde schnell ein Gerücht ausgestreut, die vortreffliche Marschallin liege mit einem Sohn im Wochenbett. Das war auch wahr so, denn sie handelte entsprechend. Sie war mit dem Sohn in den Wochen, der ihr seinerseits Sohnestreue bis zu beider Lebensende bewies" (v. 1930 ff.). Das Verhältnis zu dem blutsverwandten Marke dagegen entwickelt sich höchst zwiespältig. Als schließlich der Pflegevater, der in unerschütterlicher Treue der Spur des Entführten nachgereist ist, Tristans wahre Herkunft enthüllt, stürzt er den jungen Mann kurz vor seiner Initiation ins Erwachsenenleben in eine schwere Krise: „Ich höre meinen Vater [Rual], sagen, mein Vater [Riwalin] sei seit langem erschlagen. Damit sagt er sich los von mir; so muß ich ohne Vater sein, trotz zweier Väter, die ich gewonnen habe [Riwalin und Marke]. Ach Vater und Vaterillusion, wie seid ihr mir so entrissen!" (v. 4367 ff.) Auf die Stellung Markes muß Rual Tristan ausdrücklich hinweisen: „Du bist durch mein Kommen jetzt edler, als du glaubtest, und wirst davon immer Ehre haben. Außerdem hast du doch zwei Väter wie vorher, hier den Herren da [Marke] und mich. Er ist dein Vater, und so bin es auch ich." (v. 4381 ff.)

Gottfried setzt hier eine Zäsur mit dem sogenannten 'Literaturexkurs' (v. 4555 ff.) und führt in den folgenden Rittertaten Tristans allmählich Isolde, die Sonne Irlands, über den Horizont herauf. Tristans Identität in Irland ist weiterhin Umschwüngen ausgesetzt. Man kann in dieser Identitätsproblematik einen Leitfaden der Konzeption von Gottfrieds Hauptfigur erkennen. Immer neu muß der Held in wechselnden gesellschaftlichen Kontexten ein neues Rollenverhalten, ein gewandeltes Selbstverständnis aufbauen. Tristan gelingt dies jedes Mal mit virtuoser Anpassungsfähigkeit – bis zum nächsten Einbruch. Dies wiederholt sich bis zum Ende von Gottfrieds Text, der mit Tristans Verwirrungen vor der Weißhändigen Isolde an einem krisenhaften Tiefpunkt abbricht. Die Reihe setzt sich in der Stofftradition aber auch darüber hinaus bis zu Tristans Tod fort, besonders eindrucksvoll in den Fragmenten des Thomas. Es sei hier daran erinnert, daß das höfische Erzählen auch außerhalb des Tristanstoffs Identitätsprobleme durchagiert, die von einer archaisch-mythischen Stufe mit Erzählformeln wie Vatersuche, Initiation, Verstellung, Verwechslung, Identifizierung, Wiedersehen, Rollenfindung auf die reflektiertere Ebene von mehr oder weniger einheitlichen Romanfiguren überwechseln. Iwein, Gregorius, Parzival und andere werden in Extremsituationen geführt, in denen sie sich mit der Existenzfrage, 'Wer bin ich?', konfrontiert sehen. Entwickelt hier der Tristanstoff und im besonderen Gottfried von Straßburg ein eigenes Modell? Aus nachmoderner Sicht mutet die Brüchigkeit, ja Uneinheitlichkeit von Figuren wie Tristan überraschend aktuell an. Sind sie tatsächlich konsistenter als eine leere Projektionsfläche, ein Schauplatz sich kreuzender Redemuster? Aus historischer Sicht ist dem entgegenzuhalten, daß die Tendenz gerade in die umgekehrte Richtung verläuft. Die Erfindung von komplexen, teils widersprüchlichen und gemischten Charakteren löst die Figuren aus einer starr festgelegten Schematik, sie bewegen sich auf einen Fluchtpunkt ihrer Aktivität zu – hier das Lebensgesetz der Minne –, sie zeigen Ansätze von 'Entwicklung', was besonders dadurch unterstrichen wird, daß sie sich auf ihrem Weg an frühere Stadien erinnern und spätere projektieren.

Tristans Weg zu sich selbst wird so zu einer prädestinativ angelegten Schicksalsfigur, die der Held handelnd erfüllt und deren unbewußte Bereiche zumindest in einer narrativen Tiefenstruktur aufgehoben sind. Alle Schritte Tristans sind von Anfang an auf seine Minneexistenz beziehbar, und sie führen im Motivationsgeflecht tatsächlich auf sie hin, voran die an Hexerei grenzenden Fähigkeiten in den Künsten. Man könnte den Lehrplan des Kindes im einzelnen durchgehen. Nehmen wir die Jagd: Der in Cornwall ausgesetzte Junge trifft auf Markes Jäger genau in dem Augenblick, als sie einen schußreifen, bis zur Erschöpfung gehetzten Hirsch mit den Hunden umzingeln und erlegen. Als der Jägermeister die Beute „wie ein Schwein" zerteilen will, tritt „der höfische Tristan" dazwischen und erteilt in einer großen Szene Markes Leuten eine Lektion in der Kunst des Hirschbasts, der kunstvollen Zerteilung der Beute. Vollkommen überlegen, doch von gewinnender Bescheidenheit, gibt er, mit dem Finger deutend, die Anweisungen, was zu tun sei, und würzt seine Reden mit etymologischen Erklärungen. Er stellt einen Jagdzug zusammen und führt ihn mit Lindenzweigen bekränzt und unter kunstvollem Hörnergetön zu Markes Burg. Als der König und sein Hof das „fremde Jagdlied" hören, erschrecken sie bis ins Herz hinein.

Die Kunst des Jagens eröffnet so dem dahergelaufenen Knaben die Sympathie des Hofs und die Zuneigung des Königs, seines Onkels und späteren Nebenbuhlers in der Liebe. Beizvögel haben ihn schon vorher auf das Kaufmannsschiff gelockt. Später wird die junge Isolde einem Jagdfalken verglichen, dessen Blick unter den anwesenden Männern auf Beute ausgeht. Ein Netz von literalen und metaphorischen Jagdmotiven durchzieht den Roman. Es bindet entfernte Stellen aneinander und deutet letztlich immer auf 'Minne'. Auf der Jagd entdeckt Tristan die Grotte, in die er sich mit der Gefährtin während des Exils vom Hof zurückzieht. Auf der Jagd folgt Marke dem Liebespaar dorthin nach. In diesem Bildfeld sind die Liebenden stets beides, Jagende und Gejagte. So antizipiert die Hirschbastszene letzte Konsequenzen der Geschichte. Der junge Tristan bringt die überlegene höfische *ars venandi,* gemeint: *ars amandi,* an Markes Hof. Er wird nicht nur des Königs Zuneigung, sondern, auf höherer Stufe, die Minne seiner Frau erjagen. Anderseits ist Tristan, der die Szene im Moment des *bîles* betritt, als die Hunde den Hirsch gestellt haben, selbst das Wild, das Markes Hof stellen und erlegen wird. Nicht anders werden im „wunderbaren Hirsch" der Grottenszene die Liebenden selbst gejagt und zuletzt zur Strecke gebracht werden. Erzähltes und Erzählen, Handlungselemente wie die Sprachgestaltung der Textoberfläche, vor allem in der Metaphorik, weben an diesem quer zu den literalen Ereignissen laufenden Netz von Verweisungen.

Mit den gleichen Techniken baut eine zweite Szenenfolge für den Knaben in
Cornwall den Bildbereich der Musik aus. Tristan, der soeben mit musikalischer
Untermalung den zerteilten Hirsch nach Tintajel brachte, übertrumpft einen wali-
sischen Harfner und spielt sich hinein in die Bewunderung des Hofes, bis an die
Schwelle des Neides: Jedermann möchte sein wie er. Marke reagiert über-
schwenglich und macht ihn zu seinem ständigen Begleiter. Als Harfner wird Tristan dann das erste Mal in Irland freundlich aufgenommen und sofort am Hof
eingeführt, trotz seiner von Morold stammenden unerträglich stinkenden Wunde.
Er avanciert zum Musiklehrer der gelehrigen Prinzessin, die bei ihren Konzerten
nicht nur den stolzen Vater, sondern alle Anwesenden sirenengleich bezaubert
und ihre Herzen wie steuerlose Schiffe in den Abgrund zieht. Durch Harfenspiel
gewinnt Tristan Isolde später von dem Entführer Gandin zurück. Musik als Gesang zur Harfe ist schließlich das Bild für das wunschlos erfüllte Minnespiel im
Inneren der Grotte.

Ergibt so die Doppelung der *artes* eine einfache Wiederholung? Nein, die
Jagd zeigt mehr den aktiven, aggressiven, 'männlichen' Aspekt des Minnewer-
bens an, die Musik sein passives, schmeichelndes, entwaffnendes, 'weibliches'
Gegenstück. Nur die Musik als spielerisch gelöster, freier Zusammenklang kann
Zeichen der letzten Einheit werden. Doch sind die 'männlichen' und 'weiblichen' Rollen offenbar auf beide Geschlechter verteilt. Zumindest in der Minne-
metapher des Beizfalken hat auch die Frau das Recht zu jagen, wie überhaupt der
Frau in der Tristanfabel häufig der aktive Part zufällt. Umgekehrt darf der Mann
eher weibliche Seiten zeigen. Der „wunderbare Hirsch" der Grotte trägt in der
Verbindung von Pferd und Einhorn hermaphroditische Züge, die das Liebespaar
in ein Wesen zusammenziehen. So bewahrt der *Tristan* Gottfrieds trotz seiner
höfischen Aufmachung Merkmale einer älteren und reicheren Rollenverteilung,
als sie andere Ritterromane anbieten, etwa der militant patriarchale *Erec*
Chrétiens und Hartmanns. Wie allerdings aus den literal glatt und elegant daher-
kommenden Inszenierungen von Tristans jugendlichem Künstlertum die verschiedenen Aussageschichten mit ihren beunruhigenden Synopsen herausgelesen
werden können, ist ein Problem, das mit Gottfrieds Romanästhetik zu tun hat.

Literaturhinweise und Diskussion

Den Gesamtplan von Gottfrieds Roman mit der auf den Minnetrank folgenden 'Minnebußpredigt' im Zentrum (gleiche Verszahl wie der Prolog) rekonstruiert einleuchtend GRAVIGNY (1971), das Akrostichon als Orientierung bricht aber bereits an dieser postulierten Mitte ab.

Psychoanalytisch interpretiert Tristans Herkunft und Lebensweg BEUTIN (1977), S. 49-52. In mythologische Muster eines Heldenlebens ordnen Tristans Kindheit PÖRKSEN/PÖRKSEN (1980) ein. Eine lebenslange Gespaltenheit und Identitätskrise, die auch durch die Minneeinheit nicht bewältigt werden kann, sieht GOTTZMANN (1989), wobei sie den Roman einseitig zum negativen Exempel erklärt (S. 144). Tristans programmatische Namengebung analysieren HUBER (1979), S. 269 ff. ; HAUBRICHS (1989), S. 205f. und RUBERG (1989), S. 315-317; sie erfolgt nach dem rhetorischen Schema '*ex casu nascentis*' (nach dem Geburtsumstand) und hängt mit anderen Namenspielen des Romans zusammen. In den Rahmen des Taufrituals stellt die Namengebung als komplexen und verrätselnden poetischen Bezeichnungsakt („Krypta" im Text) SCHEUER 1999.

Für Tristans schwieriges Verhältnis zu seinen „Vätern" macht LENSCHEN (1991) den subjektiven Aspekt und verdeckte Trennungsinitiativen des Knaben geltend. Eine päderastisch-homoerotische Beziehungsstruktur zwischen Tristan und Marke stellt nach Andeutungen bei GRUENTER (1964) KROHN (1979) heraus, sie diene der Destruktion der Marke-Figur; den kulturgeschichtlichen Hintergrund eines nicht erotischen Freundschaftskults unter Männern macht JAEGER (1989) geltend; mit psychoanalytischen Kategorien (Freud, Märchenanalyse Bettelheims) zeichnet PALMER (1996) eng am Text Tristans Lösung von homoerotisch geprägten Vaterbindungen und seinen Übertritt in eine selbstbestimmte, heterosexuelle Männlichkeit nach.

Besonders anhand der Figurengestaltung der Isolde wurden wiederholt 'gender'-Aspekte diskutiert. Auf den verschiedenen Bearbeitungsstufen des Stoffes vergleicht die Gestalt der Protagonistin MÄLZER (1991); in Gottfrieds Darstellung sieht sie eine Wiedergewinnung ursprünglicher „matristischer" Züge.

Die Jagdmotivik des Romans, dabei auch die zentrale Hirschbast-Szene, erörtert KOLB (1979); die Gleichzeitigkeit von Jagen und Gejagtwerden im metaphorischen Bezugsnetz betont WESSEL (1984), S. 378-398, vgl. 304-316. CATALINI (1984) weist Inkonsistenzen von Gottfrieds Darstellung der Hirschzerlegung im Vergleich zu seiner Quelle nach, die durch Textumstellung zu beheben wären. KRAUSE (1993; vgl. 1996) stellt in der Bastszene als Subtext die symbolische Transformation von Natur in Kultur (nach Lévy-Strauss) heraus. Tristan trete als Kulturbringer in gesellschaftlichen und erkenntnis- bzw. sprachtheoretischen Sinnbezügen auf. Dicht am Text verfolgt die kulturelle Wertschöpfung in der Präsentation des Hirsches wie der Darstellung von Tristans „Körper" mit seiner gesellschaftlichen Rollenspaltung SCHEUER 1999.

Tristans Künstlertum, vor allem sein Musizieren, erörtert unter mythischen und kulturellen Aspekten (Kulturheros, Typus des Spielmanns) MOHR (1959 b); JACKSON (1962) kehrt mehr die Seite des gelehrt gebildeten Künstlers und späteren Liebhabers heraus; historisch-sozialgeschichtlich orientiert sich LANGER (1974). Die Musik-Metaphern (Realia bei VAN SCHAIK 1985, [2]1996) sammelt und bewertet WESSEL (1984), S. 316-324. Zur Bedeutung der Musik für den Roman insgesamt GNAEDINGER (1967). In einer sehr zugespitzten These liest STEIN (1980) aus der Musik im *Tristan* eine Ästhetik des konzeptuellen und formalen Scheiterns, aus der sich der Werkabbruch notwendig ergebe. BLODGETT (1996) versteht die Musik als Einbruch in die geordnete höfische Welt wie in die Ordnung der Zeichen und projiziert die musikalischen Ambivalenzen auf die Figur Tristans als Subjekt. Gegenüber diesen negativen Resultaten ist zu fragen, ob damit Gottfrieds Auffassung von der Musik auf dem Hintergrund der mittelalterlichen Musiktheorie adäquat beschrieben ist (Gegenposition SZYRÀKY 1998).

5.2. Der „Literaturexkurs" (v. 4555-5011)

Tristan ist an einem vorläufigen Höhepunkt seiner Karriere angekommen. Seine Abstammung macht ihn zum Herrn von Parmenie, der Onkel setzt ihn offiziell zum Erben Cornwalls ein. In einem Festakt soll er zusammen mit dreißig Knappen die Ritterweihe empfangen. Die Einkleidung der Gesellen geht allegorisch vor sich. Vier Schneider machen sich ans Werk: Hochfliegende Begeisterung (*hoher muot*) sorgt für den Entwurf der Kleider, üppiger Reichtum (*vollez guot*) liefert den nötigen Stoff, kluge Unterscheidung (*bescheidenheit*) gibt diesem den rechten Schnitt, und höfische Gesinnung (*hœfscher sin*) näht die Teile passend zusammen. Damit werden vier Begriffe, die als höfische Werte schon immer präsent waren, geschickt zu einem Bildarrangement verbunden, das vor allem die harmonische Umsetzung höfischer Idealität in eine festliche Realität, also etwas sehr Abstraktes, umschreibt und vor Augen stellt.

Als nun die Einkleidung an den Anführer Tristan kommt, stockt der Autor. Der Sprachmächtige zögert, wie er es der Geschichte und zugleich seinem Publikum recht machen könne. Damit tauchen Erzähldeterminanten, die schon der Prolog bearbeitete, wieder auf und werden theoretisch reflektiert. Gottfried erklärt sich unfähig, von höfischem Prunk und Reichtum etwas „Gutes" zu sagen, das nicht schon besser gesagt wäre: „Ja, ritterliche Pracht ist so vielfältig beschrieben und mit Worten so abgedroschen worden, daß ich nichts mehr reden kann, woran ein Herz Freude hätte" (v. 4616 ff.). In der historischen Gesprächsgemeinschaft steht so die Kraft des Wortes in Frage. Diese Problematik ist in der deutschen Dichtung und ihrem literarästhetischen Selbstverständnis ein aufsehenerregendes Novum. Die lateinischen Poetiklehrbücher kennen zwar den Mangel des *verbum tritum* (des abgenützten Wortes) und suchen ihm mit allerlei Kunstgriffen abzuhelfen. Gottfried aber packt tiefer und differenzierter zu als jene Rhetorikrezepte. Er überlegt sich grundsätzlich, wie überhaupt in Sprache Sinn zur Erscheinung gebracht werden kann und sieht dies abhängig von geschichtlichen Bedingungen. Im Vergleich zum Prolog verschiebt sich hier die Reflexion vom Feld der Rezeption auf das der Produktion.

Gottfried präsentiert seine Überlegungen in dem anschließenden Exkurs nicht als systematische Abhandlung – für die es auch kein geeignetes Vorbild, keine Tradition gäbe –, sondern als essayistisch pointierte, bewegliche und doch geordnete Gedankenfolge. Sie ist durchsetzt mit Anklängen an lateinische Termini, Metaphern, Topoi, die in ihrer volkssprachlichen Gestalt gar nicht nach Katheder riechen, sondern bildhaft und witzig aufblitzen. Die Anlage des Exkurses ist dreigliedrig und läßt sich anschaulich als Triptychon vorstellen. Auf dem ersten Flügel sind die Vorgänger in der Kunst versammelt, welche die literarischen Mittel so reich zur Entfaltung gebracht haben. Für den Roman erscheint als Vorbild Hartmann, dann ein ungenannter Gegner, weiter Bligger von Steinach und zuletzt als Wegbereiter moderner deutscher Dichtkunst Heinrich von Veldeke. Dieser fungiert zugleich als Kontaktfigur zur Gruppe der Lyriker (was für

die anderen Dichter ebenfalls denkbar wäre), doch nimmt Veldeke ja die Rolle des
Initiators ein. Als Repräsentanten des Minnesangs erscheinen auf der Bühne zwei
„Nachtigallen": Reinmar, der Sänger „von Hagenau" und Walther von der Vogelweide, der nach dessen Tod als Anführer das Banner trägt. Damit haben wir die
erste Skizze einer deutschen Literaturgeschichte in poetischer Form. Im Zentrum
des Triptychons sehen wir dann den Autor die Gabe der Inspiration erflehen. Er
wendet sich zum Berg Helikon mit Apollo und den Musen und weiter an eine
oberste Instanz. In einer eigenen Szene sind schließlich auf dem dritten Flügel die
antiken mythologischen Gestalten Vulkan und Kassandra abgebildet, wie sie für
Tristan die Rüstung schmieden und sein Kleid weben. Der Rückverweis auf Veldekes *Eneas*-Roman, wo Vulkan dem Helden die Rüstung schmiedet, liegt hier
nahe (157, 9 ff.). Aber Gottfried läßt diese Prunkstücke liegen, kehrt zu seinen allegorischen Schneidern zurück und wickelt die Schwertleite lakonisch ab.

Die theoretischen Stichwörter für die Behandlung des aufgeworfenen Prob-
lems liefert das Hartmann-Lob:

Hartman der Ouwære	Hartmann von Aue,
ahi, wie der diu mære	ja wie der den Stoff der Geschichte
beid uzen unde innen	außen und innen
mit worten und mit sinnen	mit Worten und Sinnen
durchverwet und durchzieret!	durchfärbt und durchziert!
wie er mit rede figieret	Wie er mit seiner literarischen Rede
der aventiure meine!	den Hintersinn der *aventiure* trifft!
wie luter und wie reine	Wie klar und rein
siniu cristallinen wortelin	seine kristallenen Wörtchen
beidiu sint und iemer müezen sin!	sind und immer sein werden!
(v. 4621 ff.)	

Die mittelhochdeutschen Begriffe sind nicht auf präzise lateinische Entsprechungen festzulegen, ihr Verständnis bleibt unscharf (was zum Teil auch schon für
den lateinisch-poetologischen Hintergrund gilt). Klar wird allerdings, daß mit
'innen' und 'außen' die Zweiseitigkeit der Rede mit Zeichen und Bezeichnetem,
sinnlich wahrnehmbarem und gehaltlichem Aspekt umschrieben wird. In den
Poetiken wandern die Kategorien der *worte* und *sinne* (*verba* und *sensus*) durch
alle Ebenen der Texthierarchie, vom stilistischen Detail bis zur integralen Einheit
des Textes, und durchformen so als rhetorische *colores* das Ganze. Gottfried
macht das Wortpaar und die Relation, die es ausdrückt, zum Leitfaden seiner
Romanpoetik. Er fordert die Verwendung aller Mittel im Dienste der „Klarheit"
(*claritas*) und schließt sich so der klassizistischen Stiltendenz in der lateinischen
Poetik des 12. Jahrhunderts an. Hartmanns Worte sind fleckenlos durchsichtig
wie Kristall. Die Sinndurchsichtigkeit meint zugleich Sinnfülle, im Gegensatz
zur Sinnverdunkelung in der Rede des Gegners und zur Sinnentleerung durch
den Sprachverschleiß.

Dieser Sinn stellt sich im Gespräch mit dem Publikum ein und wird objektivierbar im Urteil der kompetenten Kritiker. Alle wirken mit an einem gemeinsam geflochtenen Blumenkranz der Wortkunst, der Hartmann als Dichterlorbeer (*lorzwi*, v. 4655) gereicht wird. (Diese bemerkenswert frühe Anspielung auf den antiken Brauch der Dichterkrönung dürfte Gottfried aus deren metaphorischer Erwähnung in klassischer lateinischer Dichtung kennen. Zur Institution wird die Zeremonie im Mittelalter erst in der italienischen Renaissance seit dem 14. Jahrhundert, wo nach Mussatos Ehrung in Padua 1315 Petrarcas Krönung mit dem Lorbeer auf dem Capitol in Rom 1341 als europäisches Vorbild wirkt.)

Doch ist damit der Raum des Sinnbegriffs nicht ausgemessen. Der Autor empfängt den *sensus* von einer höheren Instanz. Bligger webt sein Textkleid aus Fäden, die von Feen gesponnen sind. Veldeke hat seine Weisheit aus der Pegasusquelle geschöpft, aus der alle Weisheit geflossen ist. Walther singt im Ton des Kytheron, eigentlich des Musenberges, auf dessen Gipfel und in dessen Höhlung die Göttin Minne Hof hält. So erbittet sich Gottfried in seiner Sprachnot die Inspirationsgabe des Helikon, von dem ein einziger Tropfen aus der Musenquelle genügen würde, wie ein Katalysator die Alchemie der Worte in Gang zu setzen. „Meine Worte muß mir dieser durch den gleißenden Schmelztiegel der camenischen [d.h. der von den Musen gespendeten] Sinne schicken; er muß sie darin zu fremdartigen Wundergebilden schmelzen und zu höchster Vollkommenheit läutern wie Gold aus Arabien" (v. 4889 ff.). Da hebt sich der erstaunte Blick zu einem noch höheren, „wahren Helikon", „von dem die Worte entspringen, die durch das Ohr klingen und ins Herz lachen, die Rede durch und durch mit Licht erfüllen wie einen erlesenen Edelstein" (v. 4899 ff.).

Die Szene türmt antike und christliche Inspirationsgaranten übereinander. Als Denkform ist dies vereinzelt seit dem 12. Jahrhundert und vor allem seit der Renaissance zu belegen. Alanus ab Insulis in seinem *Anticlaudianus* (um 1180) und nach ihm Dante in der *Comedia* (1307-1321) kennzeichnen mit dem Instanzenwechsel den Übertritt des Gedichts aus der endlichen Welt in die jenseitige, göttliche. Ein höherer Wahrheitsanspruch wird nun erhoben. Gottfried faßt die Qualitätsänderung zunächst in der Form der Rede, und zwar in den Bildern von Gold und Gemme. Klassisch mythologische Instanzen werden, wie der Schlußteil noch einmal szenisch ausführt, von allegorischen abgelöst. Die Durchsichtigkeit des Wortkristalls, in dem sich der von oben kommende Lichtfluß fängt, meint in dieser Hinsicht die allegorische Methode, die den Wortkörper auf spirituelle Sinnmöglichkeiten hin transparent macht. Antike und mittelalterliche Dichtung treten in ein typologisches Verhältnis. Gottfried verbindet diese Stufung nicht mit spezifisch christlichen Inhalten, sondern bleibt in einem platonistischen Rahmen. Der ermüdenden Wortmaterie ist eine Leistung abzutrotzen, die sie als Medium der emanierenden göttlichen Idee geeignet macht.

Das Sprachproblem setzt so nicht an der unsagbaren Wahrheit des Individuellen an, um die zu Anfang des 20. Jahrhunderts Hofmannsthals Lord Chandos in dem *Brief an Francis Bacon* ringt. Es geht um das Erscheinen objektiven Sinnes in Sprache und die Teilhabe der Kommunizierenden an diesem Sinn. In der Praxis bedeutet das für Gottfried nicht eine Entscheidung ausschließlich für die Allegorie und die Verweigerung anderer Stilmittel. Gottfried beherrscht und verwendet auch Mythologie und repräsentative Beschreibungskunst. Auch höfisches Zeremoniell ist bei aller Distanzierung aus dem *Tristan* nicht konsequent verbannt, denken wir an den irischen Hoftag in Weisefort mit seinen Aufzugsritualen und der üppigen Kleiderpracht (v. 10885 ff.; 11090 ff.).

Auf der anderen Seite bleibt bei Tristans Schwertleite auch die verblüffende Rückkehr zur Schneiderallegorie des Einstiegs nicht ungebrochen. Tristan wird zuletzt genauso wie seine Gesellen ausstaffiert, aber nur äußerlich. Sein exzeptioneller innerer Rang ist in dieser Einkleidung nicht sichtbar zu machen, nur in der Negation festzuhalten (vgl. v. 4986 ff.). Wird damit eine objektive Sinnträchtigkeit der Rede endgültig ironisiert? Hat der Dichter sein doppelstöckiges Inspirationsgebäude nur aufgebaut, um es mit einer fragwürdig formulierten Inspirationsbitte und einer witzigen Schlußpointe zum Einsturz zu bringen? Weist er so jeden objektiv vorgegebenen Sinn zurück, um autonom als Autor das Geschäft freier literarischer Sinnsetzung zu übernehmen? Entzieht er sich schließlich, indem er den rhetorischen Luftballon platzen läßt, auch noch aus dieser Verantwortung in die spielerische Unverbindlichkeit? Oder bedeutet der Kunstgriff einen äußersten Grad der Spiritualisierung, die Annäherung an eine in Worten nur negativ aussagbare Transzendenz? Zielt Gottfrieds Bemühen doch auf eine „höhere Wahrheit", die als Licht in den vom Dichter meisterhaft geschliffenen Kristall fällt, um so in die Herzen seines eingeschworenen Publikums zu leuchten?

Tristans höfische Idealität ist in dieser Szene tatsächlich nur oberflächlich und ein vorläufiger Glanz, das Eigentliche steht dem Helden noch bevor, seine Minneexistenz hebt jetzt erst an. Insofern ist der literarische Exkurs nicht nur die Klärung literaturtheoretischer, im Schwerpunkt produktionsästhetischer Prämissen, sondern an dieser Stelle ein zweiter Prolog, ein Zwischenproömium (wie bei Alanus und Dante) an der Schwelle von Tristans Eintritt in seine Ritterkarriere mit ihrer Hinwendung auf Isolde.

Literaturhinweise und Diskussion

Die Schwertleitenszene interpretieren zusammenhängend FROMM (1967), GOEBEL (1977), STEIN (1977). Zum Literaturexkurs verzeichnet die Forschung STEINHOFF, Bibliographie (1971, S. 75f.; 1986, S. 62-64). Einen detaillierten Forschungskommentar zum Epikerabschnitt der Dichterschau bietet MÜLLER-KLEIMANN (1990). Zum Anschluß Gottfrieds an die mittelalterliche Rhetorik- und Poetiktradition vgl. Literaturhinweise oben zu Kapitel 2.

Die Gesamtanlage des Exkurses als Triptychon mit humanistisch-renaissancehaften Zügen stellt JAEGER (1977) dar; zugespitztes Verständnis als festspielartiges höfisches Zeremoniell ders. (1992). – Erste Ansätze eines literaturgeschichtlichen Bewußtseins sieht HAUPT (1989) bereits in Hartmanns *Erec* (Anspielungen bei der Beschreibung von Enites Pferd). Tatsächlich ist die Passage bereits als produktionsästhetisches Programm in mittelhochdeutscher Volkssprache vor Gottfried zu lesen. – Zum Begriffspaar *worte-sinne* MÜLLER-KLEIMANN (1990), S. 14-23; zu Hartmanns Dichterkrönung im Umkreis mittelalterlicher Belege FLOOD (2000).

Die ältere Identifizierung der Gegnerfigur mit Wolfram von Eschenbach und die Konstruktion einer Fehde wurde von GANZ (1966/67) in Frage gestellt und von GEIL (1973) entschieden abgelehnt. Referenz auf die Spielmannsepik und das Nibelungenlied sieht VENNEMANN (1989); noch ohne diese Position Forschungssynopse und Stellungnahme MÜLLER-KLEIMANN (1990), S. 119-134. Für den Wolfram-Bezug plädiert detailliert wieder NELLMANN (1988; 1994). Eine neue Deutung des umstrittenen Hapaxlegomenons *bickelworte* (v. 4641) in poetologischer Tradition schlägt SPITZ (1995) vor. – Gottfrieds Urteil über die Minnesinger wird vor dem Hintergrund der Minnekonzepte erörtert: Die ältere Diskussion um Gottfrieds Verhältnis zum Minnesang (radikaler Gegensatz bis zu Übereinstimmungen und Anleihen) referiert DIETZ (1974), S. 60-79; mit dem Blick auf verschiedene Passagen in Handlung und Exkursen betont auch KROHN (1987) wieder die Nähe zu Walther von der Vogelweide.

Ältere Forschung zum Inspirationsgebet bei DIETZ (1974), S. 39-46. Die Struktur der doppelten Invokation arbeitet deutlich zuerst KOLB (1967) heraus, WOLF (1974) arbeitet die schon von OHLY vorgeschlagene typologieanaloge Überbietung der Antike heraus. JAEGER (1977) verfolgt das zweistufige Modell vorausblickend in die Renaissance-Poetik hinein (Kap. IX, S. 139-152), HUBER (1988) setzt Gottfrieds Ausgestaltung von der des Alanus ab Insulis ab (S. 80-85). Im Rahmen der deutschen Tradition des Dichtergebetes versteht THELEN (1989) die Stelle als „Negation der Relevanz jeder Inspiration" (S. 670). – Daß Gottfried seine Bitte nicht ernst meint, wurde schon früher behauptet (etwa GOLDSCHMIDT-KUNZER, 1973, S. 81-85, im Rahmen ihrer Ironiethese). HAUG (1985) beansprucht die Invokation für Gottfrieds neues, die Musen ablösendes Fiktionalitätsbewußtsein ([2]1992, S. 224-227).

5.3. Ritterschaft und Brautwerbung

Zwei Aufgaben warten auf den jungen Ritter. Beide sind auf den ersten Blick rein politisch-rechtlicher Natur. Gottfried beachtet sorgfältig die Exposition der Rechtsverhältnisse und die Abwicklung der Rechtsakte in ihrer genauen Terminologie. Zuerst ordnet Tristan das Vater-Erbe in Parmenie. Morgan, der Lehnsherr, bestreitet die Legitimität seiner Abkunft und verweigert ihm die Nachfolge in Riwalins Herrschaft. Tristan lauert ihm auf der Jagd auf, stellt ihn zur Rede und macht ihn nach fruchtloser Diskussion auf hinterhältige und brutale Weise nieder. Kommentar: „Da zeigte sich deutlich die Wahrheit des Sprichworts: ‚Schulden liegen und faulen nicht'" (v. 5456 ff.). Wo hier aber Recht und Unrecht liegen, ist äußerst fragwürdig. Riwalin hat sich gegen seinen Herrn aufgelehnt; Tristans voreheliche Zeugung und die vertuschte Geburt sind in ihrer Legitimität zumindest anfechtbar; nachdem der Vater im offenen Kampf gefallen ist, besteht für einen Blutracheakt kein Anlaß; die Auseinandersetzung mit Morgan ohne rechtlichen Rahmen, ohne Kampfansage, ist Überfall und Mord. Gottfried zeichnet schonungslos die Art dieser Rechtssetzung durch Gewalt und verzichtet auf jede idealistische Verbrämung. Tristan ist wie sein Vater ein gemischter „Charakter", sofern man diese Synthese für Gottfrieds vormoderne Figurenzeichnung bereits ansetzen kann. Er ist allerdings nicht bereit, die neue Rolle als Herrscher in seinem Stammland zu übernehmen, sondern überläßt das Erbe dem Pflegevater Rual und dessen Kindern.

Parallel und kontrastiv dazu verläuft das folgende Auftreten in Cornwall. Auch hier ist eine Vater-Schuld zu begleichen, die in Markes Kindheit zurückreicht. Damals wurde Marke dem König Gurmun von Irland zinspflichtig. In einem komplizierten zyklischen Rhythmus ist der Tribut zu entrichten: Nachdem in drei Jahren hintereinander dreißig Kupfer-, Silber- und Goldmark bezahlt wurden, erscheint im vierten der riesenhafte Ritter Morold, der Bruder von Gurmuns Frau Isolde, um dreißig ausgewählte junge Männer als Geiseln fortzuschleppen. Im fünften Jahr ist dann jeweils in einer Gesandtschaft die Unterwerfung unter den Willen des Senats in Rom zu demonstrieren.

Die Episode aktualisiert älteste Erzählschemata und den mythischen Bestand, den sie enthalten. Die Etymologie von ‚Morold' wird mit ‚Meer' verbunden. Irische Sagen kennen die Fomori, menschenverschlingende Seeungeheuer, und ihre Überwindung durch den Helden. In der griechischen Mythologie fordert der Minotaurus auf Kreta, halb Mensch, halb Stier, von den Athenern jährlich sieben Jungen und sieben Mädchen als Tribut; er wird besiegt von Theseus. Als historisches Substrat sieht man in diesen Mythen das Ringen von landsässigen Kulturen mit seefahrenden Eroberern gespiegelt. Auch die Heiligenlegende kennt parallele Muster, etwa die bekannte Georgslegende.

In unserer Geschichte kehrt der „landlose Tristan" als mythischer Heilbringer nach Cornwall zurück. Dazu paßt seine dunkle Herkunft, die unerprobte Jugend (als Ritter fühlt sich Tristan immer noch defizient, v. 6180 ff., vgl. noch vor der Schwertleite v. 4421 ff.) und das Aufgehen in der kollektiven Aufgabe. Tristan stellt sich, ganz anders als in Parmenie, auf Tod oder Leben in den Dienst von Gott und Recht, wodurch der Kampf zu einer Art Gottesurteil stilisiert wird. Gottfried streut diese Stichwörter leitmotivisch durch die Episode und faßt den Konflikt schließlich in einer tetradischen Konstruktion zusammen. Hinter den Einzelkämpfern Morold und Tristan verbirgt sich in Wahrheit die Auseinandersetzung zweier Rotten. Der Viermännerstärke Morolds stehen bei Tristan Gott, Recht, er selbst und *willeger muot* (Dienstbereitschaft) gegenüber (v. 6183 ff.). Die Person wird so in typisch mittelalterlicher numerischer, nicht logischer Analytik mit Prinzipien, die sie vertritt, und seelisch-moralischen Qualitäten parallelgeschaltet. Dem entspricht bei Morold auf der negativen Seite: Er kämpft als Diener des Teufels für die Partei des Unrechts, und dies in der Haltung frevelhaften Hochmuts.

Diesen Gegensatz liest das Mittelalter gern dem biblischen Kampf des Riesen Goliath mit dem Knaben David ab. Goliath als die Macht des Bösen wird von David überwunden, der als alttestamentlicher Typus auf den Erlöser Christus vorausweist. Politisch-rechtlich ist David der Befreier von böser Gewaltherrschaft. Diese Symbolik gilt noch für Michelangelos Plastik als republikanisches Symbol vor dem Palazzo Vecchio in Florenz. Der Erzählabschnitt gibt so den Durchblick auf einen mythischen, biblischen, politisch-rechtlichen (vielleicht sogar auf einen realhistorischen) Konflikt frei. Tristan siegt. Er tötet Morold, wird aber dabei selbst lebensgefährlich verwundet.

Wie aber ist von dieser öffentlichen Rolle als Retter und Erlöser die Brücke zur Minne zu schlagen? Minnesignale und Vorausdeutungen auf die Liebeshandlung zeigen an, daß ein Zusammenhang bestehen muß. Da ist Tristans Bindung an den Onkel. Dieser sucht den geliebten Neffen vom Kampf abzuhalten. Er legt ihm – tränenreicher als eine Frau – Stück für Stück die Rüstung an, die bereits unverkennbar Minneembleme trägt. Auch Morold versucht, mit Tristan bis zuletzt *ze minnen* zu kommen, ihn zu einem rechtlichen Einverständnis auf seine Seite zu ziehen. Er tut dies als dämonischer Verführer mit Schmeichelei („Mir gefiel noch nie ein Ritter so gut", v. 6818) und mit Versprechungen („Ich werde freundschaftlich mit dir teilen, was ich habe, und dir nichts versagen, was du dir wünschst", v. 6958 ff.). Der Sieg über Morold beschreibt so auch einen Fortgang in der Entwicklung des Helden: die Ablösung von dominanten und bindenden Vaterfiguren.

Anderseits ist Morold das Bindeglied nach Irland. Tristans Drohung, ihn bis dorthin zu verfolgen und mit Gottes Hilfe sein Banner in Irland aufzupflanzen, hat in Bezug auf die späteren Ereignisse einen ironisch-erotischen Hintersinn (v. 6325 ff.). Morold ist den beiden Isolden verbunden, die junge Isolde ist Morolds Nichte wie Tristan der Neffe Markes. Ihre Onkelbeziehung ähnelt einer Vaterbindung mit inzesthaften Zügen. Morolds Leiche wird in den Teilen Körper, Kopf und rechte Hand nach Irland transportiert. Beide Isolden in ungetrennter persona machen sich mit geradezu nekrophiler Neugier darüber her. Sie küssen

Abb. 3: Tristans Kampf mit Morold (v. 6721 ff.) zeigt Analogien zum biblischen
Kampf Davids mit dem Riesen Goliath. Hier eine Illustration aus dem „Bamber-
ger Psalter" (um 1170, Bamberg, SB Msc. Bibl. 59, fol. 2ʳ). Der Titulus über
dem mittleren Register lautet: *Verba coruscantem prosternit funda gigantem*
(„Den Worte schleudernden Riesen streckt die Schleuder nieder"); über dem un-
teren Register steht: *Morte philistei succrescunt gaudia regi* („Durch den Tod des
Philisters wächst dem König die Freude"). [Nach Nikolaus HENKEL: Titulus und
Bildkomposition. Beobachtungen zur Medialität in der Buchmalerei anhand des
Verhältnisses von Bild und Text im ‚Bamberger Psalmenkommentar'. In: Zeit-
schrift für Kunstgeschichte 62 (1999), S. 449-463.]

das Haupt und die abgeschlagene Hand. Sie untersuchen die Schädelwunden „oben und unten voll Angst und voll Jammer" (v. 7182f.) und bergen den Splitter von Tristans Schwert.

Diese archaischen Beziehungsmuster, in denen das Avunkulat eine besondere Rolle spielt, müssen von beiden Partnern überwunden werden, damit ihr Weg zueinander frei wird. Tristans Bindung ist jetzt die Wunde, die Morolds vergiftetes Schwert geschlagen hat und die nur Isolde heilen kann. In magischer Verkettung ist die Heilung der Wunde an den Gegenstand gebunden, der sie schlug, und an den Todfeind, von dem sie ausging. So kann die Verletzung Tristans nur durch Isolde geheilt werden, aber auch deren Verletzung durch den Moroldtod nur durch Tristan. Seine Wunde liegt am Oberschenkel (dem *diech*, v. 6925) und ist eine symbolische Kastration, die nur die vorbestimmte Minnepartnerin beheben kann. Das Motiv ist vor allem aus der Gralsage bekannt. Im *Tristan* wurde auch Riwalin „an der Seite" verwundet (v. 1136), und Tristan selbst beruft sich später bei seinem Versagen in der Hochzeitsnacht mit Isolde Weißhand auf ein altes Leiden an der rechten Seite mit einer Leberentzündung und großen Schmerzen als Folgeerscheinung (Thomas, v. 681 ff.).

In der zweiten Hälfte des 12. Jahrhunderts erzählt Marie de France im *Lai de Guigemar* die Geschichte eines jungen Mannes, der nicht lieben kann. Bei der Jagd auf eine Hindin prallt sein Geschoß zurück und verletzt ihn am Schenkel. Das sterbende Tier prophezeit: „Niemals sollst du ein Heilmittel bekommen, weder durch ein Kraut noch durch eine Wurzel! Weder durch einen Heilkundigen noch durch einen Trank wirst du jemals Heilung von der Wunde finden, die du am Schenkel hast, bis diejenige dich zu heilen vermöchte, die aus Liebe zu dir so große Qual und solchen Schmerz ertragen wird, wie ihn so sehr eine Frau nie zuvor ertrug, und du deinerseits (eben)soviel um ihretwillen tun wirst; darüber werden sich all jene wundern, die lieben und geliebt haben... oder die später noch lieben werden" (v. 109 ff., RIEGER, S. 81f.). Guigemar geht zum Meer und findet ein dort wartendes Schiff, das ihn ohne Segel, ohne Steuer in den Garten der Frau, der Fee, trägt, die seine Wunde heilt und seine Geliebte wird.

Dies ist das Sagenmuster des keltischen *imram*, welches bei Eilhart noch so bewahrt ist. Thomas und Gottfried motivieren neu. Tristan weiß von der Adresse seiner Heilung. Die Retterin Isolde – noch sind Mutter und Tochter nicht unterschieden – leuchtet ihm entgegen als „Morgenrot" (v. 7292). Nach einem ausgeklügelten Plan schleicht er sich als Spielmann Tantris am Hof von Dublin ein. Er läßt sich in einem Schiff vor die irische Küste bringen und erst dort mit der Harfe in das steuerlose Boot setzen. Doch wird auch in dieser Variante die Situation des Imram, das ziellose Dahintreiben, die Auslieferung des Leidenden an eine nicht mehr steuerbare Zukunft, sinngemäß eingeholt. Vorbedächtigkeit und Selbstauslieferung führen zum Erfolg. Tantris wird geheilt und zu einem neuen Leben geboren. Als Gegenleistung unterrichtet er gleichzeitig die junge Isolde in der Musik und in der höfischen Ethik, die weltliche und geistliche Ansprüche klug zu vermitteln weiß (*moraliteit*, v. 8004), und macht sie zur ebenbürtigen Partnerin seiner Künste. Aber von Liebe ist hier noch nicht die Rede.

Ein zweites Mal wird Tristan nach Irland zu Isolde geführt, als Marke sich entschließt zu heiraten. Die Erzählung greift hier das traditionsreiche Erzählschema der Brautwerbung auf und füllt es neu, Spielmännisches wird auf den verschiedenen Bearbeitungsstufen intelligent überformt eingebracht. Die ältere Version, welche die Trägerin eines blonden Haares sucht, das Schwalben nach Cornwall getragen haben, wiederholt die Seereise zum unbekannten Ziel. Gottfried, welcher der Motivation des Thomas folgt, setzt sich in einer polemischen Quellenkritik gegen Eilhart ab; er favorisiert das Erzählprinzip der Wahrscheinlichkeit (v. 8601ff.) und reizt die bereits bestehenden Beziehungen aus. Die Brautwerbung wird eingefädelt als Intrige. Der neidische Hof will den heimgekehrten Favoriten aus der Erbfolge ausbooten und mit einer unlösbaren Aufgabe zu Fall bringen. Der unschlüssige Marke willigt in die Werbung, nur weil er sie für aussichtslos hält. Er läßt sich dabei völlig auf das Frauenbild des von Tristan vorgetragenen Isoldenlobs ein: „Ich habe immer geglaubt, wie ich in den Büchern las, die zu ihrem Lobpreis geschrieben sind, daß Helena, die Tochter der Aurora, die berühmte Tyndaridin, allein aller Frauen Schönheit zur höchsten Blüte gebracht habe. Von diesem Irrtum bin ich abgekommen, Isolde hat mir diesen Irrtum genommen, ich glaube nicht mehr, eine Sonne gehe auf von Mykene her. Vollkommene Schönheit ertagte nicht damals in Griechenland, sie ertagt hier. In ihren Gedanken gaffen alle Männer nur noch Irland an. Da mögen ihre Augen die Lust schöpfen und sehen, wie die neue Sonne nach ihrem Morgenrot, Isolde nach Isolde, von Dublin hierher in alle Herzen scheint. Die Lichte, die Lustspendende, sie strahlt in alle Reiche" (v. 8263 ff.).

Der Verlauf der Werbung läßt sich kurz fassen. Das stoffgeschichtliche Referat im ersten Kapitel zeigt den topischen Charakter sämtlicher Bausteine an. Die Parallelführung im Text erfaßt nicht nur die Tantris-Handlung, sondern den ganzen Moroldteil. An der Stelle des teuflischen Angreifers von außen ist nun der böse Drache im Herzen Irlands zu überwinden. Dem Sieger winkt als archetypischer Lohn die Prinzessin. Wieder siegt Tristan, wieder wird er durch das Gift des Ungeheuers in eine todesähnliche Ohnmacht versetzt. Ein jämmerlicher Truchseß, der sich die Leistung anmaßt, bietet Gelegenheit zu einer Parodie auf den feigen Ritter, den weichlichen Frauendiener, der nach seinem blamablen Scheitern unbedenklich auf die übelste misogyne Hetze umschwenkt. Die Frauen ergreifen die Initiative und retten Tristans Leben zum zweiten Mal. Die zauberkundige Mutter entdeckt in einem gesteuerten Wahrtraum den verwundeten Helden, aber die Tochter ist es, die ihn zuerst findet und als Tantris erkennt. Sie ist es auch, die beim Schwertreinigen die verhängnisvolle Scharte erblickt und im Namenspiel die Verbindung mit dem Moroldmörder herstellt. Aber die Situation wechselseitiger Abhängigkeit erlaubt keine Rache. Um den Anspruch des Truchsessen abzuweisen, wird Tristan geschont; um seinem Recht als Drachensieger zu genügen, wird die Völkerfeindschaft begraben und Markes Brautwerbung angenommen. In einem glanzvollen Aufzug auf dem Hoftag von Weisefort imponieren die Protagonisten in rhetorisch exuberanten Beschreibungen unverbunden nebeneinander. Isolde, immer noch die Kränkung im Herzen, folgt dem Werber widerwillig auf das Schiff.

Auch die zweite Irlandfahrt, welche die Verkettung der Partner immer wieder bestätigt, führt so in überraschenden Umbrüchen an einer Verbindung vorbei. Fehllenkung ist das Prinzip dieser Brautwerbung. Als Bewährungsaufgabe Tristans ist auch sie eine Rechtshandlung. Der Held agiert nicht für sich, sondern als Interessenverwalter Cornwalls und Befreier Irlands. Er macht die unmöglich scheinende Rettung möglich. Recht und Minne bedingen sich aber enger, als es scheinen will. Tristans Legitimierung als Rechtsstifter, als skrupelloser Ordner des väterlichen Lehens, aber auch als Arm der göttlichen und menschlichen Gerechtigkeit zum Heil der Völker, hebt dadurch den Rang der Minne, die folgen wird, – will man die Abfolge so als Steigerung erkennen – in eine außerordentliche Dimension. Das Minnerecht übertrumpft schließlich alles, was vorher aufgebaut wurde.

In anderer Sicht ist Tristans Weg zu Isolde auch von innen heraus zu verstehen. Eine psychologische Analyse des Mythos, wie sie hier nur angedeutet werden konnte, legt die notwendigen Schritte der Partner aus den inzestuösen Bindungen heraus frei. Tristan muß „seinen" von Marke übernommenen Morold töten, um das Bild Isoldes freizumachen. Isolde kann nur den Mann lieben, der ihren Vatergeliebten Morold erschlägt. Sie muß ihn als den Mörder erkennen und kann ihn nur im Durchgang durch den Haß annehmen. Nur in Richtung auf das personale Minneziel ist so das fatale Erbe der Eltern fruchtbar zu machen. Fortuna kreist, aber Minne steigt auf. Unter der Oberfläche kurzgreifender Motivationen, zeichnet sich Kohärenz und Folgerichtigkeit ab. Diesen Verlauf hat Michel CAZENAVE (1981) in seinem mythenanalytischen *Tristan*-Essay in den Bahnen der Psychologie C. G. Jungs scharfsichtig als „subversion de l'âme" bezeichnet. Es sind Verkehrungen, subversive Umschläge, welche Tristan und Isolde in ihr je nächstes Beziehungsstadium werfen. Der radikalste Einbruch geschieht im Minnetrank.

Literaturhinweise und Diskussion

Die Hintergründe der Morold-Episode in der keltischen Mythologie stellt SCHOEPPERLE (1913; [2]1960) dar (S. 326-338 u. ff.); zur keltischen Jenseitsreise, dem Imram, dieselbe (S. 370-374, 389f.). Die grundlegende ältere Forschungsarbeit zum Recht im *Tristan* von COMBRIDGE ([2]1964) erläutert die Morgan- und Morold-Abschnitte S. 13-55. Als mythischen Heilbringer stellt die Tristanfigur im Gesamtroman UNTERREITMEIER heraus (1984, zu Morold S. 94-100). Die Parallelen zum Kampf Davids gegen Goliath betont ERNST (1976), S. 14f., Kritik bei UNTERREITMEIER (1984), S. 51f. Begriffe der psychoanalytischen Märcheninterpretation bringt PALMER (1996) ein, um Tristans Auseinandersetzung mit Morold als Lösung von einer Vaterfigur zu beschreiben.

Tristans Aufstieg an Markes Hof vergleicht JACOBSON (1985) mit dem Muster der alttestamentlichen Joseph-Geschichte, leitet aber daraus ein sündenfallanaloges Versagen in der Minnehandlung ab. Überzeugender ist das schon von GRUENTER (1964) ausgeführte politische Modell des „Favoriten". Markes Heiratsentschluß erfährt in der Stoffentwicklung eine entscheidende Neumotivation. Auf Eilharts Stufe wird das Interesse des Königs durch ein uraltes Märchenmotiv geweckt, das von Schwalben zum Nestbau verwendete blonde Haar der Prinzessin (vgl. OKKEN, Kommentar [2]1994, S. 397). Bei Thomas/Gottfried wird das Drängen der auf Tristan neidischen Höflinge für Markes Brautwerbung maßgeblich. Daran schließt SCHULTZ (Dvjs 1987) grundsätzliche Überlegungen zu narrativer Motivation und Kohärenz und spezifische Folgerungen für Eilharts und Gottfrieds Erzählen an. Tristans Isoldenlob, der Drachenkampf und Isoldes Entdeckung seiner Identität werden vor allem im Zusammenhang mit dem Problem der Minneentstehung diskutiert (unten Hinweise zu Kapitel 6).

6. Der Zaubertrank als Minnelegitimation

Die lebensbestimmende Leidenschaft des vorbildlichen Paares wird durch einen irrtümlich eingenommenen Zaubertrank ausgelöst. Das ist eine höchst befremdliche Legitimation der Tristanminne, die auf ihre genauere Begründung hin zu befragen ist. Isolde, die Mutter, hat den Trank für die Hochzeitsnacht ihrer Tochter gebraut. Er soll gereicht werden, wenn Marke und Isolde *in ein der minne komen sin* („die Liebesvereinigung vollzogen haben", v. 11461). Das ist der Zeitpunkt, an dem nach der Sitte ein Stärkungstrunk ans Bett gebracht wird. Die Kraft des Trankes ist dreifach: Er veranlaßt die Partner, sich *ane danc*, „ohne es zu wollen", zu lieben; ihre Liebe ist aber vollkommen wechselseitig und gilt ihnen mehr als alles in der Welt; sie umspannt Freude und Leid, Leben und Tod (v. 11438 ff.). Diese Kraft und der gewählte Zeitpunkt des Trankes zeigen an, daß er hier nicht als Aphrodisiakum wirkt, das der Sexualität zwischen dem jungen Mädchen und dem schon älteren Mann aufhelfen soll. Nach dem Ehevollzug soll er vielmehr die Bindung des Paares auf eine höchste Stufe exklusiver Minne heben, eine personale Einheit und Schicksalsgemeinschaft herstellen.

Die früheren Fassungen des Stoffes sehen den Liebeszauber noch anders. In den altirischen Texten geht es um Zwang und Gegenzwang. Diarmaid trägt ein magisches Liebesmal an sich, dem Grainne unwiderstehlich verfällt. Seinen Abwehrzauber fängt sie durch einen Gegenzauber auf. Schließlich zwingt sie ihn zur gemeinsamen Flucht durch einen sogenannten „geis". Dies ist ein für die altirische Kultur spezifischer Tabuzauber, der durch Worte oder Gesten auferlegt wird, etwa indem man den Betroffenen bei den Ohren packt. Diarmaid verweigert aber noch auf der Flucht die Liebesgewährung und sucht so dem verlassenen Ehemann, seinem Lehnsherrn, treu zu bleiben.

Dem gegenüber steht der Gedanke einer wechselseitigen Bindung durch den Trank am Anfang aller erhaltenen Tristanfassungen. Dabei hat die Zauberwirkung zunächst noch etwas Mechanisches an sich. Sie dient dazu, den Skandal zu motivieren und zugleich zu entschuldigen. Über das Zugeständnis verminderter Zurechnungsfähigkeit hinaus wird aber auch schon bei Eilhart und Beroul die Minne als ein Wert aufgebaut, der zu den etablierten Normen der Gesellschaft in ernsthaften Konflikt tritt. Die zeitliche Begrenzung der Trankwirkung auf vier Jahre und die Bedingung, daß das Paar nicht länger als eine Woche getrennt leben kann, ohne dahinzusiechen und schließlich zu sterben, mag naiv und äußerlich anmuten, aber die Beziehung der Liebenden ist ja auf Fortsetzung hin angelegt. Die begrenzte Wirkung einer ersten Phase der Liebe, die ständiges Beisammensein erfordert, motiviert nur den Übergang in eine spätere Trennungsphase, der in allen Versionen Schwierigkeiten macht, und steht nicht grundsätzlich in Gegensatz zu den Lösungen des Thomas und Gottfried. Auch bei Eilhart schon verbindet der Trank das Paar fürs ganze Leben (v. 2287).

Die Tatsache aber, daß überhaupt ein äußerer Einbruch und die Aufhebung der freien Entscheidung die Tristanminne erst ermöglichen, hat schon im 12. Jahrhundert zum Widerspruch gereizt. Eine Minnedoktrin, welche die freie Wahl und die ethische Begründung der Minne zum Prinzip erhebt, mußte im Minnetrank des *Tristan* ihren Konterpart bekämpfen. Chrétien de Troyes erklärt in seiner zweiten Canzone: „Nie habe ich von dem Trank gekostet, durch den Tristan vergiftet wurde, aber mehr als ihn läßt mich lieben mein zärtliches Herz und meine gute Absicht." Dem folgen deutsche Bearbeiter, z. B. Heinrich von Veldeke: „Tristan mußte unfreiwillig der Königin treu sein, weil Gift ihn dazu zwang mehr als die Kraft der Minne. Dafür muß mir die edle Dame Dank sagen: Sie weiß, daß ich so einen Trank nie nahm und sie doch besser liebe als er, wenn das sein kann" (*Des Minnesangs Frühling* 58, 35). Hartmann von Aue offeriert in seiner Minnelehre, dem *Büchlein*, einen Kräuterzauber, dessen Zusammensetzung er demonstrativ als Sortiment von Minnetugenden allegorisiert. Die „Kraft der Minne" wird so auf sehr verschiedenen Wegen gesucht.

Wo aber setzt sie Gottfried an? Bedeutet auch ihm der Trank die radikale Zäsur, oder hat sich auf Tristans langem Weg zu Isolde die Minne nach und nach eingeschlichen, so daß ihr nur noch ein kleiner Schritt fehlt, bis sie auch äußerlich durchbricht und den Figuren ins Bewußtsein tritt? Es knistert in der Atmosphäre, wenn etwa Isolde bei den Kajütengesprächen auf der Fahrt nach Cornwall in leidenschaftliche Verwünschungen gegen den Begleiter ausbricht und wenn Tristan den Arm „lieb und sanft" und nur in der freundschaftlichen Art um sie legt, wie sie einem Vasallen geziemt (v. 11558 ff.). Eine genaue Prüfung des Wortlauts aller in Frage kommenden Stellen aber ergibt, daß Gottfried alles vermeidet, was völlig eindeutig eine vor dem Trank bestehende Minnebindung bestätigen würde. Der Trank behält seine einschneidend verändernde Wirkung. Allerdings ist damit weder die Frage nach seiner Funktion noch die nach dem „Minnebeginn" gelöst.

Der Einstieg in die Psychologie der Figuren und die Suche nach unterschwelligen, „unbewußten" Liebesäußerungen stößt bei der Eigenart mittelalterlicher Seelendarstellung schnell an Grenzen. Trotzdem ist, wie die Kajütenszene zeigt, ein affektives Interesse der Partner aneinander offenkundig, wie auch immer sich dieses zur Minne verhält. Gewichtiger ist das Gesetz der wechselseitigen Annäherung, das die Szenenfolge mindestens seit dem Moroldkampf bestimmt, auch auf der Sinnebene einer archetypischen, in äußeren Vorgängen lesbaren Psychologie, etwa in folgendem: Zweimal holen die Frauen den verwundeten Helden durch ihre ärztliche Kunst in ein neues Leben zurück. Es kann kein Zufall sein, wenn Gottfried Stichworte aus der Minnelaufbahn von Riwalin und Blanscheflur bereits hier einstreut. Das zweite Mal wird eine regelrechte, wenn auch im Ergebnis fehllaufende Minneentstehungsszene arrangiert (v. 9983 ff.). Dies zu sehen, braucht es keine subtile Seelendeutung, sondern nur einen

Blick auf das topische Arsenal. Minne dringt durch die Augen ins Herz. Isolde betrachtet den Mann „über die Maßen", „von oben bis unten". Sie registriert die Arme, die Beine, den kräftigen Wuchs, das herrenmäßige Benehmen. Sie versinkt in Nachdenken und erwägt die Diskrepanz dieser Erscheinung zu dem vermeintlich niederen Stand. Sie stößt sich an Widersprüchen, könnte aber wie Blanscheflur von der Betrachtung der einnehmenden Erscheinung des Mannes auf ein Minneerwachen zugehen. Jedoch das Ergebnis ist Feindseligkeit: die notwendige Phase, die in der Affektbindung an den Onkelmörder durchlaufen werden muß, bevor die Minne Raum finden kann. So führt es nicht weiter, wenn man den Minneanfang genau auf einen psychologisch definierbaren Punkt festlegen will und dabei die vielschichtigen Anbahnungen der Vorgeschichte am Prozeß einer Liebesentstehung vorbeilaufen läßt, wo doch die epische Vorbestimmung wie jeder Lebensschritt die Partner nur aufeinander zuführt. Nicht verständnislos hat ein früher Rezipient auf der Bildseite der ältesten Gottfried-Handschrift M, welche die Badeszene darstellt (cgm 51, fol. 67^v), in die darüberliegende Leiste einen dem Mittelalter wohlbekannten Vers Vergils über die unwiderstehliche Macht der Liebe geschrieben: *Omnia vincit amor sed nos cedamus amori* (Ecloge 10, v. 69: „Alles besiegt die Liebe, und auch wir wollen der Liebe nachgeben.").

Welche Rolle bleibt aber dann in diesem Prozeß dem Trank vorbehalten? Die Schilderung des Ereignisses spielt das Moment des Zufalls, das wir kennen, zugespitzt aus. Die Schiffe liegen vor Anker, die Besatzung ist fast ausnahmslos an Land gegangen. Tristan macht seiner Herrin die Aufwartung. Im Gespräch über „ihrer beider Dinge" verlangt er zu trinken. Ein Kammerfräulein ohne persönliche Konturen, gleichsam der Arm des Schicksals, weist auf ein Gefäß mit Wein. Das wird so kommentiert: „Aber nein, es war nicht mit Wein gefüllt, obwohl es dem glich. Es war das dauernde Leid, die endlose Herzensnot, durch die sie beide den Tod fanden" (v. 11672ff.). Der Kommentator setzt metonymisch Trank und Folgen gleich, das eine ist schon das andere. Isolde steht auf und holt das Glasgefäß: „Tristan, ihrem Herrn, bot sie es an. Er bot es Isolde weiter. Sie trank nur widerwillig und nach langem Zögern und reichte es Tristan, und er trank. Und beide glaubten, es sei Wein" (v. 11681 ff.).

In diesem Augenblick und keinen Moment früher tritt Brangäne dazu. Sie erkennt, was geschehen ist, und wirft, ihr Leben verfluchend, das Glas in das aufwallende Meer. In diesem dramatischen, bis ins kleinste choreographisch inszenierten Ablauf scheint zugleich jedes Detail bedeutungsvoll aufgeladen, ohne daß dieser Sinn eindeutig festzulegen wäre. Hitze, Durst sind traditionelle Chiffren erotischen Begehrens, aber wir hören nicht, warum Tristan das Getränk fordert. Man könnte an die Geste des Sündenfalls denken, in der Eva Adam das verbotene Obst reicht, aber von Verbot und Übertretung ist nicht die Rede, das Verhängnis ereignet sich ohne Wissen und Wollen. Der Mann verlangte zuerst nach dem Trank, aber das Wandern des Bechers spricht von Einverständnis und

Abb. 4: Bildseite aus der Münchener Handschrift M (cgm 51, fol. 67^v) mit der Auffindung Tristans nach dem Drachenkampf (v. 9327 ff.) und der Szene im Bad (v. 10057 ff.). Darüber das Vergil-Zitat: *omnia vincit amor sed nos cedamus amori.*

gleichen Anteilen. Man könnte auch ein Eucharistiezitat erkennen, doch der Wein in einer Glasphiole (keinem Kelch) wird als Todestrank präsentiert. Bringt das von Brangäne ins Meer geschüttete Gift die Wogen zum Aufwallen? Es wurde doch eben von guter Fahrt und Windstille erzählt! Ist in dem entfesselten Meer gegen jeden Detailrealismus nur das alte Bild der entfesselten Leidenschaft zu lesen? Als beherrschend nimmt man in dieser Szene einen negativen Grundton wahr, der sich erst später aufhellt; wird so der Tristanliebe von vornherein ein abwertendes Stigma angeheftet?

Für die Darstellung der inneren Wandlung, die der Trank in Gang setzt, gibt sich Gottfried rund 800 Verse Raum (11707 ff.), welche die Phasen der Elternminne gesteigert nachzeichnen. Wie dort steht am Anfang eine Einheitsformel.

Nu daz diu maget unde der man,	Als nun das Mädchen und der Mann,
Isot unde Tristan,	Isolde und Tristan",
	[zum ersten Mal im Roman werden die Namen durch die Kopula 'und' verbunden]
den tranc getrunken beide, sa	gemeinsam den Trank getrunken hatten,
was ouch der werlde unmuoze da,	war auch schon die Macht da, die die Welt in Bewegung hält,
Minne, aller herzen lagærin,	Minne, die Wegelagerin aller Herzen,
und sleich zir beider herzen in.	und schlich sich in beider Herz hinein.
e sis ie wurden gewar,	Ehe sie es noch merkten,
do stiez sir sigevanen dar	pflanzte sie dort ihre Siegesfahne auf
und zoch si beide in ir gewalt:	und zog sie beide in ihren Machtbereich.
si wurden ein und einvalt,	Sie wurden eins und einfach,
die zwei und zwivalt waren e;	die vorher zwei und zwiefach gewesen
si zwei enwaren do nieme	Die zwei strebten da
widerwertic under in:	nicht mehr voneinander.
Isote haz der was do hin.	Isoldes Feindschaft war da weg.
diu süenærinne Minne	Die Versöhnerin Minne
diu hæte ir beider sinne	hatte beider Denken
von hazze gereinet,	von Haß gereinigt
mit liebe also vereinet,	und in Liebe so vereinigt,
daz ietweder dem anderm was	daß eines dem andern
durchluter alse ein spiegelglas.	ganz hell und klar war wie ein Spiegel.
si hæten beide ein herze:	Sie hatten zu zweit ein Herz.
ir swære was sin smerze,	Ihr Leid war sein Schmerz,
sin smerze was ir swære;	sein Schmerz war ihr Leid.
si waren beide einbære	Sie waren beide einträchtig
an liebe unde an leide...	in Freude und in Leid.
(v. 11707 ff.)	

Die transzendente Macht, das Weltprinzip Minne, betritt die Bühne in paradoxen Gestalten. Sie ist Kriegsherrin und Friedensstifterin zugleich und vieles mehr. Sie stellt die Einheit der zwei Personen apriorisch, vom Vorausgehenden unableitbar

her. Einheit steht an diesem Anfang und wird im weiteren erst schrittweise ins
Bewußtsein der Figuren und in ihr äußeres Leben geholt.

Dieser Prozeß ist im kleinen in eine Fülle rhetorisch gefeilter Abschnitte gegliedert, im großen aber von zwingend einfacher Logik. Als erstes muß die
Minne im Bewußtsein der betroffenen Partner je getrennt erkannt und bestätigt
werden. Die Psychomachien, in denen Tristan mit seinen Pflichten in Cornwall,
Isolde mit ihrer Mädchenscham kämpft, enden mit dem Sieg der Minne. Das bedeutet die Umkehrung der bisherigen Wertvorstellungen und ihre Unterordnung
unter das neue oberste Gesetz. Freude und Leid sind die Triebkräfte der Entwicklung. Das ist bedeutsam: Das Leid kommt nicht erst mit einer feindlichen
Gesellschaft ins Spiel, sondern ist in den verworrenen Kämpfen der Seele von
den ersten Minneregungen an gegenwärtig. So ist auch der nächste Schritt
schmerzlich und gefahrvoll. Das Wissen von der Minne des anderen muß erst
gewonnen werden; der einzelne muß aus sich heraustreten, auch auf die Gefahr
hin, sich auszusetzen und zurückgewiesen zu werden. Isolde macht wie
Blanscheflur den Anfang und eröffnet den Blicktausch. Aber Fremdheit und
Scham hindern sie, Minnequal treibt sie voran. Im verfänglichen Gespräch und in
tastenden Berührungen kommen sich die Verliebten näher. Isolde „stützte und
lehnte sich mit dem Ellenbogen an ihn. Das war der Kühnheit ein Anfang. Ihre
spiegelklaren Augen wurden verstohlen naß, ihr Herz begann ihr zu quellen, ihr
süßer Mund aufzuschwellen, ihr Kopf sank ganz nach vorn. Ihr Freund begann
sie nun seinerseits mit den Armen zu umfassen, weder zu fern noch zu nah, nur
wie es einem Fremden erlaubt ist" (v. 11970 ff.). Mit dem Wortspiel *'lameir'*,
das, wie man seit kurzem im Fragment von Carlisle nachlesen kann, von Thomas
übernommen und den sprachlichen Möglichkeiten des Deutschen angepaßt ist,
gibt Isolde dem Freund schließlich den Schlüssel zur Erkenntnis ihres Zustands:
'lameir' ist das 'Meer', das 'bitter' schmeckt; *'lameir'* ist aber auch die 'Liebe',
welche die anderen Bedeutungen des Wortes übertragen an sich zieht. Es folgen
das Geständnis und der erste Kuß.

So wächst die Minne, aber es fehlt ihr die Möglichkeit zum Vollzug, ohne
den die beiden nicht weiterleben können. Damit wird der dritte Schritt nötig, die
Entdeckung der Minne an andere, der Schritt, der in der Tristan-Konstellation
letztlich in den Untergang führt. Zunächst aber wird Brangäne, die ohnehin alles
weiß, als Helferin gewonnen. Sie schafft in der nächsten Nacht die Gelegenheit
zur Vereinigung, welche die Göttin Minne als Ärztin und Strickerin höchstper-
sönlich vollzieht, „die strickte zwei Herzen an diesen zweien mit dem Strick ihrer
Süße in eins, mit so großer Meisterschaft und mit so wundersamer Kraft, daß sie
ungelöst (und unerlöst?) waren ihr ganzes Leben lang" (v. 12177 ff.).

An dieser Stelle, in dem Augenblick, als sich die Liebenden in der Kajüte
zum ersten Mal vereinigen, wechselt der Roman mit der Autorinitiale des
Akrostichons hinüber zu einer Lehrrede auf der Exkursebene (v. 12183 ff.).
Diese hat die gleiche Verszahl wie der Prolog und dürfte mit großer Wahrscheinlichkeit die Mitte des geplanten Werkganzen einnehmen, und dies nicht

nur äußerlich. Der Autor zieht in einer „Bußpredigt" an seine Zeitgenossen das Resümee aus der Geschichte. Die Begeisterung reißt ihn fort bei dem Gedanken, „welch große Lust an Liebe läge, wenn man sich ihr nur aufrichtig hingäbe (*mit triuwen pflaege*)". Aber alle hängen und kleben an der Minne in der Sinnenverfallenheit, die das Leimrutengleichnis verbildlicht, niemand tue ihr recht. Gottfried faßt den rechten Umgang mit der Minne in das biblische Bild vom Säen und Ernten. „Wir säen Bilsensamen aus und erwarten dann, daß uns dieser Lilien und Rosen trage". Falschheit und Betrug bringen uns aber nur Schande, Leid und Skrupel (*riuwe*) ein, die uns als Wunden im Herzen schwären und uns von innen heraus töten. Treue und die beständige Gesinnung der Freundschaft (*der stæte vriundes muot*) aber tragen die Rosen neben dem Dorn, das Wohlgefühl bei der Mühsal, die Lust bei den Sorgen. Und sie schenken so am Ende immer nur reines Glück.

Diese moralisierende Wendung überrascht. Die Qualität der Minne wird plötzlich gesehen als Frucht menschlicher Bemühungen. Geerntet wird nur, was man zuvor mit Mühen gesät und gepflegt hat. Wie stimmt das zu der überwältigenden und unentrinnbar wirkenden Kraft des Trankes? Ein bemerkenswerter Satz sagt: *wir nemen der dinge unrehte war* (v. 12227). Wir sehen die Dinge nicht im rechten Licht an, die Intention geht fehl; Wahrnehmung und Zielsetzung, die wir an die Dinge herantragen, sind verkehrt. So sind die genannten Untugenden oder Tugenden, Betrug gegen Loyalität, selbstzerstörerische Inkonsequenz gegen ein Beharren in der Minne durch die Leidfreude hindurch, nicht außerhalb der Liebe angesiedelt, sondern Werte, die im Raum der Minneverwirklichung zwischen den Partnern auftauchen. Die Minnenorm selbst ist es, die sich durchsetzen und zu einem guten Ende kommen will. Wir befinden uns damit zugleich an der Bruchstelle zwischen den widerstreitenden Wertsystemen des Romans. Diese Minnenorm ist aber auch keine rein subjektive Größe. Sie steht in der Spannung zwischen einer transzendenten Minneinstanz und der moralisch verantworteten Minneverwirklichung, wie dies eine Klitterung von Bildern in kühnem Bogen ausführt:

Ez ist vil war, daz man da saget:	Es ist sehr wahr, was man so redet:
'Minne ist getriben unde gejaget'	'Minne ist an den letzten Platz
in den endelesten ort.'	getrieben und gejagt.'
wirn haben an ir niwan daz wort:	Was wir von ihr festhalten, ist nur das Wort.
uns ist niwan der name beliben	Uns ist nichts als der Name geblieben,
und han ouch den also zetriben,	und auch den haben wir so verschlissen,
also verwortet und vernamet,	so verwortet und vernamt,
daz sich diu müede ir namen schamet	daß sich die Erschöpfte ihres Namens schämt
und ir daz wort unmæret;	und ihr das Wort zuwider wird.
si swachet unde swæret	Sie erschlafft und wird sich selbst zur Last
ir selber uf der erde:	hier auf Erden.
diu erelose unwerde,	Die Ehrlose, Entwürdigte,
si slichet under husen biten	sie schleicht als Bettlerin von Haus zu Haus

und treit von lasterlichen siten	und trägt einen aus Lastersitten
gemanicvaltet einen sac,	zusammengeflickten Bettelsack,
in dems ir diube und ir bejac	in den sie das erbeutete Diebesgut stopft,
ir selbes munde verseit	um es dem eigenen Mund zu versagen
und ez ze straze veile treit.	und auf der Straße feilzubieten.
owe! den market schaffen wir:	Ach! Diesen Markt schaffen wir!
daz wunder tribe wir mit ir	Diese unbegreifliche Verkehrung treiben wir
	mit ihr
und wellen des unschuldic sin.	und wollen dafür die Schuld nicht haben.
Minne, aller herzen künigin,	Minne, aller Herzen Königin,
diu vrie, diu eine	die Freie, die Einzige,
diust umbe kouf gemeine!	die ist für Geld öffentlich zu haben.
wie habe wir unser herschaft	Wie haben wir für unsere Herrschaft
an ir gemachet zinshaft!	über sie den Zins eingetrieben!
(v. 12279ff.)	

Gottfried setzt sprachkritisch an, aber der Sprachverschleiß meint keine Unsag-
barkeit der Liebeserfahrung. Die Entleerung des Wortes zeigt die Vertreibung der
Idee der Minne aus der Welt an. Die Bilderkette des Verfalls ist in der lateinischen Literatur des 12. Jahrhunderts in allen Elementen zu belegen, aber so, wie
sie dasteht, ist sie Gottfrieds Erfindung. Der Grundgedanke ist die Pervertierung
des Wertes durch den Menschen. Das ideale Prinzip wird in seiner schlechten
Verwirklichung entstellt, mißbraucht und geht verloren. Die souveräne Königin
wird allmählich zur Dirne herabgewürdigt. Insofern ist das wirkende Weltprinzip
selbst der Herrschaft des Menschen, dem von ihm verantworteten Handeln, un-
terworfen. Das ist gut platonistisch gedacht. Konkret läßt sich die Kritik natürlich
auf die käufliche Liebe oder einen materialistischen Ehehandel im Gegensatz zu
einer Liebe in Freiheit, etwa auf die mittelalterliche Rechtsform der freien „Frie-
delminne" oder eine höfische Konzeption autonomer Liebe, beziehen. Gottfrieds
Argument muß aber in seiner fundamentalen Reichweite erkannt werden. Die
Minne ist nach ihrem irrationalen Einbruch im Trank der Moral des Menschen
anheimgegeben. Dieser kann das Weltprinzip, das in ihm wirkt, gute oder böse
Früchte tragen lassen, er kann es degradieren oder in seinem vollen Wertanspruch hervortreten lassen. Tatsächlich konkret gemacht werden hier nur die
Kriterien 'triuwe' und 'staeter vriundes muot', innere Qualitäten, wie sie für die
höfische Minneidee mit ihren zahllosen Nuancierungen als gemeinsamer Kern zu
fassen sind. Sie lassen die einmal eingegangene Bindung nicht zugrunde gehen,
sondern führen sie über den Blick und den Kuß schließlich an ihr Ziel. Das ist die
körperliche Vereinigung, die Tristan und Isolde in der Erzählzeit soeben vollziehen. Gerade auf der Vereinigung wird hier der höchste Wertanspruch der Liebe
aufgebaut, das Versprechen aller Glückserfahrungen, die sie zu geben fähig ist.

Mit dem Exkurs zusammen gewinnt die folgende vielerörterte Szene ihren
Sinn. Nachdem Isolde ihre Jungfernschaft verloren hat, bitten die Liebenden
Brangäne, die Braut bei Marke in der Hochzeitsnacht zu vertreten. Brangäne

willigt schweren Herzens ein, sie bekennt sich schuldig, den Trank nicht sorgfältig genug gehütet zu haben, und klärt so erst jetzt die Betroffenen über seine Natur auf, indem sie ihre Worte aus der Trankszene wiederholt (vgl. v. 11705f.): „Wehe, jenes Glas mit dem Trank, der darin war, ist euer beider Tod" (v. 12487 ff.). Darauf antwortet Tristan in einer Wendung, für die man bei Thomas kein Vorbild und nichts Vergleichbares findet: „Das walte Gott, ob es nun Tod sei oder Leben, es hat mich süß vergiftet. Ich weiß nicht, wie jener werden wird, dieser Tod aber tut mir gut. Sollte die wunderbare Isolde immer so mein Tod sein, dann würde ich gerne ringen um ein ewigliches Sterben" (v. 12494 ff.). Diese Worte sind und bleiben mehrdeutig. Mit der Rede von „diesem Tod" bezieht sich Tristan unmittelbar auf das Erlebnis der Vereinigung, das er auch mit dem physischen Tod erkaufen würde. Dahinter aber klingt kaum abweisbar auch ein ewiges Sterben in geistig-geistlichen Dimensionen an, die hier im Roman aber nicht theologisch festgeschrieben werden. Daß sich Tristan frivol-blasphemisch für die jenseitige Hölle um den Preis irdischer Liebe entscheiden würde, ist bei diesem geistlichen Liebestod im Diesseits eben nicht zu behaupten. Festhalten läßt sich lediglich: Tristan bekennt sich aus freien Stücken zu den Folgen des unfreiwillig genossenen Tranks; er bekennt sich zu einer Treue auf immer und unter allen Umständen, auch wenn die Erfahrung des Todes in die der Minne hineingenommen wird. Indem er bis zu dieser Grenze geht, durchschaut er auch das fatale Gesetz, wie es in der Bärenfalle begegnete; er nimmt es auf in seinen Willen und stellt das Prinzip der Minne darüber. Der zwanghafte Zaubertrank wird in einen Akt der Freiheit überführt, und es mag damit zusammenhängen, daß – zumindest in Gottfrieds Torso und abgesehen von einer rückblickenden Autorbemerkung zu Markes Hochzeitsnacht (v. 12651 ff.) – fortan vom Trank nicht weiter die Rede ist.

Die zwanghafte Zaubermacht ist so in eine vielschichtige Minneanthropologie eingegliedert. Der Trank macht etwas im Grunde Unmögliches möglich. Er begründet apriorisch die Absolutheit dieser Minne, die nicht von Individuen, sondern von der transzendenten Macht eines Weltprinzips getragen wird. Die „grande passion" ist nicht zu wollen und zu erzwingen, sie wird, sofern es sich fügt, erfahren. (Diesen Zug hat sie mit der Gewinnung des Gral gemeinsam.) Ihre Frucht, die Einheit der Körper und Seelen, ist auch nicht der Lohn für herkulische Leistungen des ritterlichen Werbers. Isolde wurde von Tristan erobert, aber nicht für ihn selbst. Daß sie ihm dann zugehört, steht gerade gegen die Intention der Werbung. Daß sie ihm zugehört mit Leib und Leben, ist Folge des Trankeinbruchs, der sofort und allem andern zuvor die unbedingte Einheit der Liebenden setzt. Damit ist der Trank freilich nicht Beginn der personalen Bindung zwischen Tristan und Isolde. Er ist wohl die Initialzündung für einen Zustand, der im eigentlichen Sinn 'Minne' zu nennen ist. So ist er aber nur Teil des längeren Weges; er ist die subversive Umkehr in einem Prozeß, der bereits andere Wendungen nach diesem Gesetz erfahren hat und noch weiter erfahren wird.

Der Anstoß setzt dann eine Minneentwicklung in Gang, die nach dem üblichen mittelalterlichen Muster der *gradus amoris* (Minnestufen, z.B. 'Sehen-Sprechen-Umarmung-Kuß-Beischlaf') abläuft, in Gottfrieds straffer und wohlartikulierter Großgliederung aber eine zwingende Logik erhält. Die ethische Dimension wird durch den Anstoß von außen nicht aufgehoben, sondern hat von Anfang an am Minneprozeß teil. Der Handelnde entscheidet über die Qualität seiner Minne. Das Erscheinen der Idee im Leben und ihre Darstellung in der Sprache ist ein Werk des Menschen. Das ergibt alles zusammen, in Schilderung und Kommentar, eine sehr komplexe Figur, die mit ihrem Zusammenspiel der Kräfte von innen und außen, von Irrationalität und Moral unter den vergleichbaren Minnemodellen der Zeit herausragt.

Auch in der Erzähllogik des Stoffes fungiert der Trank als prekäre Weichenstellung, auf der Ebene des Handlungszusammenhangs wie derjenigen der Normkonflikte: Er schafft den Übergang von der Brautwerbung, in der die Partnerin von ihrem rechten Partner für einen anderen gewonnen werden soll, zur Vereinigung des für einander bestimmten Paares, aber in der Situation des Ehebruchs. Der Trank begründet zugleich den Anspruch der Minne gegen Staatsraison und Eherecht.

Literaturhinweise und Diskussion

Zum Trankmotiv in der Lyrik Nachweise: Chrétien de Troyes, Chanson II, Str 4. In: Marie-Claire ZAI, Les Chansons courtoises de Chrétien de Troyes. Bern, Frankfurt/M 1974 (Publications Universitaires Européennes, ser. XIII, 27), S. 75 ff. – Heinrich von Veldeke, Lied IV,1, In: Des Minnesangs Frühling. Bearb. v. Hugo MOSER u. Helmut TERVOOREN. Stuttgart [38]1988, S. 108. – Hartmann von Aue, Das Büchlein. Hg. v. PETRUS W. TAX, nach d. Vorarb. v. A. SCHIROKAUER zu Ende gef. Berlin 1977 (Philologische Studien u. Quellen, 75), v. 1269 ff. (S. 77 ff.). Zur Tristandiskussion in der Lyrik MERTENS (1993).

Zum keltischen „geis" MARX (1955/56); mit Beispielen und Entsprechungen in der neuzeitlichen Literatur MARKALE (1972, dt. 1984, S. 318-333). Der mechanische Charakter des Tranks noch bei Eilhart und Gottfrieds Entzauberungstendenz werden allgemein hervorgehoben, z. B. bei MIKATSCH-KOETHNER (1991), S. 50-57.

Wie Gottfried mit dem Motiv des Minnetranks umgeht und was dieses schließlich in seinem Roman leistet, wurde und wird in der Forschung extrem kontrovers beurteilt. Forschungsbericht bis 1970 DIETZ (1974), S. 89-124; Referat WEBER-HOFFMANN (1981/92), S. 92-94; KROHN, Kommentar ([3]1991), S. 168-172 und ff. – Die verschiedenen Interpretationsansätze stehen sich gegenüber und sind nur schwer untereinander zu vermitteln. Das sei hier an vier exponierten Positionen skizziert, die auch das Hin und Wider des Diskussionsverlaufs illustrieren.

1. Gegen psychologisierende Tendenzen, die ein allmähliches Erwachen der Liebe bei Tristan und Isolde ansetzten und den Trank in Gottfrieds Version zu einem stoffgeschichtlichen Relikt erklärten, stellte FURSTNER (1957) sämtliche Hinweise im Text als topisch und für das Innenleben der Figuren irrelevant heraus; er ließ die Liebe nicht vor dem Minnetrank einsetzen und bestimmte mit seinem Aufsatz für Jahrzehnte den Forschungskonsens. FURSTNERs Analysen besetzen auch heute noch einen wichtigen Platz im Meinungsbild. Also: Beginn mit dem Trank und zwanghafter Einbruch der Minne von außen.

2. Dagegen wandte sich zuerst HERZMANN (1976) mit Argumenten zu einer den Minnebeginn vorbereitenden Rollen- oder Figurenpsychologie; in die gleiche Richtung argumentierte später noch CLOSS (1990). Demnach: Beginn der Minne vor dem Trank, und zwar von innen eingeleitet, wobei der Zauber als Außeneinwirkung mehr oder weniger zurücktritt.

3. Dagegen hält SCHNELL (1985, S. 325-344) am Fehlen jeder Verliebtheit Tristans vor dem Trank fest, schaltet aber dessen Zaubermechanik zugunsten innerer Vorgänge aus. Im Unterschied zu den anderen Liebesentstehungen des Romans entspringe hier die Liebe nicht aus dem Blickkontakt – der war ja lange vorher gegeben –, sondern ganz aus dem Herzen. Auch die überpersönliche Macht der Minne wird als rhetorische Personifikation der menschlichen Gefühle und Leidenschaften gelesen. Damit entspringt die Liebe zum Zeitpunkt des Trin-

kens, aber der Trank ist funktionslos geworden, was auch vor FURSTNER bereits im Raum stand.

Neben dieses Votum läßt sich der Aufsatz von SCHWEIKLE (1991) stellen, der eine Synopse von Gottfrieds verschiedenen, teils widersprüchlichen Erzählstrategien zum Ausgangspunkt nimmt. Da sind zum einen die rationalisierenden Erzählverfahren (Ablehnung der Schwalbenhaarversion und des zweiten Imram, v. 8601 ff.). Dazu kommen die Vorausdeutungen, das Moment der Vorbestimmung des Paares füreinander. Nebeneinander finden sich zahlreiche objektive und subjektive Hindernisse der Liebe. Minnefördernde Momente werden vor allem auf Seiten Isoldes registriert. Zusammen ergebe das eine komplex komponierte Erzählsequenz, die es bis zum Trank zu keiner eindeutigen Liebe kommen lasse. Anderseits werde der Trank selbst bewußt unscharf, vieldeutig, ja paradox erzählt und trete in seiner mechanischen Funktion zurück. Dies führt in die Nähe der von SCHNELL eingenommenen Position. Allerdings sieht SCHWEIKLE in Gottfrieds Text ein offen gehaltenes Rezeptionsangebot, in dem für einen Teil des Publikums der Zauber entlastend fungiere, für einen anderen Teil die Züge der freiwillig-autonomen Liebesbeziehung erkennbar würden, auf welche die folgenden Kommentare Wert legten.

4. Dagegen wischte EHRISMANN (1989) alle Problematisierungen vom Tisch (Blütenlese aus der Forschung, S. 288-291). Er hob die kulturgeschichtliche Realität von Aphrodisiaca im Mittelalter hervor (dazu auch I. MÜLLER 1984) und sah in der Szene „die schiere Lust am Erzählen..., das vabanquehafte Spiel mit dem überkommenen Motiv" (S. 295). Also: Trank als reiner Erzähl-Zauber – damit möchte man sich auch für die ältere Stufe bei Eilhart nicht begnügen.

Gibt nun dieser Dissens Anlaß zur Resignation? Muß man Gottfrieds Trankdarstellung für undeutbar oder beliebig verstehbar halten? Es wird hier davon ausgegangen, daß eine rationale Diskussion der verschiedenen Standpunkte und ihre argumentative Annäherung möglich ist, auch wenn verschiedene Methoden Unterschiedliches leisten und Eindeutigkeit oft nicht zu erwarten ist – zum Glück für den Text. SCHWEIKLE ist insofern beizupflichten, als Gottfried keine flache Erzählung, sondern eine vielschichtige Textsequenz aufbaut. Die oben vorgeschlagene Interpretation versuchte das zu berücksichtigen. Während narrative Tiefenschichten, die Metaphorik an der Textoberfläche und die auktoriale Fernsicht von einer frühen Anbahnung der Minne reden, setzt sich diese erst im Moment des Trankes, unter Beteiligung einer platonisierend gefaßten Weltlenkungsmacht durch (mit GANZ 1970 und HUBER 1988: Rückbindung an literatur- und ideengeschichtliche Kontexte; anders SCHNELL 1985). In dieser Sicht hat Gottfried den Liebeszauber nicht einfach ausgeräumt, sondern philosophisch rationalisiert. Das stimmt zu den referierten Ergebnissen, welche auf verschiedene Weise die Auflösung einer Trankmechanik beschreiben (vgl. noch, von der Metaphorik ausgehend, WESSEL 1984, S. 582). Die Liebesüberwältigung wird aber nicht unabhängig von den Entscheidungen gesehen, für welche die Figuren selbst verantwortlich sind. Das Gegeneinander von subjektiven und objektiven Motivationen stellt grundsätzlich Voß (1989) heraus. Die Synopse legt nahe, daß in der Liebesgenese mehr als eine Addition, vielmehr in Umrissen eine komplexe Liebesanthropologie zwischen Fatalität und Freiheit intendiert wird. Daß dabei das Experiment lustvollen Erzählens nicht zu kurz kommt, versteht sich von selbst. Wie Gottfried so in sein literarhistorisches Umfeld gestellt werden kann, führt auf weitere Fragenkomplexe.

Die sogenannte „Minnebußpredigt" (v. 12183 ff.) behandelt im Rahmen der übrigen großen Minneexkurse URBANEK (1979); er liest in ihr ein Votum gegen die mittelalterliche Standes- und Besitzehe und gegen das Konzept der Minneehe im Artusroman (S. 358-367). Als zeitkritischen Baustein in einer utopischen Textperspektive behandelt den Exkurs gemäß seiner Hauptthese TOMASEK (1985), S. 136-152. Gottfrieds Invektive gegen die Verwortung von Liebe und sein Plädoyer für das Handeln bezieht BERTAU (1983, bes. S. 155; wieder 1990, bes. S. 16-18) autoreflexiv auf die Ästhetik des Romans und ihre Offenheit der Form. – Lateinischer Hintergrund zur Bildklitterung der prostituierten Minne (v. 12279 ff.) HUBER (1988), S. 109-115. – Tristans Wort vom „ewiglichen Sterben" diskutiert vorsichtig im Bezug auf die theologische *mors secunda*, den geistlichen Tod im Jenseits, HAAS (1989), S. 149f., ausführliche Erörterung der Forschung Anm. 12, S. 224-226.

7. Minne als Ehebruch

Das Brautwerbungsschiff hält seinen Kurs auf Cornwall und trägt die Vereinten an den Hof Markes, der als Dritter zwischen sie treten wird. Die erfüllte Liebe des Paares führt so unmittelbar in die dramatische Konstellation des Ehebruchs. Das ist so im Handlungsverlauf angelegt und erscheint dennoch nicht zwingend. Der Minnetrank hat die verfahrenen Verhältnisse gerade ins Lot gebracht: Durch den scheinbaren Kurzschluß erhält der Brauthelfer die Braut, die nur er erobern konnte und die allein für ihn bestimmt war. Dies geschieht vor der Verheiratung Isoldes mit Marke. Das Schicksal korrigiert die fehlgeleiteten Intentionen und bietet ein glückliches Ende an. Daß es dazu nicht kommt, bedeutet einen zentralen Bruch in der *Tristan*-Fabel, der eine märchenhafte Liebesgeschichte zur Tragödie umbiegt. Die Märchenhoffnung wird zunichte, daß alles gut werden könnte, daß der Rechte die Rechte fände, um glücklich mit ihr zu leben bis an ein gemeinsames Ende. Dieses Zerbrechen des Wunschtraums hat die *Tristan*-Geschichte mit dem Nibelungenlied gemeinsam, aber ohne dabei den Traum zu zerstören und zu verleugnen.

Der Held verschenkt die Braut. Wie kommt es zu dieser abermaligen Fehllenkung? Tristan hätte Isolde, wie der Vater die Mutter, in sein Land entführen und zu seiner Frau machen können. Statt dessen läßt er die Schiffe treiben. Die Überleitung zum neuen Erzählabschnitt mit dem Akrostichon begründet das so: „Laßt allen Einspruch bleiben! Wenn wir Liebesfreude erfahren wollen, kann dies nicht dauern, ohne daß wir auch Leid erfahren. Wie wohl uns mit der Liebe wäre, wir müssen dabei doch immer auch an die Ehre denken. Wer sich an nichts kehren will als an die körperliche Lust, verliert damit seine Ehre. Wie angenehm Tristan auch das Leben empfand, das er führte, seine Ehre zog ihn doch weg davon. Seine Treue bedrängte ihn heftig, daß er, eingedenk ihrer Forderung, Marke seine Frau brächte. Beides, Treue und Ehre, bezwangen ihm unter Schmerzen Herz und Sinne. Sie, die vorher der Minne unterlegen waren, als er die Minne vor ihnen wählte, genau diese zwei Besiegten, siegten jetzt über die Minne" (v. 12503 ff.). Das Ergebnis des Seelenkampfes nach dem Trank wird so mit demselben allegorischen Personal revidiert. Tristan fällt zurück; er kann sich von Marke und seinem Hof nicht lösen. Die unselige Onkel/Vater-Bindung, die für Isolde abgeschlossen ist, bleibt in ihm noch virulent und stellt sich vor die Minne. Weniger figurenbezogen kann man sagen, daß Tristan nicht fähig und willens ist, seine gesellschaftliche Einbettung aufzugeben, anderseits mit der Partnerin auch keine selbständige Herrschaft mit allen Konsequenzen (Eheschließung, Erbfolge usw.) anstrebt. Die leidenschaftliche, nur sich selbst wollende Minne hält sich aus den legalisierten gesellschaftlichen Bindungen heraus und ist dennoch auf den Hof als Raum ihrer Entfaltung angewiesen. Genau dieses Dilemma wiederholt sich später beim Abschied von Isolde nach der Entdeckung, als Tristan die Geliebte nicht einfach mitnimmt. Erst am Ende wird Isolde dieses Tabu brechen und dem Ruf des agonierenden Freundes folgen.

So muß Minne in die Auseinandersetzung mit der Ehre und anderen höfischen Werten eintreten. Nur eine Beschränkung auf körperliche Lust, die Gottfrieds Minne nicht meint, würde dies ausklammern. Sie wäre der Verlust nicht nur der konkreten Ehre, sondern der Kategorie überhaupt. Ehre als innerer und äußerer Schlüsselwert muß im einzelnen Ich, zum Partner und zur Gesellschaft hin aufgebaut werden. Das geschieht nicht unabhängig von dem, was vorher galt und im sozialen Umfeld weiter gilt. Der verstrickte Tristan sieht sich mit den Erwartungen seiner Umgebung konfrontiert. Die Wertwelten der Liebenden und der Gesellschaft sind so nicht von vornherein fest, sondern gewinnen allmählich im Konflikt Kontur. Das bedeutet zugleich den Eintritt in die Leiderfahrung, wie sie bereits in den Seelenkämpfen der noch getrennten Partner angelegt ist.

Höfische Liebe begibt sich auch in anderen mittelalterlichen Zeugnissen auf diesen extremen Standpunkt. Ihre Absage an äußere Legitimationen bedeutet in erster Linie die Absage an den Ehevertrag. Minne will so ganz aus der freien Verpflichtung der Partner ihren Wert beziehen. Es kann aber nicht frei eingelöst werden, was als Leistung äußerlich rechtlich festgeschrieben ist. Insofern ist das subjektzentrierte Modell der Tristanminne auch nur außerhalb der Ehe und gegen sie zu entfalten. Das meint Denis DE ROUGEMONT mit seiner Pointe: „Entsetzt weicht man zurück von dem Gedanken an Isolde als 'Mme Tristan'". Der Gegensatz der Minne zur gesellschaftlich sanktionierten Norm spaltet so die Wertsysteme. Gut und Böse, Recht und Unrecht, Ehre und Schande, Leben und Tod leiten aus der Intention reiner Minne ihre neue Qualität ab. Das heißt nicht, daß diese Qualität nicht über die Subjekte hinaus Verbindlichkeit suchte. Zunächst aber führt sie in einen Konflikt ohne festen Boden, wie ihn das Leben der Liebenden im Ehebruch aufreißt.

Es ist nicht leicht, in der bunten Reihe der Episoden eine Ordnung zu erkennen. Doch setzen sich nach dem Brautunterschub in der Hochzeitsnacht zwei Ereignisse ab, bevor eine Kette von Ehebruchslisten beginnt; eine weitere Episode steht einzeln am Ende des hier zu besprechenden Abschnitts. Die Hochzeitsnacht-Szene (v. 12576 ff.) ist symptomatisch für die Ausgangskonstellation der beteiligten vier Figuren. Das Schwankmotiv, das durchaus komische Seiten entwickeln könnte, führt hier in eine bedrückende Situation wechselseitigen Verkennens.

Brangäne als Stellvertreterin wird in keiner Weise gegenüber der echten Braut abgewertet. Gottfried beteuert: „Wirklich setzte ich mein Leben dafür zum Pfand, daß seit Adams Tagen ein so edles Falschgeld nie geprägt wurde" (v. 12610 ff.). Brangäne erleidet Markes Bettspiel als „Marter und Not" (v. 12593). Auch Isolde leidet, zuerst bei der Befürchtung, Brangäne könnte Gefallen finden an Markes Liebe und das Spiel ausdehnen, dann unter dem erniedrigenden

Zwang, Marke zu Willen zu sein. Nur dieser merkt von allem nichts. Mit Isolde „griff er wieder an sein Vergnügen. Er drückte sie nahe an seinen Leib. Ihm schien Frau wie Frau. Er fand auch diese bald recht manierlich. Ihm war das eine wie das andere, an jeder fand er Gold und Messing. Auch leisteten sie ihm ihren Tribut, so her und so hin, daß er nicht das Geringste wahrnahm" (v. 12664 ff.). Tristans Empfindungen bleiben völlig ausgeblendet; er spielt den zwielichtigen Mittler, der Marke Brangäne zuführt; er ist es, der beim Tausch der Partnerinnen auf Markes Wunsch den traditionellen Stärkungstrunk kredenzt. Die Kontrafaktur auf den Minnetrank ist klar. Gottfried verwahrt sich gegen eine Version, die Marke davon noch einen letzten Rest abgibt, wie dies in der Thomas-Paraphrase der *Saga*, nach dem Text des neuen Fragments, nicht aber bei Thomas selbst zu lesen ist. Angemerkt sei, daß in der altenglischen Fassung des *Sir Tristrem* auch Tristans Hund noch einen Tropfen des Getränks abbekommt, um dann später auf dem Grab seines Herrn in Treue zu verenden. So mischen sich in der Hochzeitsnachtsszene Groteske und Tragik. Die Heiterkeit einer frivolen Ehebruchskomödie läßt Gottfried nicht aufkommen.

Aber der Betrug ist geglückt. Neben dem Ehemann genießen die Liebenden ein Leben in vertrauter Nähe. In diese Situation fallen zwei Ereignisse. Isolde fühlt sich durch Brangänes Mitwisserschaft bedroht in ihrer „Ehre" in einem ganz äußerlichen Sinne. Sie fürchtet, die Dienerin könnte plaudern, und zeigt hier, daß man gemeinhin „Schande und Spott mehr fürchtet als Gott" (v. 12711f.). Mit dem Versprechen, sie zu Rittern zu machen, mietet sie zwei Mörder, welche die Dienerin beim Kräutersammeln in den Wald begleiten und dort umbringen sollen. Brangäne, am Boden liegend, die Hände gefaltet, erklärt ihre Unschuld in einer Parabel: Die Herrin habe auf der Überfahrt auf dem Schiff der Hitze wegen ihr weißes Brauthemd getragen und so seine Reinheit verschmutzt. Daher habe ihr Brangäne für die Hochzeitsnacht das ihre geliehen, aber erst, nachdem sie es zuerst verweigert habe. Daraufhin lassen die Männer sie leben und melden sich bei Isolde mit einem falschen Wahrzeichen. Diese läßt sich von Brangänes Rede erzählen und will nun von ihrem Befehl nichts mehr wissen. Das Märchenmotiv und sein Ausgang sind bekannt. Kurz, Brangäne wird zurückgeholt und in allen Ehren wieder aufgenommen.

Die Episode wirft psychologische und moralische Probleme auf. Ist Isolde dieses Verbrechen an der Freundin zuzutrauen? Sehen wir von den modernen Erwartungen an Charaktereinheit ab – bedenklich gemischte Charakterzüge haben wir auch bei Tristan und schon seinem Vater beobachtet –, so ist Isoldes Handlung folgerichtig aus der Brautnacht-Konstellation entwickelt. Sie ist die archaische Auseinandersetzung zwischen der falschen und der rechten (hier im tieferen Sinne falschen) Braut. Brangäne muß aus dem Figurenquartett der Brautnacht von ihrer bedrohlichen Stelle entfernt werden. Den Mordanschlag übersteht sie als Prüfung. Sie beweist in der Todesnot ihre unbedingte Loyalität zu Isolde. Selbstlos dient sie der Partei der Liebenden als Mittelsperson Isoldes zu ihrem Freund und folgt erst eigenen Antrieben, als sie gegen Schluß der Ge-

schichte (nicht mehr bei Gottfried, aber bei Thomas) mit Tristans Schwager Ca-
herdin (Kædin) einen Partner und eigene Interessen findet.

Die zweite Episode klärt und definiert die Rollen der beteiligten Männer.
Auf Markes Burg erscheint Baron Gandin, ein Musterritter aus Irland, ein Da-
menjäger und Herzensbrecher, ein Virtuose auf dem Saiteninstrument der Rotte,
der Isolde von früher her kennt: „Deren Dienstritter und *amis* war er auf vielerlei
Weise und des öfteren gewesen. So kam er auch nach Cornwall um ihretwillen
angereist" (v. 13127 ff.). Worauf das anspielt, wird nicht genauer gesagt, aber
offensichtlich ist Gandin ein anderer Tristan, der sich mit Marke im Anspruch
auf die begehrte Frau mißt. Und Marke versagt jämmerlich. Durch einen „rash
boon", ein vorschnelles Blanco-Versprechen für einen Vortrag auf der Rotte
(erotischer Nebensinn?), verliert er Isolde an den Fremden, dem niemand die
Frau im Kampf streitig zu machen wagt. Erst Tristan gewinnt nach seiner Rückkehr Isolde mit den gleichen Mitteln, um den Preis eines Harfenstücks, zurück.
Er ist der Gandin noch überlegene Betrüger, Künstler und Liebhaber. Ihm allein
gehört die beste aller Frauen rechtens zu. Nach einer nur angedeuteten Liebesvereinigung in bukolischer Umgebung, wie sie zum Schema gehört, stellt er
Isolde dem Ehemann aber zum zweiten Mal zur Verfügung, nicht ohne einen
kräftigen Tadel, daß dieser sie „so leicht für Harfen und Rotten verschenke" (v.
13444 f.).

Wie ein Band schlingt sich um diese Prüfungen, die das Ehebruchsdreieck
konsolidieren, die Bestätigung des Glücks der Liebenden. Sie können sich unbe-
droht durch Zeichen verständigen, durch Blicke und Gebärden und hintersinnige
Sprache. „Klebeworte" durchsetzen ihre Reden; sie leuchten als „Minnegewirk
aus Worten wie Gold in der Borte" (v. 12995 f.). Die Gesellschaft versteht dies
als Liebe unter Verwandten. Dieses Verhalten ist nach außen hin Betrug, im Zueinander aber rein und tadelsfrei, Ausdruck personaler Einheit mit sich und dem
Partner. So heißt es in biblischen Wendungen (vgl. Mt. 5, 37): „Beider Sinn und
beider Absicht war gänzlich eins und eins, ja und ja, nein und nein. Ja und nein,
nein und ja, wahrlich, das gab es da nirgends" (v. 13010 ff.). Eins sind die Liebenden in der Freude und, wenn die Gelegenheit zur Vereinigung fehlt, eins im
Leid. Dabei halten sie ihre Beziehung auch von innen heraus in Spannung:
„Auch unterblieb es nicht, daß sie sich zuweilen stritten, ich meine Streit (*zorn*)
ohne Feindschaft (*haz*). Und wenn da einer sagt, daß Streit bei solchen Liebenden nicht am Platz sei, so bin ich mir ganz sicher, daß der nie rechte Liebe er-
warb. Denn das ist der Minne Gewohnheit, damit entflammt sie die Liebenden,
damit befeuert sie ihr Verlangen. Denn wenn der Streit sie schmerzt, versöhnt sie
die Treue, und die Liebe ist wieder frisch und die Treue größer als vorher" (v.
13031 ff.).

In dieses mit seiner inneren Spannung lebendige Glück bricht die Gesellschaft ein. Die erste Entdeckung setzt irreversibel die Mechanik von Bewachung
und Verfolgung in Gang. Die Institution der *huote*, die wohl in der Wirklichkeit
des mittelalterlichen Hoflebens, vor allem aber als literarisch überkommenes

Motiv im Minnesang und im Minneroman ihr Wesen treibt, tritt auf den Plan. Sie läßt nicht ab, bis der Minnejäger Tristan und seine *amie* als gejagtes Wild zur Strecke gebracht sind. Ich skizziere die Episodenkette, wie sie Gottfried nach Thomas abwickelt.

(1) Die alles weitere auslösende Entdeckung erfolgt durch Tristans Zimmerkameraden, den Truchsessen Marjodo (v. 13460 ff.). Das geschieht wieder einmal durch Zufall, im Gegensatz zu Eilharts Fassung, die den Neid der Barone zum Auslöser macht, Tristan des Ehebruchs zu verdächtigen. Marjodo hängt Tristan freundschaftlich an im Hinblick auf dessen Nähe zur Königin, die er selbst schwärmerisch verehrt. Die Konfidenzen, die ausgetauscht werden, gehorchen so verdeckten Sonderinteressen. Eines Nachts träumt Marjodo: Ein rasender Eber bricht am Hof ein; er zerwühlt und besudelt Markes Bett, niemand wagt es einzugreifen. Das (traditionelle) Tiersymbol ist von Tristans Schild her bekannt (v. 6614); es verschlüsselt mit negativem Akzent Kraft und ungebändigte Sinnlichkeit und faßt den Ehebruch aus der Hofperspektive ins Bild. Als Marjodo dem *cumpanjun* seinen Traum erzählen will, ist dieser gerade auf Minnepfaden unterwegs. Marjodo geht ihm nach und bleibt ihm durch unglückliche Verkettungen auf der Spur. Tritte im Schnee führen ihn im Mondlicht zur Kemenatentür, die Brangäne unvorsichtig offengelassen hat. Marjodo dringt ein, tastet sich im Dunkeln bis zur Schlafstelle vor und wird zum Ohrenzeugen von Tristans Liebesspiel. Meisterhaft zeichnet Gottfried die Regungen in der Brust des Konkurrenten, der schließlich neidvoll dem König Meldung macht. „Der treueste und der beste, der einfältige Marke" (v. 13652f.) kann die Mär zuerst gar nicht glauben, wird aber dann zunehmend von Zweifel und Argwohn gepeinigt.

(2) So sucht er in einer Reihe von Bettgesprächen Isolde auf die Probe zu stellen (v. 13676 ff.). Die Möglichkeiten der Situation werden in vier Szenen erotisch delikat und witzig ausgelotet. Die Gesprächspartner mit den Beratern Brangäne und Marjodo im Hintergrund gehen sich jeweils wechselweise auf den Leim. Isolde läßt ihre weiblichen Reize spielen: „Als nachts die Königin zu ihrem Herrn wieder zum Schlafen kam, nahm sie ihn in ihre Arme; sie halste ihn, sie küßte ihn, an ihre sanften, linden Brüste zog sie ihn fest und nahe und begann wieder ihre Wortfallen zu stellen mit Antwort und mit Frage" (v. 14156 ff.). Als typisch weiblich kommentiert Gottfried ihre Fähigkeit, nach Bedarf und ohne inneren Anlaß in Tränen auszubrechen (v. 13895 ff.). Marke indes bietet Gelegenheit zu einem Psychogramm des schwankenden Argwohns in der Suche nach Wahrheit und der Flucht vor ihr. Wenige Stichworte legen in der Erzählung wie im abstrakten Kommentar ein schillerndes Bild des schwachen Königs auf, in dem die Elemente, kaleidoskopisch versetzt, bis hin zur Entdeckung der Wahrheit je neue Figuren bilden und so die Destruktion der anfangs respektablen Königsfigur vorantreiben.

(3) Obwohl Isoldes Antworten den König beruhigen konnten, gehen die Nachstellungen weiter (v. 14335 ff.). Tristan wird aus der Kemenate verbannt,

was ihn erst groß ins Gerede bringt. Für die Liebenden folgt eine Zeit des Leidens, der Schicksalseinheit in der Not, die sie an den Rand des physischen Ruins bringt. Dies als Minnezeichen zu lesen, fällt nun niemandem schwer. Zusammen mit dem Zwerg Melot, der neu ins Spiel eintritt, setzt darauf Marke zu einer härteren Probe an. Er begibt sich auf eine zwanzigtägige Jagd, für die sein „Jagdgeselle" Tristan sich krank meldet. „Der kranke Weidmann wollte auch an seine Weide" (v. 14376 f.). Die Situation ist nach der Metapher der Minnejagd durchallegorisiert. In einer Begegnung mit der pathetisch klagenden Brangäne vermittelt diese zwischen den Liebenden und lehrt Tristan die List, mit den Buchstaben T und I, dem Akrostichon des Romans, signierte Ölbaumspäne in den Bach zu werfen, der vor der Kemenate vorbeifließt, und so sein Warten anzuzeigen. Doch wird dem Paar nach mehreren glücklichen Treffen von Marke und Melot aufgelauert. Wir kommen auf die Szene zurück. Obwohl die Liebenden sich voll zu rechtfertigen scheinen und wieder freien Umgang miteinander erhalten, wird Marke durch die Einflüsterungen der *huote* erneut schwankend und gibt das Signal zur nächsten Probe.

(4) Nach einem gemeinsamen Aderlaß nächtigt Marke mit Isolde, Tristan und einigen Bedienten im gleichen Raum. Um Mitternacht erhebt er sich zur Mette mit Melot, der beim Fortgehn Mehl zwischen die Betten streut (Mehlstreu-Szene, v. 15117 ff.). Die Andacht der Intriganten läßt zu wünschen übrig. Unterdessen wird Tristan gewarnt, aber er wagt den gewaltigen Sprung in Isoldes Bett, wo seine Ader aufbricht und das Bettzeug mit Blut tränkt. Dieser von „Minneblindheit" diktierte Sprung, der über alle Hindernisse hinweg die unmögliche Liebe erzwingt – Gottfried nennt dies Tristans „Ritterschaft" (v. 15187) –, faßt die Bewegung der Tristanminne ins Bild, die heroische Anstrengung, die ihn zu ihr führt, und nach den Möglichkeiten der Frauenrolle auch sie zu ihm. Der zurückkehrende Marke nimmt wie scherzhaft den Befund in beiden Betten auf, der auch diesmal nicht zur Überführung des Paares ausreicht, da der Boden nicht betreten wurde. „Die Wahrheit war ihm zugleich angesagt und vorenthalten" (v. 15257 f.).

(5) Durch ein Gottesgericht sucht sich nun der König endgültig Klarheit zu verschaffen (v. 15267 ff.). Er macht seine Ehe, die Ehre seines Bettes, zum Gegenstand einer Staatsaktion. Eine Fürstenversammlung, dann ein Konzil in London mit den gelehrtesten Theologen der Zeit bilden die Staffage für das Ansinnen, das er selbst an Isolde richtet: „Kann ich einen juristischen Beweis von Euch haben, so wie Ihr ihn Uns vorgeschlagen habt, so verpflichtet Euch ohne Umschweife! Stellt Euch unverzüglich zur Verfügung und unterzieht Euch einem Gericht mit dem glühenden Eisen!" (v. 15520 ff.) Weitgehend wehrlos steht die Frau unter dem Rechtfertigungszwang nach dem brutalsten Gerichtsverfahren der Zeit. Aber Isolde übersteht durch die wunderbare Hilfe Gottes die Prüfung. In ihr kommen Markes Inquisitionen vorläufig zu ihrem Höhepunkt und zum Stillstand. Überblicken wir bis hier die Folge der Szenen, in denen List und Gegenlist sich

messen! Die Reihe ist steigernd angelegt. Der Druck der *huote* auf die Liebenden
wird Zug um Zug grausamer, die Schraube Drehung für Drehung fester. Gottfried entfaltet dabei in seinen knappen Schilderungen eine für mittelalterlches
Erzählen außergewöhnliche Psychologisierungskunst, die immer neue Facetten
seelischer Reaktionen beleuchtet. Darüber hinaus wird durch alle Manöver des
Verhüllens und Enthüllens hartnäckig die Frage nach der Erkenntnis von „Wahrheit" verfolgt, Wahrheit in der Beziehung der Figuren zueinander, aber auch der
Normen, die sie vertreten. So bieten die List-Episoden Exerzitien in der Kunst
des Zeichenlesens, wie sie dem mittelalterlichen Semiotiker vertraut sind, nur
daß die bezeichneten Inhalte sich zugleich mit den Entdeckungen verschleiern
und verwirren. Nicht viel anders verhält es sich mit den beständig wiederholten
und neu arrangierten abstrakten Leitbegriffen. Im Spiel mit ihnen erreicht der
Autor gerade das Gegenteil von Klärung und Vereindeutigung. Auch der Rezipient, der ja eigentlich über die „wahren" Sachverhalte Bescheid weiß, wird in
den Wechsel der Perspektiven und in die allgemeine Verunsicherung hineinge-
zogen. Entscheidend und, wie ich meine, noch nicht ausdiskutiert ist dabei die
Frage, ob Gottfried in dieser Vielfalt von Brechungen zuletzt auf bündelnde Perspektiven und eine konsequente Normdiskussion verzichtet. Blicken wir zurück
auf zwei herausragende Szenen, das belauschte Stelldichein im Baumgarten und
das Gottesurteil.

Mit Melot und Marke im Baum und den Liebenden darunter an der Quelle –
wir treffen in dieser Szene das beliebteste Motiv der *Tristan*-Ikonographie – laufen zwei Verstehensebenen derselben Vorgänge parallel (v. 14613 ff.). Ihre Ent-
zifferung wird zum gewagten Experiment für alle Beteiligten. Tristan streut die
Späne in den Bach als Zeichen, Isolde möge kommen. Jetzt erst erkennt er am
Schattenbild des Ölbaums den Hinterhalt. Er kann Isolde nicht mehr warnen, nur
noch durch sein Verhalten, die Sprache ihres Umgangs, Zeichen geben. So bleibt
er abwartend stehen, anstatt der Geliebten entgegenzueilen. Isoldes Reaktion ist
ein subtiles Zeichenverstehen und Zeichengeben, begleitet von Affekten, die
selbst als Symptome des Inneren vielsinnig lesbar sind: „Es wunderte sie
schmerzlich und bedrängend, was dieses Verhalten sagen wollte. Ihr Herz wurde
ihr schwer. Sie begann den Kopf zu senken und furchtsam auf ihn [Tristan] zu-
zugehen. Dieser Weg kostete sie große Angst. Als sie nun so langsam gehend
dem Baum ein wenig näher kam, sah sie die Schattenbilder dreier Männer und
wußte doch nur einen dort. Dadurch und aus dem Verhalten, das Tristan ihr gezeigt hatte, erkannte sie nun den Hinterhalt und die Falle" (v. 14685 ff.). So greift
sie den Freund mit bitteren Vorwürfen an. Wie könnten die Verleumder die Zusammenkunft interpretieren! „Sie würden sicher alle schwören, wir wären mit
großem Kummer beladen durch betrügerische Freundschaft. Von dieser Meinung
ist der Hof voll. Nun weiß es aber Gott selbst genau, wie mein Herz zu Euch
steht. Ich will es ein wenig deutlicher sagen: Gott sei mein Zeuge, und meine
Sünde soll mir anders nie vergeben werden als entsprechend dem, wie ich Euch
zugetan war, mit welchem Herzen und auf welche Art. Und so schwöre ich bei

Gott, daß mich noch nie nach einem Mann verlangte und daß heute und für immer alle Männer aus meinem Herzen ausgesperrt sind außer dem einen, dem die erste Rosenblüte meiner Jungfräulichkeit zuteil wurde" (v. 14748 ff.).

Indem so auf provokante Weise Gott ins Spiel gezogen wird, geht es um mehr als nur die harten Tatsachen. Die Wahrheit und die Legitimität des Geschehenen erschließen sich nicht aus den Fakten, sondern werden aus der Haltung der Figuren heraus in ihr Recht gesetzt, und Gott wird ihr Zeuge und Garant. Diese Konstellation nimmt das Gottesurteil bis ins Detail vorweg. Eine Steigerung bedeuten dort nur noch der hochoffizielle Rahmen und der Druck auf Gott, durch ein Wunder einzugreifen.

Der ursprüngliche Roman auf der Stufe Eilharts kennt diese prekäre Episode und ihr Präludium im Baumgarten nicht. Noch Beroul begnügt sich mit Artus als höfischer Richterinstanz und beläßt es bei einem Reinigungseid Isoldes auf ein Heiligtum als Unschuldsbeweis. Erst Thomas macht Gott zum Verbündeten der Liebenden, der gnädig sogar sein Wunder wirkt. Der Mönch Robert resümiert: Isolde trug das Eisen so, „daß niemand feigheit oder muthlosigkeit an ihr bemerken konnte, und gott in seiner milden barmherzigkeit gewährte ihr eine schöne rechtfertigung, sowie versöhnung und eintracht mit dem könig, ihrem herrn und ehegatten, in voller liebe, ehre und würde" (S. 172). Dies verwischt die Wertansprüche bis zur Nivellierung des zerstörerischen Konflikts und sucht natürlich gerade darin die Provokation. Gottfried schaltet einen vielbeachteten Kommentar ein:

da wart wol goffenbæret	Da wurde klar geoffenbart
und al der werlt bewæret,	und aller Welt bewiesen,
daz der vil tugenthafte Crist	daß der mit vielfältigen Qualitäten begabte Christus
wintschaffen alse ein ermel ist:	sich nach dem Wind formt wie ein Ärmel.
er vüeget unde suochet an,	Er fügt sich an und legt sich an,
da manz an in gesuochen kan,	genau dort, wo man es darauf anzulegen versteht,
alse gevuoge und alse wol,	so fügsam und genau,
als er von allem rehte sol.	wie er nach Fug und Recht auch sein muß.
erst allen herzen bereit,	Er ist allen Herzen bereit
ze durnehte und ze trügeheit.	zu Reinheit und zu Betrug.
ist ez ernest, ist ez spil,	Ist es Ernst, ist es Spiel,
er ist ie, swie so man wil.	er ist immer genau so, wie man will.
daz wart wol offenbare schin	Das trat offenbar zutage
an der gevüegen küniginn:	bei der fügsamen Königin.
die generte ir trügeheit	Die retteten ihr Betrug
und ir gelüppeter eit,	und ihr vergifteter Eid,
der hin ze gote gelazen was,	der hin zu Gott gerichtet war,
dazs an ir eren genas...	so daß sie in ihrer Ehre gerechtfertigt wurde.
(v. 15733 ff.).	

Während Thomas die Diskrepanz verschleiert, besteht Gottfried auf dem Dilemma, welches das Gottesurteil für die Wahrheit des Eides und ihren Garanten aufwirft. Wird hier Christus als höchste Instanz des orthodoxen Glaubens demontiert? Oder wird in Übereinstimmung mit der offiziellen Meinung der Kirche lediglich die Praxis des Gottesgerichts gegeißelt (wie es immerhin im Morold-Kampf bereits kritiklos über die Bühne ging)? Bezieht Gottfried einen untheologischen, rein höfisch-säkularen Standpunkt, ohne eine Gottesaussage zu implizieren? Distanziert er sich einfach von der Quelle, an die er gebunden ist? Nützt er die delikate Stelle zu einer Grundsatzkritik an der Sprache und an den Möglichkeiten menschlichen Erkennens? Wo ist hier der Standpunkt des Kommentators und die Zielrichtung seines Sprechens? Beides bleibt im Unklaren.

Sicher wird hier nicht Theologie gepredigt; nicht von einem transzendenten Gott ist die Rede, sondern vom Gottesbild des Menschen, das sich manipulierbar wie ein Gewand den Intentionen anlegt. Im Sinne der Orthodoxie und als Polemik gegen das Gottesgericht kann das aber kaum gesagt sein. Es klingt nach Gesellschaftskritik, dabei aber irritiert auf jeden Fall, daß auch Isolde mit ihrer *trügeheit* und dem *gelüppeten eit* (v. 15747f.) in die Kritiklinie gerät. Wie weit distanziert sich der Autor von seiner Heldin? Ein Bekenntnis des Autors zu jenem höfischen Gott und zu dessen Parteinahme für die reine Liebe des exemplarischen Paares ist also auch nicht ungebrochen festzuhalten. Oder kritisiert hier Gottfried einfach Thomas und seine fiktionale Konstruktion des höfischen Gottes, also die Verfügbarkeit Gottes für den Dichter (womit er sich auch gegen Hartmanns einschlägige Formulierungen wenden würde)? Dagegen spricht wiederum die indikativische und generalisierende Behauptung: *erst allen herzen bereit ze durnehte und ze trügeheit, ist ez ernest* (wie im Leben), *ist ez spil* (wie in der Literatur), *er ist ie, swie so man wil.* Der Kommentar bezieht so seine Rätselhaftigkeit aus einer den ganzen Erzählabschnitt bestimmenden Durchschichtung widersprechender Perspektiven.

Auf die Listenreihe folgt eine Episode, die sich wieder ganz der Innenbeziehung des Paares zuwendet. Tristan und Isolde leben jetzt bereits in der Trennung und müssen mit ihr zurechtkommen. Auf welch hohem Niveau das gelingen kann, zeigt die Geschichte von dem Zauberhündchen Petitcreiu (v. 15765 ff.). Tristan hält sich am Hof des jungen, reichen, lebensfrohen Herzogs Gilan in Wales auf. Der sucht den Trauernden aufzuheitern durch „seines Herzens Spiel" und „seiner Augen Lust", das Hündchen Petitcreiu aus dem Feenland Avalun. Es ist das Geschenk einer Göttin „aus Liebe und aus Minne" und wurde für Gilan inzwischen selbst zum Ersatzobjekt der Minne. Das Hündchen hat zwei Besonderheiten, eine optische und eine akustische. Sein seidenweiches Fell spielt in allen Farben, die sich, vor allem gegen den Strich gesehen, vermischen und den Betrachter verwirren. Die Wahrnehmung der Vielfalt im kleinen führt so nicht zu einer klaren Unterscheidung. Das Einzelne verweigert sich der erkennenden Einordnung ins Ganze. Das Hündchen trägt an einer Kette eine Schelle um den Hals, deren Klang alles Leid vergessen läßt und illusionäres Glück verbreitet. So

lebt auch Petitcreiu in einem semiotischen System, und zwar als Sinnbild trügeri-
schen, betörenden Scheins.

Tristan faßt nun den Plan, Petitcreiu für Isolde zu gewinnen, um ihr das
Minneleid zu verscheuchen und die Trennung erträglich zu machen. Mit diesem
Hintergedanken befreit er unter der Bedingung eines freien Wunsches Gilan und
sein Land aus der Zinspflicht des Riesen Urgan (v. 15915 ff.). Diese Heldentat
wird in zahlreichen Analogien zum Morold-Kampf erzählt, doch bewegt sie sich
offenbar auf einem tieferen Niveau. Was kann der Rückbezug hier meinen? Er
muß Tristans Heilbringerrolle zitieren, die bereits bei Morold in ferne Minnebe-
züge gestellt war. Hier nun ist die Unterordnung des gesellschaftlichen Glücks
unter das Minneheil noch deutlicher. Das Heil der Minne ist nur zu gewinnen im
Verzicht auf Illusion und in der Bereitschaft, zu leiden für den Geliebten. Tristan
verzichtet auf Petitcreiu zugunsten Isoldes. Er will nicht vergessen und gönnt ihr
zugleich die Linderung. Isolde will Tristan nicht vergessen. Sie nimmt dem
Hündchen die Schelle ab und zerbricht seinen Zauber. Petitcreiu ist somit Zeichen der Tristanminne, nicht als Objekt, sondern in seiner Funktion. Das Hündchen selbst mit seinen märchenhaften Eigenschaften wird entzaubert und zeigt
gerade dadurch, wie vollkommene Minne zu sein hat. Diese setzt sich ab gegen
die Feenliebe mit ihrer magischen Entrückung aus der Wirklichkeit, die wie bei
Gilan auch schon im Ersatz ihr Glück findet. Außerdem ist Petitcreius Entzauberung als Kritik am schönen Schein auch Kritik an der Kunst, an einer falschen
Kunst, die nicht dem Erkennen des Wahren dient. In diesem Zusammenhang hat
Petitcreiu mit dem vielschichtigen Wahrheitsproblem der Ehebruchslisten zu tun.
Alle Skrupellosigkeiten und Machenschaften der intriganten Partner werden auf-
gewogen durch die Wahrhaftigkeit, die sie einander beweisen. Die Episode rückt
damit die angeschlagene Idealität des Liebespaares wieder zurecht.

Ihre große Minne bewährt sich am Hindernis. Sie setzt gegen die soziale
Verfemung, gegen die Notwendigkeit von List und Betrug nach außen, ihren
neuen, zwischen den Partnern begründeten ethischen Wert. Sie hält ihn aufrecht
und bestätigt seine Wahrhaftigkeit um den Preis des Leidens. Sie verweigert die
Illusion, selbst auf die Gefahr hin, daß hinter allen Zeichen – den Worten, den
Gebärden, Gefühlen, den Bildern von Gott – nichts Sicheres wäre. Dagegen steht
die Gewißheit des liebenden Gegenübers.

Literaturhinweise und Diskussion

Die strukturelle Verknüpfung von Brautwerbung, Minnetrank und Ehebruchsminne hat grundlegend KUHN (1973) herausgearbeitet: „Tristan und Isold leben
seit dem versehentlichen Gebrauch des Hochzeitstranks die Dialektik ihrer illegitimen Ehebruchsminne, die aber durch strukturelle Vorbestimmung, Brautwer-
berrecht und Liebeshochzeitstrank eine legitime Minneehe ist, gegen die legitimen, aber durch ihre personalen Voraussetzungen illegitimen Ehen Isoldens mit
Marke und Tristans mit der zweiten Isold, gegen die normale Gesellschaft überhaupt." (S. 14); zum Legitimitätsproblem auch SIMON (1990), S. 357-361. Zum
Ehebruchsthema in der höfischen Literatur (im Roman außer dem *Tristan* noch
der *Lancelot*-Stoff) BUMKE (1983); ders. (1986), S. 529-558; SCHNELL (1985),
Register; Vergleich *Tristan – Lancelot* ERTZDORFF (1983). Den im Ehebruchsdreieck angelegten Wertkonflikt des *Tristan* kennzeichnet SCHNELL (1992) als
Konfrontation von Innennormen und Außennormen (S. 28-38, Terminologie
nach MIETH 1976). Hier stellt sich grundsätzlich die Frage, wo die Wertwelten
gleichberechtigt ineinandergeschichtet oder wo sie hierarchisch geordnet erscheinen.

   Auf die ältere Forschung zum Problem der höfischen Normen in Gottfrieds
Darstellung blicken WEBER-HOFFMANN (1981), S. 87-89. Daß trotz Hofkritik
das Höfische als Wert nicht herabgesetzt werde, statuiert KOLB (1977).
TOMASEK (1985) sieht die Welt des Hofes im Licht von Gottfrieds Feudalismus-
kritik (Kap. III). Unabhängig davon konstatiert W.T.H. JACKSON (1986): „It is
clear that Gottfried rejects the court as a center or arbiter of values" (S. 36).

   Zu den Schwierigkeiten, die der Mordanschlag auf Brangäne für die Bewertung der Isoldenfigur aufwirft, gibt Werner SCHRÖDER (1989) einen Forschungsrückblick; seine eigene individualpsychologische Deutung als Schuld Isoldes und
als Gefährdung der Tristanminne von innen heraus geht anachronistisch von einer neuzeitlichen Lesererwartung aus. Das Motiv der von den Mördern ausge-
schnittenen Zunge als falsches Wahrzeichen bezieht auf die Doppeldeutigkeit der
Sprache im Roman WENZEL (1988 b).

   Der von DICKE (1998) ausgeführte intertextuelle Vergleich der Gandin-Epi-
sode („rash boon", dazu Befreiung durch Musizieren wie im Orpheusmythos)
„vervielfältigt... die Deutungsstandpunkte" und „läßt die Perspektiven auf das
Geschehen damit ‘mehrdimensional' werden" (S. 148). Die Ehebruchsepisoden
kennzeichnet SIMON (1990) im Anschluß an ältere Darstellungen als Schwank-
kette von Listen gegen den betrogenen Ehemann, S. 373-375. Zur Ikonographie
der Baumgarten-Szene nach dem Bildschema der Sündenfalldarstellungen
CURSCHMANN (1990), S. 7-17.

   Dem Psychogramm Markes widmen sich u. a. CLASSEN (1992) und KARG
(1994). Zum Exkurs über *zorn, zornelin* in der Minne finden sich Quellen in den
antiken und mittellateinischen Liebeslehren (Antikes bei OKKEN, Kommentar
²1996, I, S. 509f.; Walther von der Vogelweide L. 70,3f. vgl. KROHN, Kommen-

tar [2]1991; auch Andreas Capellanus *De amore* zu *ira, zelotypia,* Buch II [Wie die Liebe erhalten werden soll], Kap. 2 [Wie vollkommene Liebe gesteigert werden kann], S. 243; 257).

Forschungsüberblicke zum Gottesurteil mit dem umstrittenen Autorkommentar bieten Werner SCHRÖDER (1979) und systematisierend SCHNELL (1992), S. 64-68. Die rechtshistorischen Voraussetzungen behandelt COMBRIDGE ([2]1964), S. 83-113; weiteres zur Gottesurteils-Diskussion in Verbindung mit orientalischen Erzählmotiven („act of truth") bei SCHNELL (1980). GRUBMÜLLER (1987) betrachtet den Kommentar als sprachtheoretische Reflexion. Im Anschluß an FROMM (1973) und MIETH (1976) ruft LANZ-HUBMANN (1989) Abaelard als Hintergrund auf, um dann Widersprüche im gesinnungsethischen Ansatz anzuzeigen und die Wertentscheidung an den Rezipienten weiterzugeben, S. 214-219. SCHNELL (1992, S. 58 ff.) führt seine Textanalyse auf ein für den gesamten Roman geltendes Theorem Gottfrieds von der „Unerforschlichkeit Gottes" zu. Rechtsgeschichtliche Materialien vergleicht SCHILD (1996).

Für die von Thomas neu eingefügte Petitcreiu-Episode zeigt Werner SCHRÖDER (1973), wie problematisch sie in der Motivationskette des Romans steht. Hier ist zu betonen, daß durch diese lose Einbindung die Sonderstellung der folgenden Grottenepisode und zugleich ein Vorgriff auf Isoldes Selbstentäußerung in der Abschiedsszene (v. 18334 ff.) und im Abschiedsmonolog (v. 18579 ff.) möglich wird. Als Darstellung des Illusionscharakters von Kunst behandelt die Episode STEIN (1980).

8. Entrückung in die Minnegrotte

Als Tristan wieder in die Intrigenwelt des Hofes zurückgekehrt ist, wird ihm mit
Isolde unvermutet die Entrückung an einen paradiesischen Ort geschenkt, an dem
das Paar in Augenblicken eines fast ungetrübten Glücks ganz seiner Minne leben
kann. Gottfried baut diese Station seines Minneromans zu einer hochkomplexen
literarischen Figur aus. Er zitiert Symbole von vielschichtiger archetypischer und
historischer Semantik. Er verbindet sie zu einem raffiniert komponierten szeni-
schen Ablauf. Dazu führt er teils ausdrücklich, teils in kurzen Bemerkungen oder
impliziten Andeutungen ein subtiles Interpretationsgebäude auf.

Der Anschluß der Episode gelingt nicht ohne Schwierigkeiten, nachdem sie
aus einem grundlegend anderen Konzept der Stofftradition heraus entwickelt
wurde. In der frühhöfischen Fassung flieht das Paar vor Marke in den wilden
Wald von Morois. Dort führt es ein von Ort zu Ort gehetztes, entbehrungsreiches
Flüchtlingsleben. Empfindlich vermißt es den gewohnten Hofkomfort und muß
um Nahrung und Unterschlupf kämpfen. Nach einiger Zeit verfällt das Äußere,
die Kleider verschleißen, die Körper werden bleich und mager. Skrupel schlei-
chen sich ein. Aber über alle Bedrängnisse siegt die gewaltige, aus der Kraft des
Minnetranks gespeiste Liebe:

Aspre vie meine(n)t et dure;	Ein rauhes und hartes Leben führen sie.
Tant s'entraiment de bone amor,	So sehr lieben sie einander in wahrer Liebe,
L'un por l'autre ne sent dolor.	daß der eine wegen des andern keinen Schmerz fühlt.

(Beroul, v. 1364 ff.)

Thomas von England ist es, der die Flucht zum Exil, das Waldleben zum
Wunschleben umbiegt. Seine Motivierung liest sich in der Kurzfassung der *Saga*
eher dürftig. Gottfried insistiert auf Markes Verwirrung und steigert sie bis zur
Besinnungslosigkeit. Die Minnesymptome der Liebenden sind so unmiß-
verständlich, „daß es ihm ans Herz ging und ihn solcher Zorn dadurch packte,
solcher Neid und solche Feindseligkeit, daß er das eine und das andere, Zweifel
und Argwohn, einfach fahren ließ. Ihm hatten Schmerz und Wut Vernunft und
Mäßigung geraubt... Er hätte nicht ein Haar darum gegeben, ob das Ganze gelo-
gen sei oder wahr" (v. 16509 ff.). Dieses „blinde Leid" bewegt ihn dazu, die beiden vor den versammelten Hof zu zitieren, durch Indizien überführt zu erklären
und unter ausdrücklichem Racheverzicht miteinander fortzuschicken. „Nehmt
einander an der Hand und räumt mir Hof und Land! Wenn mir schon Leid von
euch widerfahren soll, will ich das wenigstens nicht hören und nicht sehen. Die
Gemeinschaft zwischen uns dreien kann nicht länger dauern" (v. 16603 ff.). Aus

diesen Worten spricht nicht Einsicht oder generöse Resignation, sondern die reine Verblendung. Marke begeht eine grandiose Fehlleistung. Seine Haltung bringt keine Lösung des Konflikts und kein mögliches happy-end, sondern einen psychologisch nicht weiter ableitbaren Suspens. Die Glücksstunde wird ohne Grund, ja gegen alle Wahrscheinlichkeit verfügt und ist so labil, daß sie wieder umschlagen kann und muß.

Tristan und Isolde verneigen sich „mit mäßiger Not, mit kühlem Herzeleid" (v. 1624 f.). Sie treffen Anordnungen für die Zeit ihres Fernseins, die ihnen offensichtlich begrenzt erscheint, und begeben sich an einen Ort, den Tristan durch Zufall auf der Jagd entdeckt hat: eine unterirdische Grotte in lieblicher Umgebung (v. 16679 ff.). Die nun folgende Szene disponiert Gottfried so:

Ankunft

       Grottenbeschreibung

   Lustort$_1$

      Bedürfnislosigkeit des Paares (Speise- und Gesellschaftswunder)

   Lustort$_2$

       Erfahrung des Autors

       Grottenauslegung

       Erfahrung des Autors

   Lustort$_3$

      Zeitvertreib des Paares (Spaziergang, Literaturvortrag, Grottenspiel, Jagd)

         Markes Hirschjagd, der Jägermeister an der Grotte

   Lustort$_4$, Schwertlist

      Marke an der Grotte

           Rückkehr

Das Schema zeigt, wie ein schmaler Handlungsfaden, Ankunft – Aufenthalt – Rückkehr, von Beschreibungsteilen in rhythmischer Wiederholung durchflochten ist. Das Ganze ist (nach der Gliederung, nicht der Verszahl) als Zentralkomposition erkennbar mit den auktorialen Passagen und der allegorischen Auslegung der Grotte in der Mitte, wobei die Verbindung der Elemente vor allem durch das rondoartig nur leicht variierte Motiv vom schönen Naturort hergestellt wird. Gottfried bietet hier einen der reichsten und in seiner Leistung differenziertesten Belege jenes Topos, der als *locus amoenus* durch die europäischen Literaturen wandert. Schon die erste Landschaftsbeschreibung enthält alle wesentlichen Punkte des Lustortkatalogs: Bäume, Quelle, Blumenwiese; dazu Vogelgezwitscher und als besondere Raffinesse aus dem Fundus mittelalterlicher Lehrbücher die Aufzählung der einzelnen Sinne, die sich an dieser Umgebung ergötzen. Doch zeigt gerade das reiche Vergleichsmaterial, wie wenig der Katalog als solcher die Eigenart der Stelle erschließen kann. Merkwürdig ist die ostinatoartige Behauptung, es handle sich bei diesem Naturgarten um Wildnis und Wüste. Das dürfte als Reminiszenz an den Wald von Morois nicht hinreichend erklärt sein. Auch läßt sich der Aspekt nicht auf den von Gottfried eingeführten unwegsamen Felsgürtel um das Tal als schützende Grenze zur Außenwelt beschränken. Das Tal selbst trägt den Stempel des nicht Zivilisierten, nicht Kultivierten, ja Regressiven – bei aller Fülle ein immer wieder erinnerter Defekt.

Die Anlage des Tales zeigt, abstrakt betrachtet, zwei Pole. Drei Linden über dem Grotteneingang entsprechen drei Linden über der Quelle. Die Grotte saugt ein, die Quelle sprudelt hervor. Sie bilden die Brennpunkte einer Ellipse, zwischen denen sich ein dynamischer Wechsel der Bewegungen nach innen und nach außen entspinnt. Die Idylle ist so nicht statisch starr, sondern Schauplatz wechselnder Existenzformen, die sich an verschiedenen Punkten ihres Raumes ereignen und auch über dessen Grenzen hinausdrängen.

Das Leben in diesem Tal kennzeichnet Gottfried provokativ durch ein Speise- und ein Gesellschaftswunder. Auf den erstaunten Einwand, woher denn Tristan und Isolde in dieser Wüste ihre Nahrung nahmen – das Publikum denkt wohl an den Wald von Morois –, kommt die Antwort: „Sie blickten beide einander an, davon ernährten sie sich. Die Ernte, die das Auge eintrug, das war der beiden leibliche Speise. Sie aßen mit ihr nichts als die Begeisterung zur Minne" (v. 16815 ff.). Bei Thomas geht Tristan noch zur Nahrungssuche auf die Jagd. Gottfried konzentriert den Zustand im Tal auf Minne als zentralen Lebensvollzug. Auf sie richten sich alle Bedürfnisse, sie spendet alle Kraft.

Gottfrieds potentielle Quellen und das Liebesmodell, an dem sie sich orientieren, sind nicht eindeutig festzulegen. Die Metapher von Liebe als Speise schillert. Die Schönheit der Geliebten als Nahrung preist das Hohelied: „Deine Lippen / meine Braut / sind wie trieffender honigseim / honig vnd milch ist vnter deiner Zunge... Jch kom / meine Schwester / liebe Braut / in meinen Garten / Jch habe meine Myrrhen sampt meinen Würtzen abgebrochen / Jch hab meins Seims sampt meinem Honige gessen / Jch hab meins Weins sampt meiner Milch getruncken" (4,11 ff., Luther 1545). In seiner 71. Hohelied-Predigt sieht Bernhard von Clairvaux die mystische Vereinigung der Seele mit ihrem Bräutigam Christus als wechselweise Kommunion: „Wundert euch nicht, er genießt uns und wird von uns genossen, damit wir um so inniger mit ihm verbunden würden" (vgl. SCHWIETERING 1943, [2]1969, S. 343f.). Aber auch die höfische Minnelehre sieht Qualitäten der Minne als geistige Nahrung an. Andreas Capellanus beschreibt so die Ausstrahlung der vollkommenen Dame und läßt den werbenden Mann sagen: „Kein Wunder, daß ich von so großem Verlangen getrieben wurde, Sie zu sehen... Es stimmt ja die ganze Welt das Lob Ihres Anstands und Ihrer Klugheit an, und die Höfe in allen Erdteilen werden durch den Ruf Ihrer Tugend wie von leiblicher Nahrung gespeist" (lateinisch s. Ausgabe TROJEL ²1972, S. 125). Hier ist es also die Tugend, welche die höfische Gesellschaft metaphorisch nährt. Gottfried geht vor allem vom Blick, also von der sinnlichen Anziehung, aus. Herz, Auge, Leib werden gesättigt, aber als Minnespeise, die sich ständig ohne Aufwand von innen heraus wunderbar erneuert, erscheinen auch *diu reine triuwe* und die balsamduftende *minne* (v. 16830 f.). Einer mystischen *unio* gleicht das selbstgenügsame Leben im Tal also nicht ohne weiteres. Man hat eher an ein Liebesparadies mit seinem archaisch-utopischen Wunschglück zu denken, wie es französische Minneallegorien nach dem Vorbild des irdischen Paradieses der Bibel stilisieren. Vielleicht versteckt sich ein Hinweis auf diesen Zustand in der Schlußwendung der Passage. Den Liebenden „ging Minne, ihr ererbter Pflug (*erbepfluoc*), auf jedem Schritt und in jedem Augenblick zur Seite und gab ihnen in Fülle all das, was man für ein Wunschleben braucht" (v. 16842 ff.). Vielleicht ist dieser „Pflug" mit dem Verbum 'pflegen' zu verbinden und schlicht als 'Gewohnheit', 'Lebensform' zu übersetzen. Als das Gerät der Arbeit im Schweiße des Angesichts aber ist der Pflug das Signum des Lebens nach dem Sündenfall. Minne, die Herrin des Ortes, die Erb- und Schutzherrin des Paars, hebt dieses Gesetz auf. Ihre „Arbeit" (hat hier das Pflügen auch eine erotische Konnotation?) schenkt das Paradies zurück. Sie spendet Sättigung wie der Gral, aber nicht in der Art eines Tischlein-deck-dich. Sie tut es im Vollzug der Liebe selbst.

Ferner wird ein zweiter Einwand abgewehrt: „Auch störte sie das wenig, daß sie in dieser Wüste so einsam und ohne Gesellschaft sein mußten. Wen brauchten sie auch dort, oder warum hätte jemand zu ihnen stoßen sollen? Sie bildeten eine gerade Schar, da gab es nur eins und eins" (v. 16847 ff.). Die Gesellschaft der zwei ist ihnen so zahlreich und herrschaftlich (*herehaft,* v. 16860), daß sie das glückliche Leben des Königs Artus mit seinen sprichwörtlichen Festen und die Lustbarkeiten der ganzen Welt nicht dafür eingetauscht hätten. Dazu setzt Gottfried allerdings eine oft zitierte Einschränkung: „Sie hätten für ein vollkommeneres Leben nicht eine Bohne gegeben, nur eine um ihre Ehre" (v. 16875 ff.). Was meint hier 'Ehre'? Doch wohl die Zuwendung, die das Paar von Dritten empfängt. Ihr Fehlen wirft jedenfalls einen Schatten auf das Glück. Der Artus-Ersatz wird in der zweiten Lustortschilderung dann ausgebreitet. Das Liebespaar bildet für sich schon eine *getriuwe massenie* (v. 17139), eine aufrichtig verbundene Hofgesellschaft. An die Stelle der Dienerschaft tritt eine feudalisierte, wetteifernd dienstfertige Vogelschar. Darüber hinaus ist wieder die Minne der Liebenden selbst „ihre Hochzeit, der Goldglanz über ihren Freuden" (v. 16896 f.), das Fest wird zur Feier der Natur. Aber die Kategorie 'Ehre' kann die Natur allein nicht einbringen. So wird im Speisewunder die vollkommene Zweieinigkeit des Paares nach innen bestätigt, im Gesellschaftswunder aber das Fehlen der menschlichen Sozietät nach außen als Mangel vermerkt, dem freilich auch eine Artusgesellschaft nach den bewährten literarischen Mustern nicht abhelfen könnte. Es ist dies der Mangel, der die Liebenden schließlich auch wieder in die unvollkommene Gesellschaft des Marke-Hofes mit ihrer Scheinehre zurücktreibt.

Die Lebensform des Paares wird in diesem Abschnitt rein abstrakt und spekulierend vorgeführt. Eine konkrete Füllung des Wunschlebens folgt erst nach der großen Grotten-Auslegung. Tristan und Isolde vergnügen sich dann, wie es in der höfischen Freizeitkultur Usus ist. Der dritte Lustort zeigt das Paar beim Morgenspaziergang. Spazierengehen ist ein höfisches Zeremoniell, das meist als Gruppenveranstaltung inszeniert wird. Es folgt weiter die Beschäftigung mit Literatur. Die beiden tragen sich antike Liebesgeschichten vor „von denen, die vor ihrer Zeit durch Liebessehnsucht zugrunde gegangen waren" (v. 17185 f.). Genannt werden die Namen von fünf Frauen, die durch entfesselte Leidenschaft, durch Inzest und staatsgefährdende Liaison, in den Selbstmord getrieben wurden und denen Tristan und Isolde jedenfalls das Glück der erfüllten Liebeseinheit voraushaben. Die Liebenden verdammen diese Beispielfälle eines schulmäßigen Abschreckungskataloges nicht (Quelle ist der Mythologe Hyginus, *Fabulae*, S. 151), sondern bringen ihnen ihre Sympathie entgegen. Es gibt keinen Anlaß, dem Autor hier eine kritische Haltung zu der auf ein trauriges Ende zusteuernden Tristanliebe zu unterstellen. Auch die Situation des *Tristan*-Lesers wird so reflektiert, der gemäß dem Prologprogramm selbst in die Leidfreude unerlöster Minne verstrickt ist und in den Augenblicken der Muße am Beispiel der Romanhelden Trost und Aufrichtung findet. Später folgt noch die Jagd, der sich Tristan mit dem zur Lautlosigkeit dressierten Minnehund Hiudan hingibt, ausdrücklich ohne den Zwang der Nahrungssuche, die in den früheren Fassungen Tristans weidmännische Künste motivierte. Die Passage ist konstruiert als Kontrast zur Jagd Markes, die sich bereits auf die Verbannten zubewegt.

Ein völlig unbedrohtes Einssein der Liebenden gibt es nur im Schutz der Grotte. Die Kurzweil im Grotteninneren ist zwischen das Geschichtenerzählen und die Jagd eingebettet. „Wenn sie die Geschichten dann vergessen und zu sich selbst kommen wollten, glitten sie in ihre Klause und griffen wieder nach dem, woran sie ihre Lust restlos erkannten. Sie ließen ihr Harfen und Singen erklingen, sehnsuchtsvoll und süß" (v. 17200 ff.). Die Leichs und Noten der Minne, die mit Zungen und Händen geübt werden, bleiben nicht Literatur. Die Aufführung von Lyrik in ihrer anspruchsvollsten mittelalterlichen Gattung ist Metapher des Minnespiels selbst, der *ars amandi*. Dieser personalen Erfüllung, in die noch in der Verschmelzung das Sehnsuchtsgesetz eingezeichnet ist (als Grenze, nicht als Leid), kann nach der Petitcreiu-Probe nicht der Makel der ästhetischen Täuschung, des bösen Scheins, nachgesagt werden.

Mit der personalen Erfüllung geht einher die Erfüllung des objektiven Grottengesetzes: „Auch lautete jeder der Klänge, Harfe und Gesang, wenn sie sich zum Einklang verbanden, so selig da drinnen, wie es der beseligenden Göttin Minne mit der Benennung dieser Klause treffend zugesagt war: *la fossiure a la gent amant*" (v. 17218 ff.). Tristan und Isolde werden so in den Scheitelpunkt eines weitgespannten Geschichtszusammenhangs versetzt. Er reicht von der Anlage der Minnehöhle zur Riesenzeit über die sagenhafte Ankunft der Trojaner in England unter Corinaeus, dem Heros eponymos von Cornwall. Tristan und

Isolde übertreffen die mythische Vorgeschichte und die Antike, wie sie Artus übertreffen, den britannischen Geschichtshelden des Mittelalters: „Was man aber von der Grotte an alten *aventiure*-Geschichten bis dahin erzählt hatte, das wurde an ihnen erst Wirklichkeit. Minne, die wahre Wirtin, hatte jetzt erst darin zu ihrem Spiel gefunden. Was früher dort geübt wurde an Kurzweil und Spiel, das kam nicht bis zu diesem Ziel. Es war in seiner Absicht nicht so klar und rein, wie ihr Spiel da war miteinander" (v. 17225 ff.).

Die Grotte als Ort großer Liebe ist ein symbolischer Raum, zu dem schon die antike Literatur exemplarische Gestaltungen kennt: Kalypsos Grotte in der *Odyssee*, Didos Höhle als Zufluchtsort vor dem Gewitter in der *Aeneis* usw. Der mittelalterliche Venusberg erfüllt eine vergleichbare Funktion. Auch die *Tristan*-Fabel kennt Höhlen genug. Diarmaid und Grainne nächtigen auf ihrer Flucht in Grotten, Tristan und Isolde im Morois in Laubhütten, Beroul erwähnt den „schönen Keller" (v. 3017). Die prähistorische Riesenhöhle taucht zuerst bei Thomas auf, hat aber in archäologischen Zeugnissen in Cornwall reale Entsprechungen.

Thomas erzählt noch von einer weiteren Grotte, dem sogenannten „Bildersaal", im Schlußteil des Romans, der bei Gottfried fehlt. Nach der Trennung von der Geliebten und der juristisch, aber noch nicht sexuell vollzogenen Eheschließung mit Isolde Weißhand läßt sich Tristan im Riesenland eine Höhle einrichten. Er bevölkert sie mit realistisch täuschend verfertigten Figuren aus Metall und Edelsteinen. Isolde ist in der Abschiedspose bei der Überreichung des Ringes festgehalten. Sie steht auf einem Schemel in Gestalt des verräterischen Zwerges und triumphiert wie das Apokalyptische Weib über den Bösen Feind der Minne. Sie ist flankiert von Petitcreiu, das den Kopf schütteln und mit der Schelle klingeln kann, und von Brangäne, die eben den Minnetrank reicht. Die Gestalt des unterworfenen Riesen, des Landesherrn, hält in Drohgebärde und nackt vom Nabel abwärts Wache. Am Eingang umschlingt ein Löwe den verräterischen Truchsessen. Diese Erinnerungsbilder des früheren Lebens, mit denen Tristan einen ritualisierten Umgang pflegt, bilden ein irrationales Arrangement, das sich von der tatsächlichen Handlung des Romans entfernt und in seiner Semiotik zu deuten wäre.

Wiederum einen ganz anderen Liebesinnenraum überliefern die Episodengedichte der *Folies Tristan*. Tristan nähert sich hier der Geliebten nach der Trennung in der Rolle des Narren. Er tritt als Verehrer der Königin auf und amüsiert Marke und die Hofgesellschaft mit seinen Anspielungen auf die Tristan-Affäre, in denen die Wahrheit als gewagter Scherz verkauft wird. Auf die Frage, wohin er mit der Königin denn zöge, wenn Marke sie freigäbe, antwortet der Narr: „Herr, dort oben in der Luft habe ich einen Saal als Wohnung. Er ist aus Glas gebaut, schön und weit. Die Sonne erfüllt ihn mit ihren Strahlen. Er schwebt in der Luft zwischen den Wolken, kein Wind läßt ihn erbeben oder stürzen. In dem Palast ist ein Zimmer aus Kristall und Marmor..." (*Folie d'Oxford*, v. 299 ff.). Auch dieser Wolkenpalast des Narren ist ein Seelenraum. Während der Bildersaal der Erinnerung gehört, ist das Kristallzimmer in den Wolken eine strahlende

Glücksphantasie. Beides sind Träume des nicht mehr oder noch nicht (vielleicht niemals) Wirklichen. In der Minnegrotte wird der Traum gegenwärtig erfahren; welcher Realitätsstatus ihr zukommt, ist gleichwohl schwer zu sagen.

Gottfried von Straßburg beschreibt seine Grotte so: Sie ist rund, weit, hoch aufsteigend, von schneeweißer Farbe, eben und glatt. Das Gewölbe wird gehalten von einem mit Metallverzierungen und Edelsteinen geschmückten Schlußstein. Der Estrich ist glatt und sauber, aus grasgrünem Marmor. In der Mitte des Raums erhebt sich auf einem Sockel ein aus Bergkristall geschnittenes Bett, das durch eine umlaufende Inschrift der Göttin Minne geweiht ist. Oben lassen drei zierliche Fenster das Tageslicht herein. Eine eherne Tür sichert den Eingang (vgl. v. 16703 ff.).

Diese Architektur mit ihrer opulenten Ausstattung ist im Hinblick auf die allegorische Auslegung konstruiert, die Gottfried später in der kostbaren Fassung seiner Disposition als formales und ideelles Kernstück dem Publikum darreicht: „Nun laßt es euch nicht verdrießen, wenn ich euch entschlüssle, mit welcher tieferen Bedeutung die Höhle in dem Stein ersonnen und ausgeführt war" (v. 16923 ff.). Was Gottfried hier unternimmt, ist bis dahin ohne Beispiel: Die Allegorie, Denkform und Methode, die das Mittelalter in Jahrhunderten herausgebildet hat, um auf der sinnlich erfahrbaren Welt seinen geistigen Kosmos aufzubauen, die gelehrte Praxis, nach welcher die Bibel gedeutet und die antike klassische Literatur mit Werken wie Platons *Timaios* und Vergils *Aeneis* ausgelegt wird, erhält hier in einer breiten, kunstgerechten Ausführung ihren Platz in einem deutschen höfischen Roman. Sie wird so später in den anspruchsvollsten Beispielen der Gattung erscheinen. Aus konkreten Elementen der Grottenarchitektur wird über punktuelle Analogien (*similitudines*) zu geistigen Entitäten ein ideelles Gebäude rechter Minne aufgeführt.

Die Rundheit der Grotte bedeutet die „Einfalt" (inneres Einssein, *simplicitas*) der Minne, die ohne Winkel, frei von Betrug und Hinterlist, sein muß. Die Weite bedeutet die Kraft der Minne, und die ist grenzenlos. Die Höhe meint die Begeisterung, die hinauf in die Wolken fliegt. Nichts ist ihr zu viel, wenn sie sich zu den Tugenden erheben will, die im Metallguß auf dem Schlußstein abgebildet sind.

Dabei wird folgendes leicht übersehen: Wenn Gottfried so aus den materiellen Details der Grotte geistig-seelische Qualitäten herauswickelt, stellt er nicht einen lockeren Katalog zusammen, sondern eine Wertlehre der Minne, in der man eine bestimmte Ordnung erkennen kann. Diese umfaßt verschiedene personale Bereiche und ist offensichtlich als Prozeß entworfen. Einheit des Sinnes, ohne jeden täuschenden Vorbehalt, ist die apriorische Voraussetzung im einzelnen Liebenden und im Zueinander der Partner, damit Minne ihre Kraft überhaupt entfalten kann. Davon war die Rede zu Beginn der großen Seelenanalyse bei der Beschreibung der Trankwirkung: *sie wurden ein und einvalt, die zwei und zwivalt waren e* (v. 11716 ff.). Begeisterung führt nun die Liebenden nach oben. Nach der höfischen Minnelehre und den entsprechenden Maximen des Prologs (v. 187

ff.) ist Minne der Ursprung aller Güter und Quelle aller Tugenden. Wie dies zu denken sei, führt die Auslegung des Schlußsteins auf eigenwillige Weise aus.

Nicht daß der Liebende in seiner Begeisterung einem abstrakten Ideal nacheiferte. Es sind die gepriesenen Vorbilder der Minne, die ihn anziehen und nach oben führen. Gottfried beschreibt diesen Aufschwung in einer syntaktisch ausgreifenden Denkbewegung: Die Tugenden des Schlußsteins sind so mit Lob geschmückt,

daz wir, die nidere sin gemuot	daß wir, die wir kleinmütig sind,
der muot sich allez nider tuot	deren Anspruch sich ganz unten hält
und an dem esteriche swebet,	und am Estrich schwebt,
der weder swebet noch enclebet:	eigentlich weder schwebt noch festklebt,
wir kapfen allez wider berc	daß wir plötzlich ganz nach oben starren
und schouwen oben an daz werc,	und oben das „Werk" erblicken
	[das Kunstwerk des Steins, verweisend
	auf das Leben der Vorbilder]
daz an ir tugenden da stat,	– ein Werk, das an den Tugenden derer hängt
daz von ir lobe her nider gat,	und durch das Lob derer herunterwirkt,
die ob uns in den wolken swebent	die über uns in den Wolken schweben
und uns ir schin her nider gebent:	und uns ihr Licht herniedergeben.
die kapfe wir ze wunder an.	Die starren wir verwundert an,
hie wahsent uns die vedern van,	davon wachsen uns die Federn,
von den der muot in vlücke wirt,	von denen der Sinn flügge wird,
vliegende lob nach tugenden birt.	auffliegt und selbst wieder Lob im Gefolge
	von Tugenden gebiert.

(v. 16949 ff.).

Dieser Bewegung liegt das platonische Modell vom Seelengefieder zugrunde, das die Seele aus der Fesselung an die irdische Existenz, aus dem Leim der Sinne, befreit und an ihren himmlischen Ursprung zurückträgt. Den Weg weist die lichtförmig in die Welt emanierende Gottheit, die auch in den Brechungen des irdisch Schönen, so in den Werken der Kunst, aufstrahlt. Diese metaphysische Ästhetik wendet Gottfried aber auf die Beziehungen zwischen Menschen an. Als schön und emporziehend zeigt er das Lob gelebter Tugend, an dessen Verbreitung die Dichtung ihren Anteil hat. Nicht Ideen, beispielhaft Liebende sind analog den Heiligen der Kirche Leitbilder für die, die nach ihnen lieben.

Nach dem Aufstieg folgt der Vollzug vorbildlicher Minne. Die weiße, glatte Wand bedeutet die Reinheit, die Lauterkeit ohne Bosheit, die für die Innenbeziehung der Liebenden unermüdlich gefordert wird und unter den Bedingungen des Ehebruchs dem Urteil der Gesellschaft nicht konform sein kann. Der harte, grüne Marmorboden symbolisiert die Treue, das Kristallbett die Durchsichtigkeit und Makellosigkeit der Minne, dies wohl im Blick auf ihren Vollzug. In dem Bett schneiden sich Vertikale und Horizontale, die seelisch-geistige und die leibliche Dimension. Das paßt genau zu einer Auslegung der Tür auf die Liebesvereinigung. Sicherheitsvorkehrungen von außen her wie die Institution der *huote* werden zurückgewiesen, denn Betrug und Zwang können keinesfalls zum Lager der kristallenen Minne führen. Zwei Riegel aus Elfenbein und Zedernholz, Materialien des Hohenliedes, indizieren wieder die Reinheit. Gottfried wiederholt sich hier nicht und bezweckt auch keine subtilen Begriffsabgrenzungen. Er nennt die Werte, wo sie auftauchen im Prozeß der Liebe, und so erscheint die Reinheit in diversen Handlungsperspektiven.

Öffnen läßt sich diese Tür nur durch ein verstecktes Zäpfchen, das zu einer Vertiefung hinleitet, in welcher der Schließmechanismus einrastet. Eine Anspielung auf die Geschlechtsorgane ist sprachlich für die mhd. Wörter *heftelin* und *valle* erst in spätmittelalterlichen Texten belegbar. Der Zapfen ist aus Zinn und bezeichnet beständiges Bemühen, die Grube aus Gold und meint Gelingen. „Zinn und Gold sind hier sehr wohl angebracht. Sein Bemühen kann jedermann (jeder Mann) nach seiner Absicht führen, schmälern, breiten, kürzen, längen, freigeben, zwängen, so oder so, her oder hin, mit geringer Mühe wie Zinn, und damit wird auch nicht der geringste Schaden angerichtet." Den Ausschlag gibt aber auch hier wieder die Intention und so die ethische Qualität des körperlichen Vollzugs: „Wer aber in rechtem Gutsein seine Gedanken auf die Minne richten kann, den trägt wahrlich dieser Griff aus Zinn, dem billigen Material, zu goldenem Gelingen, in dem sich Liebe glückhaft ereignet (*ze lieber aventiure*)" (v. 17043 ff.).

Schwer zu verstehen ist der Sinn der drei Fensterchen: Gutsein, Demut und Disziplin lassen die Ehre ein; diese erhellt als beseligender Glanz die Grotte weltlichen 'Abenteuers'. Offensichtlich wird so der innere *aventiure*-Aspekt nach außen gewendet. Als Antwort auf die vorbildliche Haltung der Liebenden wird die Reaktion einer teilnehmenden, wohlwollenden Gesellschaft konzipiert. Wieweit dies überhaupt möglich ist, bleibt hier offen. Es wird aber gedacht und ausformuliert. Die negative und zerstörerische *aventiure* der Bärenfalle wie das Gesetz der schnell wechselnden Fortuna scheinen in dieser *aventiure* ihren positiven Gegenentwurf zu finden.

Der Felsgürtel um das Tal zeigt schließlich, wie schwer diese vollkommene Minne zu verwirklichen ist (Gottfried tritt gleichsam rückwärts aus seinem Idealraum der Liebe heraus): „Sie logiert in der Wildnis. Zu ihrer Einsiedelei ist der Weg mühsam und hart. Die Berge liegen rundherum mit vielen beschwerlichen Krümmungen, ein Irrgarten kreuz und quer. Die Wege gehen auf und ab für uns Märtyrer alle, mit Felsen so dicht übersät! Wenn wir dem Pfad nicht ganz genau folgen, wenn wir an einem einzigen Tritt fehlgehn, kommen wir niemals mehr heil zurück" (v. 17078 ff.).

Gottfrieds Exegese der Grotte und ihrer Umgebung wäre in dieser Form ohne das Vorbild der geistlichen Auslegungstradition auf der Ebene des moralischen Schriftsinnes nicht möglich. Die allegorische Deutung des Kirchengebäudes wie der Sänfte Salomons im Hohenlied (3,7) auf die gläubige Seele, ebenso die geistliche Wegallegorese, liefern Methode und Materialien für die Errichtung von Gottfrieds Minnegebäude. Minne wird so mit Hilfe geistlicher Schemata konzipiert und beschrieben. Sicher bringt dies Züge einer Aufwertung, ja „Sakralisierung" der Minne in Richtung auf eine Art „Minnereligion" mit sich. Doch bedeutet dies keine programmatische oder gar polemische Neuerung Gottfrieds, eher eine Vertiefung bekannter Verfahren. Höfische Liebe arbeitet schon immer mit geistlichen Kategorien, etwa im Frauenkult der Minnelyrik. Sie zieht diese an sich, ohne damit schon mit der geistlichen Denkform und ihrem Anspruch zu konkurrieren. Zu Gottfrieds Auslegungsverfahren bieten französische Minneallegorien mit ihren Palästen in amöner Landschaft, die wie die Grotte Punkt für Punkt ausgelegt werden, eindrucksvolle Parallelen, unabhängig von den Problemen direkter, philologisch nachweisbarer Kontakte.

Landschaft, Grotte und Grottensinn sind nun aber der Tristanminne im Zusammenhang von Gottfrieds Roman zuzuordnen. Dort bezeichnen sie einen Zustand der Entrückung aus der Hofwelt und ihrer unseligen Ehebruchskonstellation. Die Entrückungsfigur hat mythologische Wurzeln in den keltischen Quellen des Stoffes mit ihren Jenseitsreisen („aitheda") und ihren Aufenthalten der Helden im Feenland. Diese Räume werden im höfischen Roman des Mittelalters auf die verschiedensten Arten, oft mit gleitenden Übergängen in die Topographie der Erzählung eingegliedert. Gottfrieds episches Konstrukt der Grottenepisode nähert sich als Ganzes der Allegorie. Aus einem Exegese-Kern heraus strahlt die allegorische Sinnerwartung in alle Details der Szene. Anders als bei Thomas bezeichnet der Felsengürtel um das Tal, der wie das Zentrum ausdrücklich gedeutet wird, eine raumsemantische Grenze, die einem Bruch zwischen den Wirklichkeitsebenen gleichkommt. Raum und Zeit der Romanhandlung sind jenseits dieser Grenze angesiedelt, auch wenn die Figuren sie überschreiten.

Daran lassen Gottfrieds Bekenntnisse in der Autorrolle keinen Zweifel. Er selbst will das wunderbare Leben an jenem Ort erfahren haben. Während er des Speise- und Gesellschaftswunders teilhaftig wurde, blieb ihm die Idealität im Innern der Grotte versagt. All seine Anstrengungen seien ohne das glückliche Ende (*aventiure*), ohne den Erfolg der letzten Erfüllung geblieben. Auch er habe sich auf die Minnejagd begeben, aber nie den Bast, die kunstvolle Zerteilung des Wildes, gesehen. Auch er sei durch die Tür der Grotte gelangt, habe aber nie auf dem Kristallbett geschlafen. In wildem Tanz habe er den Marmorfußboden zertreten, Wand und Schlußstein betrachtet, durch die Fenster das Sonnenlicht ins Herz fallen sehen, aber mehr nicht. „Seit meinem 12. Lebensjahr habe ich die Grotte immer wieder erkannt und kam doch nie nach Cornwall" (v. 17136 ff.).

Die so erreichte Wirklichkeitsbrechung ist subtil. Die allegorische Grenze markiert den Übertritt in einen geistigen Raum, der aber nicht von vornherein als rein geistig abgetrennt ist, er beschreibt vielmehr Entrückung als 'reale' Erfahrung. Entrückung aus Raum und Zeit in einen innersten Seelenbezirk erscheint 'real' möglich. Sie wird zu einer der Positionen im Gesamtbild der Liebe als Passion. Der Ausstieg aus der geschichtlichen Welt und der Übertritt in diesen Entrückungsraum der Seele steht seit Urzeiten allen leidenschaftlich Liebenden immer und überall offen. Allerdings werden dann wieder Stufen der Idealität aufgebaut, die geschichtlich verschieden einzulösen sind und von den Liebenden selbst im Prozeß ihrer Minnezeit gewonnen und verspielt werden können. Vergangene Liebesschicksale bleiben dabei in der Erinnerung aufbewahrt, insofern ist dieses Heraustreten aus der Geschichte nicht gedächtnislos.

Vergleichbares gilt auch für den Gesellschaftsbezug. Die Entrückung aus der Gesellschaft gelingt nur im Innersten der Grotte, und selbst dort ist sie nicht restlos und auf Dauer möglich. *Ere* fällt als Licht durch die Grottenfenster; die Wendung der Liebenden nach draußen setzt als komplementären Bezug die *ere* in ihr Recht. Am Lustort ist die gesellschaftliche Kategorie der *ere* durch ihren Mangel präsent. Ersatzgesellschaften werden in der Natur und in der Kunstwelt der Liebesgeschichten hereingeholt. Bei all dem läßt die anthropologische Entrückungsfigur, so wie Gottfried sie zeichnet, keinen eigentlich gesellschaftskritischen Akzent zu. Die Liebenden fliehen nicht in eine ästhetische Scheinwelt. Sie leisten auch keine Negation der konkreten Gesellschaft als Rückzug in den Garten der Liebe. Ein programmatischer Exodus aus dem patriarchalen *huote*-System in den geheiligten Bezirk der Großen Göttin ist ihnen nicht nachzusagen. Sicher votiert hier Gottfried für eine Lebenserfüllung, die nicht in der ritterlichen Leistungs- und Konkurrenzwelt errungen wird; aber das wird auch an anderen Stellen des Romans deutlich genug gesagt. Die Möglichkeit einer Wendung aus der Gesellschaft in den entrückten Du-Bezug verhindert hier gerade konkrete Gesellschaftskritik und macht sie zum Anliegen des Interpreten, der sich klüger weiß als der Text.

Die Eigenart dieser Figur bedingt auch die Notwendigkeit einer Rückkehr in die Gesellschaft. Es fehlt für den Grottenaufenthalt jede konkrete Zeitvorstellung. Er könnte länger dauern oder auch nur kurz, wenige Tage. Indem so der Zeitfluß aufgehalten wird, kann man die Rückwendung in den früheren Zustand auch nicht der Fortuna zuschreiben, deren Regiment ja auf Zeit und Geschichte angewiesen ist. Diese Rückkehr in die Welt wird durch die kompositorische Verschränkung und die allmähliche räumliche Durchdringung der Sphären gestaltet. Nach der Grottenallegorese führt das Jagdvergnügen Tristan bis an die Grenze des äußeren Ringes hinaus und umgekehrt Marke auf die Grotte zu. In einem fremdartigen Hirsch jagt der König gleichnishaft das vereinte Liebespaar. Sein Oberjäger stößt bei der Verfolgung des Tiers schließlich auf die Spur, die das Paar soeben bei seinem Morgenspaziergang durch das taufeuchte Gras gezogen hat. Die vierte und letzte Lustortschilderung, die das Thema nur pompös zu variieren scheint, erhält hier unter dem Zeichen der Entdeckung ihren eigenen, ironisch gebrochenen Charakter.

Der Jäger findet den Weg zur Grotte. Dann blickt auch Marke durch ein Fenster auf die Liebenden, die ein blankes Schwert zwischen sich gelegt haben. Dies ist ein Relikt aus der Stufe des Stoffes, auf welcher der Mann dem Liebeszauber der Frau nur widerstrebend gehorchte und ihr die körperliche Erfüllung der Liebe verweigerte. Gottfried läßt Tristan, der durch den Jagdlärm aufgeschreckt ist, auf diese Weise mögliche Späher täuschen. Damit dringt Angst und

Verstellung ins Innere der Liebesgrotte ein. Das setzt nicht den Minnewert der Allegorese zwischen den Partnern außer Kraft, aber nach außen treten Sein und Anschein wieder auseinander. Statt des Sonnenlichts idealer Ehre fällt Markes Blick begehrlich auf Isoldes Schönheit. In der Richtung nach unten, auf die Sinnenwelt gerichtet, erlebt er den schönen Schein als verführerischen Reiz. Von der als Dirne aufgeputzten und geschminkten Minne, der pervertierten Doppelgängerin der Grottengöttin, wird Marke entflammt und dazu angestachelt, das Paar wieder an seinen Hof zu ziehen.

So ist die Idylle in ihrem Innersten zerstört, noch bevor Tristan und Isolde sie verlassen haben. Warum aber tun sie das freiwillig? Marke hat den Weg geebnet, das Paar öffentlich exkulpiert. Der eilig einberufene Rat hat „nach Art der Weisen" geredet, was der Herr hören wollte. „Das erschien den Liebenden gut, und sie wurden in ihrem Herzen froh. Die Freude empfanden sie aber sehr viel stärker in Hinblick auf Gott und ihre Ehre [in der Marke-Gesellschaft!] als auf etwas anderes, das einmal wirklich geworden war. Sie machten sich auf den Weg zurück in ihre gesellschaftliche Position (*herschaft*) wie früher. Sie kamen sich aber niemals mehr, so lange sie lebten, so innig nahe, wie sie es einmal waren, noch fanden sie später zu ihren Freuden so günstige Gelegenheit wie zuvor" (v. 17694 ff.).

Das klingt befremdlich. Man hat hier für Gottfried die möglichen Deutungsextreme durchgespielt. Entweder stellt er nun doch die gesellschaftliche und religiöse Norm über die Minne; oder er läßt die Wertwelt der Grotte bestehen und schiebt dem Liebespaar die Umorientierung als Versagen zu; oder er entscheidet sich für überhaupt keine Hierarchie und wechselt, indem die Geschichte weitergeht und die Figuren sich pragmatisch verhalten, indifferent zwischen den Wertsystemen hin und her. In der Tat verschleiert der Erzähler eine klare Motivation der Betroffenen. Sicherlich reagieren Marke mit seiner Entscheidung und das Paar mit seiner Freude darüber pragmatisch auf die Umstände, dies aber, als die einmalige „Gelegenheit" bereits verstrichen ist. Der Suspens ist aufgehoben, die alten gesellschaftlichen Rollen warten wie vorher. Mit ihnen kommen auch die alten Normkonflikte wieder ins Spiel, zwischen denen Gottfrieds Darstellung oszilliert. Der Ausstieg aus Raum und Zeit in die ausschließliche Minnebezogenheit ist wie die *unio* der Mystiker nicht von Dauer. Gottfried sieht in der Entrückung nach innen keine Konfliktlösung und keinen Weg zu einem glücklichen Ende.

Literaturhinweise und Diskussion

Zur reichen Forschung sei allgemein auf Bibliographien, Forschungsberichte und Kommentare verwiesen. Fachgeschichtlich und individuell unterschiedliche methodische Zugänge repräsentieren die Literaturgeschichten von RUH (Bd. II, 1980, S. 237 ff., Aufbauschema, S. 238) und BERTAU (Bd. II, 1972, S. 953 ff.; 1983, S. 156 ff.).

Eilharts Waldleben und Gottfrieds Minnegrotte vergleicht MIKATSCH-KÖTHNER (1991), S. 67-89. – Den Anschluß an das Vorausgehende analysiert im Hinblick auf Erzählmotivation und Kohärenz in beiden Versionen SCHULTZ (1987 b). – Den Aufbau der ganzen Passage arbeitet zuerst GRUENTER (1957) heraus. Von ihm stammen auch die grundlegenden Untersuchungen zu Gottfrieds *locus amoenus* (im Anschluß an Ernst Robert CURTIUS; besonders 1961); man vergleiche weiter die Monographie von THOSS (1972). Mit der Toposforschung ist das Thema aus dem Interessenfeld der Forschung getreten. – Die säkular-typologische Geschichtsstruktur der Szene versteht WOLF (1974) im Sinne einer Überbietung der Antike (S. 101-111; parallel zum gestaffelten Inspirationsanruf im Literaturexkurs).

Die Motivik des Speise- und des Gesellschaftswunders erläutert WESSEL (1984), S. 509-516. – Die Brüchigkeit der Idylle im Gesellschaftswunder wird allgemein betont. Die Gesellschaftsferne des Grottenlebens interessierte die sozialgeschichtliche Germanistik der 60er/70er Jahre. PETER (1968) behauptet die Negation gesellschaftlicher Realität. WELZ (1971) setzt das Grottenleben gegen Hartmanns von Aue *Joie de la Curt*-Episode mit ihrer patriarchalen Eingliederungstendenz als Gegenentwurf ab. Dagegen bescheinigt BÜSCHEN (1974, bes. S. 123 ff.) der Passage evasive Tendenzen. – Anders stellt TOMASEK (1985) den Utopiecharakter heraus, der durch die Einführung des *êre*-Begriffs relativiert erscheint.

Zum literarischen Motiv der Liebesgrotte und zu prähistorischen Zeugnissen (keltische unterirdische Bauten) sammelt Belege OKKEN in seinem Kommentar (²1996, I, S. 588 ff.). Den Bildersaal des Thomas deutet MERTENS (1995) als Symbol für die Innenwelt Tristans, der so eine narzißtische Ersatzbefriedigung suche; breiter zu mittelalterlichen Bildkunstwerken mit Memorialfunktion RUBERG (1998). Zum Kristallpalast der *Folie* PAYEN (1981).

Zu Gottfrieds Grotten-Auslegung setzte den forschungsgeschichtlichen Meilenstein in einer Akademieabhandlung RANKE (1925), der den Einfluß der theologischen Tradition der Allegorisierung des Kirchengebäudes nachwies. Elemente aus der *Hohelied*-Exegese steuerte SCHWIETERING (1943) bei. Die Materialien der exegetischen Tradition erschließt am reichsten ERNST (1976), doch wäre von den vorgegebenen Auslegungsinhalten (nach dem Schriftsinnmodell) Gottfrieds säkularisierende Sinngebung deutlicher abzusetzen. Die Entsprechungen zu den allegorischen Liebesparadiesen in der französischen Literatur des 13. Jahrhunderts brachte KOLB (1962) ins Gespräch.

Eine Auslegung des Türmechanismus auf den Geschlechtsakt schlug BETZ (1969) vor. Den Beleg zur Gleichung *valle/vagina* widerlegt JAEGER (1978). NELLMANN (1999) wendet ein, die Mechanik des nicht frei beweglichen, sondern mit der *valle* verbundenen *heftelin* widerspreche einer sexuellen Auslegung, er rekurriert daher auf die genannten Tugenden der *andâht* und der *rehten güete* (vgl. v. 17044; 17052). Gegen das Argument spricht, daß Gottfrieds Konstruktion mit einem bleiernen Griff ohnehin nicht realistisch sein kann und die sexuelle Ebene gut in das Gesamtkonzept paßt.

Die Frauenschicksale im Lektüreprogramm des Paares wurden ausführlich von Ovid dargestellt (vgl. den Kommentar von OKKEN, [2]1996; zu ihrem Auftauchen bei Hyginus in einer Reihe von Selbstmörderinnen KNAPP (1979, S. 257 f.). Die Beispielfiguren weisen voraus auf den Liebestod der Protagonisten, ihr Schicksal impliziert aber keine Verdammung der Tristanliebe (HUBER 1996, S. 137 f.)

Markes Eindringen in den Lustort verbunden mit dem Auftauchen des wunderbaren Hirsches erhellt RATHOFER (1966); vgl. auch ERNST (1976), S. 52 ff. Das Problem der Rückkehr der Liebenden an den Hof interpretiert als schuldhaftes Versagen nach der so verstandenen „Krise" des Artusromans nicht überzeugend HERZMANN (1975).

9. Heilsgeschichte der Minne in den Exkursen

An den Hof zurückgekehrt, leiden Tristan und Isolde unter dem Zwang der *huote* wie nie zuvor. Bevor sie alle Vorsicht fahren lassen und die Katastrophe der Entdeckung heraufbeschwören, schiebt Gottfried einen umfangreichen Minne-Exkurs ein (mit gleitendem Übergang ab v. 17848). Dieser schließt sich mit zwei früheren Exkursen, der sogenannten „Minnebußpredigt" und der Grottenallegorese, thematisch und systematisch zu einer Einheit zusammen. Gottfried begleitet seine Erzählung durchweg mit mehr oder weniger ausführlichen Kommentaren, die punktuell auf die Situation oder begrenzte Handlungsabschnitte bezogen sind. Die drei Minne-Exkurse aber setzen sich wie der Prolog davon ab; sie lösen sich aus dem Erzählkontext und richten sich unmittelbar an die Welt des Autors und seines Publikums; sie bilden so ein selbständiges Reflexionsgewebe, das zur Erzählhandlung in spannungsvolle Distanz tritt. Der Autor legt damit in seinen Minneroman, den er aus dem Französischen weitgehend eng an der Vorlage übersetzt, einen selbstverantworteten spekulativen Entwurf hinein, der neben der Erzählung als Hauptleistung seiner Dichtung bestehen kann.

Nach der zeitkritischen „Bußpredigt" und der zeitentrückt idealisierenden Grottenauslegung ordnet der *huote*-Exkurs die theoretischen Aspekte in eine übergreifende Heilsgeschichte der Minne ein, die vom Sündenfall bis zu dessen Wiedergutmachung reicht und alle historischen Bezüge, einschließlich der Romanhandlung und der Gegenwart des Autors, umspannt. Mit dem Sündenfall bringt Gottfried den Dreischritt des jüdisch-christlichen Geschichtsdenkens und seiner säkularisierten Ableger ins Spiel: Im Rückblick auf einen anfänglichen paradiesischen Zustand wird die Gegenwart als gefallene Welt beschrieben und für die Zukunft die Wiederherstellung der menschlichen Integrität erwogen. Diese Trias verbindet als Denkfigur alle geschichtsrestaurativ oder utopisch ausgerichteten Dichtungen des Kulturkreises.

Wir lassen uns im folgenden von der gedanklichen Bewegung des *huote*-Exkurses leiten. Zuerst ist in zeitkritischem Ton von der Wirkung der Bewachung auf die Psyche der Frau die Rede. Die *huote* ist das böse Unkraut, das in der weiblichen Seele Wurzeln schlägt und sie von innen her verdirbt, gerade wenn sie dort guten Boden findet. Als seelische Wirkung meint dies den *angenden zorn* (v. 17862), die bedrängende Zerrissenheit des Gemüts, die Entzweiung der Frau mit sich und der Welt. Von ihrem Ergebnis her ist die *huote* ohnehin verfehlt. Eine Frau wird immer Mittel und Wege finden, ihre Bewacher zu täuschen. Das Verbot bietet gerade den Anreiz zur Übertretung. So wird dem klugen Mann geraten, keine andere *huote* zu üben, als die Frau „zu unterweisen und zu lehren" und sich ihr „zärtlich und gütig zuzuwenden" (vgl. v. 17902 ff.). Diese Lehrer-

und Betreuerrolle läuft schließlich auf eine vollkommen wechselseitige Bindung hinaus: „Ein rechtschaffener Mann, der erst einmal zu einer wirklich männlichen Haltung gefunden hat, soll seiner Frau vertrauen und damit auch sich selbst, daß sie jede Art von Maßlosigkeit aus Liebe zu ihm unterlasse" (v. 17911 ff.).

Von hier greift Gottfried geschichtlich zurück und erklärt die Aufmüpfigkeit der Frau gegen Verbote aus dem Sündenfall Evas. „Genau diese Distel und dieser Dorn [die innere Zerrissenheit], bei Gott, der ist ihnen angeboren. Die Damen, die so veranlagt sind, die sind Töchter ihrer Mutter Eva. Die brach das erste Verbot. Ihr stellte unser göttlicher Herr Obst, Blumen und Gras zur Verfügung, alles was im Paradies war, daß sie damit täte, wozu sie Lust und Willen hätte, außer einem, das er ihr verbot auf Leben oder Tod. Die Theologen erzählen uns, daß es die Feige gewesen sei. Das brach sie und brach Gottes Gebot und verlor damit sich selbst und Gott. Ich bin immer noch fest davon überzeugt, Eva hätte das nie getan, wenn man es ihr nie verboten hätte. Mit der ersten Tat, die sie selbständig beging, legte sie so den Keim für ihre Natur, nämlich genau das zu tun, was ihr verboten wurde. Wenn man aber die Lage genau betrachtet, dann hätte Eva sehr wohl auf dieses eine Obst verzichten können. Sie hatte doch alle anderen miteinander zur völlig freien Verfügung und wollte davon keines als ausgerechnet das, mit dem sie all ihre Würde (*ere*) verspeiste" (17931 ff.).

Diese Sündenfall-Paraphrase weicht von der Autorität der Bibel nicht unwesentlich ab. Gottfried zeigt sich zwar beschlagen in theologischen Sonderauslegungen, wenn er statt des üblichen Apfels die Feige als Sündenfall-Obst erwähnt. Er tut den Hinweis aber schnell ab, um zu seiner Interpretation zu kommen. In ihr eliminiert er den Teufel und reduziert er durch eine verhängnisvoll zwanghafte Verbotsmechanik die volle Verantwortung Evas für ihre Auflehnung gegen den Herrn. Eva wird zwar nicht ausdrücklich entschuldigt, aber im Vergleich zur gängigen Beurteilung ihrer Tat doch deutlich entlastet. Die Balance ist perfekt. Gottfried stellt sie als Dilemma hin, wobei Gott immerhin die patriarchale Rolle des Mannes in der bösen *huote*-Situation zugewiesen wird. Trotzdem dürfte hier keine kritische oder gar ketzerische Theologie beabsichtigt sein. Die Redeebene ist die einer personaltheoretischen Argumentation, die streng theologischen Aspekte sind ausgeschieden. Daß die Struktur der *Genesis*-Erzählung aus dem Denkraum der Theologie auf andere, philosophische oder psychologische Spekulation übertragen werden kann, ist für die Zeit auch sonst belegbar.

Drei Folgen zeitigt die Tat: Eva verliert (an erster Stelle!) sich selbst und sie verliert die Gnade Gottes wie ihre Würde vor den Menschen. Damit legt sie den Grund für ihre entzweite weibliche 'Natur'. Gottfried geht also nach antikem und mittelalterlichem Konsens von einer geschlechtsspezifischen Charakterstruktur der Frau aus. Aber er erklärt sie gerade nicht als immer vorgegeben, sondern als historisch geworden. So ist diese 'Natur' auch wieder aufhebbar, und zwar nicht durch einen transzendenten Eingriff, sondern in einer Art Selbsterlösung der Frau aus eigener Kraft. Dieser Prozeß wird in drei Stufen beschrieben.

Zunächst gelingt es der Frau, ihre Schwachheit zu überwinden, indem sie sich mit männlichen Qualitäten ausstattet. Sie erweist sich dem Mann als psychisch und moralisch ebenbürtig: „Denn eine Frau, die gegen ihre 'Natur' Tugend verwirklicht, die aus eigenem Antrieb gegen ihre Art ihr Lob, ihre Ehre und ihren Leib bewahrt, die ist nur dem Namen nach eine Frau und ist ein Mann in ihrer Gesinnung; der muß man auch gutwillig, mit Lob und Ehre, ihre ganze Lebensart anerkennen" (v. 17971 ff.). Sie stellt durch ihre moralische Leistung das Naturgesetz auf den Kopf: „Wo die Frau ihre Weiblichkeit und damit ihr Herz ablegt und sich das Herz eines Mannes einsetzt, da gibt die Tanne Honig, der Schierling Balsamduft, da tragen die Wurzeln der Brennesseln Rosen über der Erde" (v. 17979 ff.). Gottfried zitiert hier das Klischee der 'Frau mit männlichen Vorzügen', ein Leitbild, das für standhafte Jungfrauen, Matronen, Heilige, für politisch kämpfende Frauen von der Antike bis in die Neuzeit verbreitet ist. Seine Darstellung ist bis in die Bilder hinein traditionsgebunden. Während die Quellen aber bei dieser Lösung stehenbleiben, meldet Gottfried Kritik an. Die Verleugnung des Herzens kann nach allem, was der *Tristan*-Dichter zum Herzen als personaler Instanz gesagt hat, bei der Rehabilitation der Frau nicht das letzte Wort behalten.

Auf einer weiteren Stufe wird die Frau vielmehr beidem, ihrer Ehre wie ihrem Frausein, gerecht: „Das ist keine vollkommene Frau, die ihre Ehre für ihren Leib, ihren Leib für ihre Ehre vernachlässigt, auch dann wenn sie gute Gelegenheit hat, beiden zu entsprechen. Sie soll dann weder von dem einen noch dem andern abgehen, sondern beides wahren, in Freude und in Leid, wie es ihr zufällt" (v. 17997 ff.). Gottfried gibt so dem Prolog-Programm der Freude-Leid-Annahme auf der zweiten Stufe der Restitution seinen systematischen Ort. Wenn er diese Haltung dann als '*maze*' (v. 18010, 18013, 18019) bezeichnet, kann er in diesem Kontext nicht die Dämpfung der Sinnlichkeit meinen, wie sie die traditionelle Morallehre mit ihren Mäßigungsappellen predigt; er meint auch nicht ein höfisch-ästhetisches Ausgleichsideal; Gottfried denkt in den Bahnen des Aristotelischen Konzepts der 'mesotes', der rechten Mitte, die den adäquaten Weg zwischen den Extremen sucht. In der Denkbewegung des Exkurses ist dies die immer wache Konfliktbereitschaft, die den beiden entgegengesetzten Ansprüchen der Person den Umständen gemäß ihr Recht gibt.

So erreicht die Frau auf einer letzten Stufe in der Selbstannahme die verlorene Einheit der Person wieder.

Ezn ist al der dinge kein,	Es ist von allen Dingen,
der ie diu sunne beschein,	die je die Sonne beschien,
so rehte sælic so daz wip,	keines so richtig glückselig wie die Frau,
diu ir leben unde ir lip	die ihr Leben und ihre Person
an die maze verlat,	so zum Ausgleich bringt
	[*maze*, im Sinne der 'mesotes', schlägt hier
	in eine neue Qualität um],

sich selben rehte liebe hat;	daß sie sich selbst in der rechten Weise lieb hat.
und al die wile und al die vrist,	Und solange und insofern
daz si ir selber liep ist,	sie sich selbst lieb ist,
so ist der billich ouch derbi,	da ist es nur recht und billig,
dazs al der werlde liep si.	daß sie der ganzen Welt lieb sei.
ein wip, diu wider ir libe tuot,	Eine Frau, die gegen sich selbst handelt, .
diu so gesetzet ir muot,	die sich so einstellt,
daz si ir selber ist gehaz,	daß sie ihr eigener Feind ist,
wer sol die minnen über daz?	wer kann die dann noch lieben?
(v.18015 ff.)	

Gottfried macht somit die Norm der rechten Selbstliebe, die im christlichen Liebesgebot verankert ist und in der theologischen Diskussion ausgefaltet wurde, zum Schlüssel seiner Minneanthropologie. Nur die mit sich selbst versöhnte Frau ist fähig, in vollkommener Minne ihrem Geliebten zu begegnen und darüber hinaus die Minne der ganzen Welt herauszufordern. „Die begierig danach strebt, daß alle Welt sie minne, die minne zuerst sich selbst und zeige dann aller Welt die Spur ihrer Minne. Sind es reine Fußspuren der Minne, dann minnt alle Welt mit ihr" (v. 18045 ff.). Sie wird so für ihren Geliebten zum „lebenden Paradies", löscht die Sünde aus und schenkt Glückseligkeit in dieser Welt. „In diesem Paradies entspringt dem Ast, grünt und wächst nichts, als was das Auge gerne sieht. Es steht ganz in Blüte von weiblichem Gutsein. Dort reift kein Obst außer Treue und Minne, Ehre und Lob der Welt" (v. 18079 ff.).

Der Konflikt mit seinem Wechsel von Freude und Leid wird in dieser Perspektive zum Durchgangsstadium. Am Ende steht die Hoffnung auf ein leidfreies Dasein, die Vision einer Gesellschaft, in welcher der einzelne mit sich selbst, seinem Partner und der Allgemeinheit im Zeichen der Minne versöhnt leben kann. Das bleibt freilich utopischer Ausblick. Gottfried entwickelt ihn folgerichtig, seine Verwirklichung stellt er nicht dar, auch die Grottenszene formuliert diese Möglichkeit nur allegorisch.

Auf dem Erlösungsweg geht die Frau voran. An ihrer Rolle wird die geschichtliche Bewegung des Sündenfalls und seiner Überwindung aufgezeigt, der Mann hat daran teil. Die Bewegung wird vorgetragen als moralischer Appell, der, über die drei Stufen aufsteigend, einzulösen wäre. Nur eine Frau, die den Umständen entsprechend ihre Schwäche zu besiegen weiß, ist fähig, im Konflikt zu bestehen und zuletzt sich selbst recht zu lieben. An das Leserpublikum ergeht die Aufforderung, diesen Weg zur Seligkeit zu gehen. „Was wäre einem solchen Menschen Schlechteres widerfahren als Tristan und Isolde? Er bräuchte sein Leben nicht gegen das Leben eines Tristan tauschen" (v. 18094 ff.). Gottfried formuliert seine rhetorische Frage sehr vorsichtig. Stünden so glückliche Menschen hinter den Liebenden des Romans zurück? Suggeriert wird 'nein'. Sie würden nicht tauschen. Könnten sie jene sogar übertreffen? Läßt sich hier überhaupt rechnen, vergleichen, eine Rangfolge konstruieren, wo es um die Integration der Person geht, wo glückliche Menschen bei sich selber sind? An der Annahme des minnenden Paares durch die ganze Gesellschaft hat jedenfalls der *billich* als Schicksalsmacht einen unberechenbaren äußeren Anteil. Das utopische Glück ist keineswegs allein die Frucht eigener Leistung.

Nach diesem Entwurf könnte man schließlich versuchen, auch die Spannungen zwischen Handlungs- und Exkursminne im *Tristan* zu einem Ausgleich zu bringen. Tristan und Isolde gehen einen Minneweg als Fortschritt und Rückfall auf der theoretisch gezogenen Geschichtsgeraden. Nach den Möglichkeiten ihrer Minnezeit ist für sie die dritte Stufe nur als Einheit mit sich selbst und dem Partner erreichbar. Die Gesellschaft bleibt feindlich, Versöhnung scheint nur im Zustand der Entrückung, im Innersten der Grotte, als Sonnenlicht verheißungsvoll durch die Fenster. Sonst leben die Liebenden im Raum des Konflikts. Dort können sie auch hinter die erste Stufe einer beherrschbaren Sinnlichkeit zurückfallen. Unter dem Druck der *huote* wird Isolde gegen alle Vernunft und gegen das Gebot der Umstände ihrem Liebesverlangen nachgeben und den Freund um die Mittagsstunde in den Baumgarten bitten. Für diese unmittelbar folgende Szene hält Gottfried ausdrücklich die Analogie zum Sündenfall fest: Tristan nimmt wie Adam das Obst, das ihm seine Eva darbietet, und ißt mit ihm den Tod (v. 18126 ff.). Gegen diese integrierende Sicht könnte man grundsätzlich Widersprüche und Unausgeglichenheiten zwischen den Textebenen der Narration und des Kommentars geltend machen. Auch dann aber muß man die ausdrückliche Verklammerung im Text und den ingeniösen Syntheseversuch des Dichters an diesem Punkte würdigen.

Jedenfalls läßt der *huote*-Exkurs das Auf und Ab der Romanhandlung hinter sich. Indem er den Bogen zur Restitution schlägt, zeigt er über den Abbruch des Fragments und über das tragische Ende der Beispielfiguren hinaus die Richtung auf einen Heilsweg der Minne, in dessen Fluchtpunkt das Scheitern aufgehoben sein könnte.

Literaturhinweise und Diskussion

Die drei großen Minneexkurse (samt dem Prolog) liest als zusammenhängenden programmatischen Text zuerst URBANEK (1979). Der abschließende und wichtigste Block dieses Gebäudes, der sogenannte „*huote*-Exkurs" (nach der Handlungsanbindung; auch „Frauenexkurs" nach dem thematischen Schwerpunkt), wurde von der Gottfriedforschung lange Zeit kaum beachtet, noch KÜHN verbannt ihn in seiner Übersetzung (1991) neben zwei weiteren Digressionen in den Anhang (S. 630 ff.).

Den ersten grundlegenden Beitrag zu seiner Erschließung brachte HAHN (*Daz lebende paradis* 1963). Sie führte den Aspekt einer Minne-Heilsgeschichte ein, der später ausgebaut wurde. TOMASEKs (1985) mit Begriffen von Ernst BLOCH arbeitende Utopie-These wurde von der Forschung unterschiedlich aufgenommen, vermochte aber über Jahre hin die Gottfried-Diskussion zu bündeln. Unabhängig von der Problematik eines mittelalterlichen Utopiebegriffs scheint mir in der Verknüpfung von Sündenfall, gefallener Gegenwart und möglicher zukünftiger Wiederherstellung eine utopische Denkstruktur im Text des *huote*-Exkurses nicht abweisbar zu sein (vgl. HUBER 1988). Gegen das heilsgeschichtliche Interpretationsmodell neuerdings VOLFING (1998), vgl. unten.

Daneben wurden Ansätze entwickelt, die den Exkurs vor allem als Stilübung und Topensammlung verstehen und ein spekulatives Programm ablehnen (CHRIST 1977; SCHNELL 1984; GLENDINNING 1987). Es wurde dann Gottfrieds Kommentieren allgemein mehr punktuell aufgefaßt und auf bestimmte Anlässe in der Erzählung bezogen (vgl. die angelsächsischen Wortmeldungen von THURLOW 1982; HURST 1986; WHARTON 1990). In dieser Linie spricht Werner SCHRÖDER (Aussage 1993) dem Exkurs „die entscheidende Aussage des Dichters zu seinem Thema (falls er eins hatte)" (S. 44) ab und mahnt zur „Rückkehr zum Text" (S. 50). Dagegen hält SCHIROK (1994) in detaillierter Auseinandersetzung mit den Thesen von TOMASEK (1985), HUBER (1986; 1988) und SCHNELL (1992) den theoretischen Anspruch der Passage und ihre eminente Bedeutung für das Werkganze als Erkenntnisfortschritt fest.

Zum literarischen Hintergrund: Gegenüber der *huote*-Kritik des Minnesangs und des älteren höfischen Romans hebt sich Gottfried durch die Versetzung der Konstellation in den Rahmen der biblischen Urgeschichte ab. Erörtert wird, wieweit er hier mit der orthodoxen Theologie in Konflikt gerät. Mit der Paraphrase der Sündenfallgeschichte in einer mythologischen Parabel im *Planctus Naturae* des Alanus ab Insulis vergleicht Gottfrieds Verfahren HUBER (1988, S. 108 ff.). In der konventionellen Darstellung der *virago* (Frau mit männlichen Qualitäten, erstes der vorgeführten Weiblichkeitsbilder; zur Topik SCHNELL 1984) kann die wahrscheinlich direkte Verwendung der mittellateinischen *Poetik* des Matthaeus von Vendôme nachgewiesen werden (GLENDINNING 1987, S. 625 f.; HUBER 1988, S. 122 f.). Zum Hintergrund der theologischen Diskussion um die rechte Selbstliebe Hinweise bei TOMASEK (1985), S. 229-234.

Umstrittene Einzelheiten im Verständnis des Exkurses sind die Gliederung in zwei oder drei Weiblichkeitstypen bzw. Restitutionsstufen und ihr Verhältnis zueinander (v. 17967 ff. männliche, reine und selige Frau), weiter der von Gottfried hier entwickelte *mâze*-Begriff (v. 18010 ff.).

Ins Grundsätzliche führt die Frage nach der Einbettung des Exkurses. Dabei stehen nicht nur allgemein die Beziehungen von Exkursreflexion und Narration in Gottfrieds Roman zur Debatte, sondern auch Bewertungsfragen auf beiden Textebenen. Ein ausführliches Forschungsreferat bietet dazu SCHNELL (1992), S. 13 ff. Ich skizziere hier die wichtigsten Positionen, die zum Teil chronologisch parallel vertreten wurden.

1. Exkurse und Handlung galten lange Zeit als unvereinbar. Diesen Stand resümiert PEIFFER (1971); teils wurde ein durchgängiges Konzept überhaupt zurückgewiesen (voran in den rhetorisierenden Analysen), teils gerade auf der Ambivalenz als Konzeption bestanden (HAUG 1986; mit anderen Prämissen LANZ-HUBMANN 1989). Auf der Basis der Differenz wurden verschiedene Bewertungen von Exkurs- und Handlungsminne erwogen.

2.1. Gegenüber dem Erneuerungsprogramm der Liebe im *huote*-Exkurs stuft WISBEY (1980) die Minne in der Romanhandlung herunter. Gegenüber den vorbildlich Liebenden der Zukunft würden Tristan und Isolde zurückbleiben (vor allem Berufung auf v. 1809 ff.).

2.2. Im gleichen Jahr vertritt eine absichtliche, von vornherein geplante Widerlegung von Prolog- und Exkursprogramm durch die Erzählung STEIN (1980); die Diskrepanzen würden den Abbruch des Romans erzwingen. In diese Richtung tendieren auch BERTAU (1973) und dessen Schüler PESCHEL (1976) und MORSCH (1984).

3. Für eine hierarchisierende Synthese der Gegensätze votieren TOMASEK (1985, *huote*-Exkurs als Schlußstein des utopischen Entwurfes, S. 117 ff.), HUBER (1988, Zusammenfassung, S. 127 ff.) und SCHNELL (1992, Resümee, S. 55f.). Diesen Stand überdenkt SCHIROK (1994); er verwahrt sich gegen die Gleichschaltung der textlinguistisch unterschiedlichen Ebenen von Narration und Digression (Verweis auf Lizenzen in der literarischen Tradition der Kommentierung) und gegen eine Bewertung der Handlung in der normativen Optik der Exkurse. Setzt man im Anschluß an Schirok ein dialogisches Verhältnis der spannungsvoll aufeinander bezogenen Redeebenen an, bleibt ihre Integration als Aufgabe gewahrt.

4. Als jüngere Gegenposition sei ferner die These von VOLFING (1998) vorgetragen. Hier ist zu verfolgen, wie ein Sichtwechsel im Verständnis des *huote*-Exkurses Verschiebungen aller oben genannten Aspekte des Gesamtverständnisses im Schlepptau führt. VOLFING sieht in Gottfrieds Digression Anweisungen an die Leser für ein situationskluges Verhalten in der Ehebruchsliebe, im ersten Teil hauptsächlich an die Adresse des Gatten, im zweiten Teil an die Frau, die zum Widerstand gegen die Pressionen des Ehemanns und der Gesellschaft ermuntert werde. Damit ist die Minne-Heilsgeschichte ersatzlos gestrichen. (Im selben Jahr

baut Laurie JOHNSON, 1998, ihre Interpretation gerade auf dem typologisch-historischen Grundgedanken auf.) Die Sündenfallparaphrase sei lediglich ein Exempel für die Nutzlosigkeit der *huote*. Auch in der Entdeckungsszene werden die Sündenfall-Anspielungen nicht auf einen postlapsarischen Zustand des Paares bezogen. Die drei Bilder von Weiblichkeit im Exkurs meinten die gleiche zu ihrem Liebesverhältnis stehende Frau, nur unter verschiedenen Aspekten. Um den Glückszustand des *sæligen wîbes* zu erreichen müsse sich nicht die Frau, sondern die Gesellschaft ändern – so der Appell an das Publikum der edlen Herzen. (Daß der Text mit dem verlorenen Paradies und einem wiederzugewinnenden *lebende[n] paradis*, v. 18066 ff., auf jeden Fall eine geschichtsphilosophische Dimension aufbaut, wird nicht wahrgenommen.) Die Konsequenzen sind: Die Ehebruchsminne der Romanhandlung erhält so von Anfang an eine fundamental positive Wertung, die Ansprüche der Normalgesellschaft fallen ihr gegenüber als überholt zurück. Für unsere Übersicht bleibt als neue Position zu registrieren: Die Spannungen zwischen den Normentwürfen innerhalb der Erzählung wie im Verhältnis Handlung – Exkurse erscheinen zusammengebrochen.

10. Trennung der Liebenden und Fragmentschluß

Marke überrascht das Paar im Baumgarten: „Frau und Neffen fand er mit den Armen ineinander verflochten nah und eng, ihre Wange an seiner Wange, ihren Mund an seinem Mund. Alles was er sehen konnte, soweit es die Decke ihn sehen ließ, was über die Bettdecke herausragte am oberen Ende, ihre Arme und ihre Hände, ihre Schultern und ihre Oberkörper, die waren so nahe aneinander gepreßt und so verschränkt – selbst wenn man ein Bildwerk gegossen hätte aus Erz und aus Gold, es bräuchte und könnte niemals besser gefügt sein. Tristan und die Königin schliefen sehr glücklich, ich weiß nicht, nach welchem Zeitvertreib" (v. 18195 ff.). Dieses Bild vollkommener Liebeseinheit, das in seiner ästhetisch makellosen Pose wie ein Kunstwerk aus Erz und Gold der Zeit entrückt scheint, wird im nächsten Augenblick auseinandergerissen. Die Liebenden trennen sich; Tristan läßt Isolde zurück und geht in der Fremde die Ehe mit Isolde Weißhand ein. Wie kann der Autor diese vom Stoff diktierte abrupte Wendung bewältigen? Wie löst sie gerade Gottfried, dessen Text auf dem Tiefpunkt der Liebesbeziehung abbricht?

Für den Abschied ist hier wieder der direkte Vergleich mit einem Fragment des Thomas möglich (52 Verse). Dort fehlt das ästhetisch stilisierte und sinnträchtige Bild der Vereinigung. Gottfried spitzt seine Darstellung, abgesehen von Glättungen in der Handlungsführung und der Figurenpsychologie, ganz auf das abstrakte Profil der Situation zu. Die Rolle Markes demonstriert die Ambivalenz der Wahrheitsenthüllung. Marke vermutet nun nicht mehr, er weiß. Aber das Vermuten hätte ihm besser getan. „Worauf er immer eifrig bedacht war, loszukommen von der Qual des Zweifels, daran lag nun sein lebendiger Tod. So ging er schweigend fort" (v. 18228 ff.). Marke holt Zeugen, um Gericht zu halten. Nachdem er aber den Augenschein nicht eingesteht und die Tat auch nicht beweisen kann (bei Gottfried fehlt der Zwerg Melot als Begleiter und Augenzeuge), und da Tristan bei seiner Rückkehr schon fort ist, steht der öffentliche Beweis weiterhin aus. Marke läßt sich von seinem Rat schelten ob der unbegründeten Verdächtigungen, sein Zorn verraucht, und er verzichtet auf Rache an Isolde. Immerhin läßt ihn der Dichter teilnehmen am lebendigen Tod der Liebenden, dem Paradoxon ihrer Existenz.

Dieses lotet Gottfried in den Abschiedsreden aus, welche die Vorlage erweitern und neu akzentuieren. Tristan zeigt sich als untadeliger Liebhaber: Die Situation gebiete seinen Abschied. Isolde möge sich an das gemeinsame Leben in reiner Liebe erinnern und diese auch in Zukunft bewahren. „Laßt mich nicht aus Eurem Herzen, denn was immer dem meinen widerfährt, aus ihm werdet Ihr niemals kommen. Isolde wird immer in Tristans Herzen sein. Nun seht zu, Herzensfreundin, daß mir Fremde und Entfernung die Beziehung zu Euch nie stören und verwirren" (v. 18275 ff.). Das ist in guter Absicht erklärt und wird im Vorblick auf die Ereignisse ironisch doppelbödig. Tristan selbst wird in seiner Liebe wanken, Isoldes Bild in ihm wird ihn verwirren. Ob er im letzten dennoch die Wahrheit sagt, ob er Isolde durch alle Verwirrung hindurch im Herzen festhalten wird, sagt Gottfrieds Text nicht mehr aus. In dieser weiteren Sicht erführe die Rede eine erneute Brechung.

Isolde geht auf das Gesagte ein. Auch sie erinnert die Vergangenheit, auch sie sichert Tristan den Platz in ihrem Herzen zu und mahnt ihn, keine andere Frau in das seine einzulassen. Sie steckt ihm als Erinnerungszeichen ein Ringlein an, das ihm in der Hochzeitsnacht mit der anderen Isolde in den Blick kommen und den Ehevollzug verhindern wird. Hier nun findet Isoldes Zuwendung eine ganz andere Richtung. Sie erklärt plötzlich alle Beschwörungen für überflüssig und bittet den Geliebten, ganz an sich selbst zu denken:

'doch wil ich einer bete gern:	Doch möchte ich noch eine Bitte äußern:
swelch enden landes ir gevart,	An welche Enden der Erde Ihr auch fahrt,
daz ir iuch, minen lip, bewart;	daß Ihr Euch, meinen Leib, bewahrt;
wan swenne ich des verweiset bin,	denn wenn ich an ihm verwaist bin,
so bin ich, iuwer lip, da hin:	dann bin ich, Euer Leib, dahin;
mir, iuwerm libe, dem wil ich	mich, Euren Leib, will ich
durch iuwern willen, niht durch mich,	um Euretwillen, nicht für mich,
vliz unde schæne huote geben	fleißig und schön hüten;
wan iuwer lip und iuwer leben,	denn Euer Leib und Euer Leben,
daz weiz ich wol, daz lit an mir:	das weiß ich genau, die liegen an mir.
ein lip, (und) ein leben daz sin wir.	Ein Leib und ein Leben sind wir.
nu bedenket ie genote	Nun denkt auch immer fest
mich, iuwern lip, Isote.	an mich, Euren Leib, Isolde.
lat mich an iu min leben sehen,	Laßt mich an Euch mein Leben sehen,
soz iemer schierest müge geschehen,	sobald es nur geschehen kann,
und sehet ouch ir daz iure an mir.	und seht auch Ihr das Eure an mir!
	[Damit bittet Isolde um
	ein baldiges Wiedersehen.]
unser beider leben daz leitet ir.	Unser beider Leben habt Ihr in der Hand.
nu gat her und küsset mich:	Nun kommt her und küßt mich!
Tristan und Isot, ir und ich,	Tristan und Isolde, Ihr und ich,
wir zwei sin iemer beide	wir zwei sind immer beide
ein dinc ane underscheide.	ein Ding ohne Unterschied.
dirre kus sol ein insigel sin	Dieser Kuß wird ein Siegel sein,
daz ich iuwer unde ir min	daß wir eins bleiben, ich Euer und Ihr mein,
beliben stæte unz an den tot,	beständig bis in den Tod,
niwan ein Tristan und ein Isot.'	nur ein Tristan und eine Isolde.
(v. 18334 ff.)	

Isoldes Rede, die eine Einheitsfigur in Worten, in Klang und Bedeutungsspiel beschwört, stößt über die Bitte um Treue in der Trennung hinaus in eine neue Dimension vor. Der Geliebte solle sich selbst als Leib und Leben des liebenden Ich bewahren. Dies ist aus den bekannten Vorstellungen von Herzenstausch und Herzenseinheit entwickelt und meint den personalen Grundverhalt, nicht einzelne Taten, etwa die Enthaltung von Seitensprüngen. Die Bitte um die Wahrung des eigenen Lebens als Leben des andern ist dabei weniger mystisch-spirituell, als sie klingen mag. Es geht um Leib und Leben hier auf Erden, wie sie bei Tristan und Isolde im Minnetrank verbunden wurden. Isolde drängt auf ein baldiges Wiedersehen, muß aber die Initiative dem scheidenden Mann überlassen. Diese Beteuerung der Lebenseinheit „bis in den Tod" nimmt bereits eine Deutung des Liebestodes vorweg, wie immer diese später noch ausfallen könnte. Vor diesem Hintergrund geht der Abschied der Liebenden im Zeremoniell auf, das die Vergangenheit zitiert und die Zukunft überdenkt, das im Ring ein Rechtssymbol setzt und den letzten Kuß zum Zeichen macht. Man sollte das Zurücktreten der Beteiligten hinter diese Formeln nicht in der Erwartung subjektiv spontaner Gesten der Innerlichkeit als Schwäche der Darstellung oder versteckte Distanzierung lesen. Abschied und Sterben hat das Mittelalter nicht subjektiv, sondern rituell vollzogen und damit diesen Handlungen Gewicht und Würde verliehen.

Nun scheint Gottfrieds dialektische Erzählbewegung die hoch angesetzte Norm sofort zu negieren. Tristan gelingt es nicht, den Trennungskonflikt in der gezeigten Bahn zu bewältigen. Er flieht den Tod in Cornwall und rettet der Freundin und sich selbst das äußere Leben. Damit ist er an seinem innersten Lebensnerv getroffen. Um dennoch zu überleben, um sein Dasein zu sichern und erträglich zu gestalten, stürzt er sich in ritterliche Aktivitäten. Gottfried tut Tristans Kriegsdienste quer durch Europa, sogar für das Römische Reich, und die ritterlichen *aventiuren*, die ihm nachgesagt werden, in der rhetorischen Figur der Praeteritio kurz ab. In seltsamer kompositorischer Verspätung zeigt er erst dann Isolde, wie sie in der Haltung der verlassenen Heldinnen Ovids dem entschwindenden Segel des Geliebten nachblickt. „Wehe, wehe, mein Herr Tristan, jetzt klebt mein Herz an Euch so ganz und gar, jetzt ziehen Euch meine Augen nach, und Ihr habt es sehr eilig, von mir fortzukommen. Warum eilt Ihr so weg von mir? Nun weiß ich doch ganz genau, daß Ihr von Eurem Leben fortstrebt, wann immer Ihr Isolde flieht" (v. 18491 ff.). Das ist nicht nur räumlich gemeint. Isolde benennt sehr genau die innere Bewegung des Geliebten von ihr fort und hält ihr das Einheitspostulat bis zur Selbstentäußerung entgegen:

ich wil mich gerne twingen	Ich will mich gerne zwingen
an allen minen dingen,	in allem, was mich angeht,
daz ich min unde sin entwese,	daß ich mich von mir und von ihm loslöse,
durch daz er mir und ime genese.	damit er für mich und für sich gerettet werde.
(v. 18597 ff.)	

Die Figuren suchen so in kontrastierenden Haltungen die erneute psychische Subversion, die in vollem Gange ist, zu bewältigen. Während Tristan in die räumliche Weite flieht, geht Isolde in sich. Sagt sie sich hier von dem Geliebten los? Flüchtet sie in eine Pose, wie behauptet wurde? Isolde geht hier noch einmal über ihre Position im Abschiedsgespräch hinaus und bestätigt die unverbrüchliche Einheit von Leib und Leben auf einer neuen Stufe. Sie ist bereit, sich selbst zu negieren, aus all ihren Bindungen zu lösen, und so den Geliebten freizugeben, um auf diese Weise die Möglichkeit für die Erneuerung der Minne mit ihrem großen Glücksversprechen offenzuhalten. Indem Isolde sich selbst verleugnet, steht sie gerade zu sich und zu ihm. Diese in Zeitversetzung nachgetragene Haltung ist die 'spätere' Position, nicht chronologisch, sondern in der personalen Logik als die folgende und auch höhere Stufe.

Trotzdem drängen sich Zweifel auf, ob die aufgerissene Kluft je wieder zu schließen sei. Wir könnten spekulieren, ob die Trennung tatsächlich nötig war, warum Tristan die Geliebte nicht mit sich nahm, warum sie ihn nicht begleiten wollte. Diese Erwägungen sind müßig. Gottfried statuiert: Die Geschichte verlief so, es war die einzige Lösung. Wir haben zu beachten, wie hier in der objektiven Konstellation der Figuren auf dem Spielbrett des Romans eine neue Partie eingeleitet wird. Zu bewältigen hat die Erzählung eine Phase der Trennung, des Abstiegs vom Liebesgipfel. Der Verfall greift auch nach innen. In der Stoffgeschichte wird nicht nur Tristan, sondern auch Isolde an ihrer Minne irre. Aber das alles wird inszeniert, um zuletzt die mit dem Trank begründete und frei angenommene Minne siegen zu lassen. Durch die Trennung kann sich das Liebespaar aus dem fatalen Dreieck lösen, es gleitet aber dann in ein nicht weniger schwieriges Beziehungsviereck. Schon Thomas bemerkt dazu: *Entre aus quatre ot estrange amor* (v. 1011), „zwischen diesen vieren herrschte eine seltsame Liebe". Auch für den Mann im Dreieck gibt es nun die Aufspaltung der Partnerin in verschiedene Personen. Der Konflikt zwischen Minne- und Ehebindung wird nun auch aus männlicher Perspektive durchagiert. Tristans Schritt in die Ehe ist eine Prüfung der Tragfähigkeit der Minnebindung. Er sollte nicht eilfertig als moralisches Versagen abgeurteilt werden, denn er ergibt sich aus der Konstellation. Richard Wagner konnte bereits den Gedanken an Isolde, geteilt von zwei Männern, nicht ertragen und ließ Marke sexuell resignieren (2. Aufzug, 3. Szene: „Der mein Wille nie zu nahen wagte, der mein Wunsch ehrfurchtscheu entsagte, die so herrlich hold erhaben mir die Seele mußte laben..."). Die mittelalterliche Tristanminne aber verwirklicht sich nicht unter dem Postulat des faktisch einen, sondern des einzig wahren Liebespartners, zu dem die Beziehung sich auch durch Entfremdung und konkurrierende sexuelle Erfahrung hindurch zu bewähren hat.

Die neue Phase des Stoffes kann wieder in das Schema der Liebeslehren eingepaßt werden. Ovid schreibt eine *Liebeskunst* und komplementär dazu die *Heilmittel von der Liebe*. Andreas Capellanus handelt in seinem Traktat *De amore* vom Erwerb der Liebe, von ihrer Erhaltung und von ihrer Zurückweisung.

Dem entsprechen die Phasen von Tristans Weg zu Isolde, das gemeinsame Leben und die Trennung von der Partnerin. Tristan sucht den Ausweg aus dem unerträglichen Trennungsschmerz durch die Absage an Isolde. Er nimmt Zuflucht zu Ovids Rezepten: Tätigkeit, vor allem im Kriegsdienst, und dann im Erwerb einer neuen Liebe. Im Schlußmonolog, der zweiten Parallelstelle zu Thomas, arbeitet Gottfried in diesem Sinne Ovidzitate auch selbständig ein (v. 19435 ff.).

Die Hinwendung zu der anderen Isolde ist in einer Subtilität geschildert, die den großen psychologischen Analysen des Romans nicht nachsteht, ja sie in ihrer Doppelbödigkeit übertrifft. Tristan ist auf der Burg Karke in Arundel an der Festlandküste eingekehrt. Er ist wieder als Helfer und Befreier aufgetreten, diesmal mit dem Minneziel des Vergessens. So lebt er hochgeehrt bei seinem Waffenbruder Kædin und dessen Schwester Isot as Blanchemains. Zweierlei fesselt ihn an dem jungen Mädchen, ihre Schönheit und ihr Name. Beides erinnert ihn an seinen Herzenskummer um die ferne Geliebte, der ihm nach den Richtlinien des Prologs gerade lieb und teuer sein müßte. Aber Tristans Intentionen beginnen sich in ihren Anstößen und Zielen zu spalten.

Isot was sin liep und sin leit,	Isolde war seine Freude und sein Leid,
ja Isot, sin beworrenheit,	ja Isolde war seine Verwirrung;
diu tet im wol, diu tet im we:	die tat ihm wohl, die tat ihm weh;
so ime Isot sin herze ie me	je mehr ihm Isolde sein Herz
in dem namen Isote brach,	im Namen Isoldes brach,
so er Isote ie gerner sach.	umso lieber sah er Isolde.
(v. 18987 ff.)	

Man kann das Vexierspiel des Namens in seinen möglichen Bezügen durchprobieren, sicher ist nur, daß die erste Nennung von der Blonden ausgeht, die unmittelbar zuvor genannt wurde (v. 18985), und die letzte bei der Weißhändigen landen muß. Als Sprachproblem bedeutet das, daß die Namen und Sätze die Eindeutigkeit ihres Verweisens verlieren. Verschiedene Sinnmöglichkeiten tun sich nebeneinander auf, das bezeichnete Ding entzieht sich. Das ist nicht ein Versagen der Sprache als solcher. Das Mittelalter weiß: Die Zeichen, sei es die Schönheit oder der Name, sind grundsätzlich auf verschiedene Einzelentitäten beziehbar und häufig polysem. Was nicht mehr trägt, ist ihr Gebrauch; die Intention des Sprechenden verschwimmt, die Personidentität als Instanz zerbricht. 'Isolde' – nicht der Name, sondern das nicht mehr Greifbare dahinter – bricht Tristans „Herz", spaltet sein Ich. Täuschung über die Zeichen wird Ausdruck von Selbsttäuschung und Selbstverlust.

So schwankt Tristan wie ein steuerloses Schiff zwischen den zwei 'Isolden', den Impulsen, die von dem Mädchen ausgehen, und der alten Bindung, die aus der Ferne wirkt. Die diffizil gebaute Zickzackbewegung ist in drei oder vier Phasen komponiert. Den Minneverlust begleitet simultan ein irregeleiteter Minnebeginn, der in die Rechtsbindung der Ehe münden wird und dabei die personale

Übereinkunft schmerzlich verfehlt. Während der Mann bis zum Schluß nicht weiß, wohin er eigentlich will, läuft bei der Jungfrau alles normal. Tristans Lob in der Gesellschaft hat sie „in Gedanken" gebracht, so daß sie den Blickwechsel, den diesmal der Mann eröffnet, aber ohne echtes Engagement, bereitwillig erwidert. Sicher stehen mit dieser Figurenzeichnung auch Aspekte weiblicher Identität auf dem Spiel.

Im Gegensatz zu der Gefühlssicherheit der echten Minneanbahnung, die nur die Minne selbst will, fließen hier die Interessen der Gesellschaft und die berechnenden Rücksichten der Mitspieler ein. Kædin fungiert als Kuppler. „Mit ihm [Tristan] hätte er seine Fehde im ganzen Land zu Ende gebracht. Daher drang er in seine Schwester, daß sie Tristan genau so antwortete, wie er es ihr vorher aufträge, und daß sie niemals etwas täte ohne ihn und den Rat ihres Vaters" (v. 19095 ff.). Das Mädchen wird in seinem Minneanliegen zur Marionette der intrigierenden, politisierenden Verwandten. Motivationen wirklicher Verliebtheit und Berechnung vermischen sich, Affekt und Ethik werden der Situation angepaßt, der Ausdruck der Gebärden spaltet sich auf. Isolde wirft ihre Scham ab und läßt ihre Blicke auf dem Mann ruhen. „Sie legte ihm ganz ohne Heimlichkeit ihre Hände in die seinen, als ob es Kædin zuliebe geschähe. Was der aber auch bezwecken wollte, ihre eigene Freude lag daran" (v. 19234 ff.). Anderseits ändert Tristan beim Wiederaufleben seiner alten Minne sein Verhalten zu Isolde Weißhand nicht, – warum? Es heißt, um sie zu schonen. Seine *höfscheit* zwinge ihn dazu, ihr weiterhin den Hof zu machen.

Höfische Konvention, Gesellschaftsspiel, Kunst werden zu Medien der Unwahrheit. Tristans Künstlertum in Arundel ist von vornherein, in seiner Entstehung und seiner Wirkung, von Mißverständnissen geprägt. Tristan dichtet ausgerechnet in Karke den Tristanleich, der noch zu Gottfrieds Zeiten so beliebt sei und dies bleiben werde, solange die Welt besteht (v. 19200 ff.). Er verfaßt Lieder, die noch in aller Munde sind, er meint in ihnen die erste Isolde und unterhält damit die zweite. Sein Refrain, '*Isot ma drue, Isot mamie, en vus ma mort, en vus ma vie*' („Isolde, meine Geliebte, Isolde, meine Freundin, in Euch mein Tod, in Euch mein Leben", v. 19213 f. und 19409 f.) wird von seinem entzückten Publikum ausnahmslos fehlbezogen. All das führt zuletzt dazu, daß das Mädchen ihrer Minne unterliegt, den fliehenden Mann verfolgt und mit allen Mitteln an sich zu fesseln sucht.

Wir blicken auf das Ende von Gottfrieds Text. Kein Zweifel bleibt an Tristans Orientierungslosigkeit und an der im Grunde lauteren Liebe der weißhändigen Isolde. Die Scheinharmonie des Paares bei tieferer Dissonanz wird in einer Reihe bedrückender Szenen und Analysen herausgearbeitet. Kein Zweifel bleibt, daß Tristans Verhalten als schuldhafter Betrug getadelt wird. Gleichzeitig wird das Ergebnis von Tristans Konflikt allen Minnenden amoralisch und pragmatisch kühl als Lehrsatz dargeboten: Es sei nicht verwunderlich, sondern bestätige die Regel, wenn das Leid ferner Minne über die Freuden der nahen siege. Die Situation ist damit nicht ausgeschöpft.

Tristans Schlußmonolog reißt alle idealisierenden Verbrämungen ab, aber die
Brüche im Bewußtsein des Redenden decken seine tatsächliche Verfassung als
Verwirrung auf und denunzieren den Zynismus der Worte. Tristan weiß sich
„von Liebe in die Irre geführt" (v. 19425). Welche Liebe, und zwar „Liebesfreude" ist es, die ihn da treibt? Sein Entschluß, mit Hilfe angelesener Ovid-Re-
zepte die alte Minne durch eine neue zu verabschieden, ist die reine Kopfgeburt,
die Gottfried als solche schon verdächtig sein muß. Es genügt, sich des irrationalen Minnefundaments im Trank zu erinnern. Die Aufteilung der Minne auf
zwei Frauen führt unverhüllt zur Zerfaserung des Selbstbewußtseins und der Ich-
Einheit. Tristan hofft, jetzt endlich *triurelos* (ohne Traurigkeit, v. 19464) zu werden, und verneint mit der Etymologie seines Namens seine Identität (vgl. v. 1999
ff.). Die Vorwürfe gegen die ferne Geliebte sind maßlos überzogen und stehen in
krassem Widerspruch zu dem Wissen, das kurz zuvor noch geäußert wurde:
Isolde vergnüge sich mit Marke. Isolde finde es nicht der Mühe wert, nach ihm,
Tristan, zu forschen. Zweifel an diesen Anwürfen werden schnell und lächerlich
kurzschlüssig unterdrückt. Tristans letzte Worte (nach der Mehrzahl der Handschriften) entscheiden gar nichts, sondern verschleiern alles: „...Nun kümmert sie
sich wenig um mich, die ich minne und ersehne mehr als Seele und Leib. Ihret-
wegen meide ich alle anderen Frauen und muß sie selbst auch entbehren. Ich
kann von ihr nicht verlangen, was mir in dieser Welt Freude und ein freudvolles
Leben geben könnte" (v. 19541 ff.). Zugleich mit den Vorwürfen wird hier im
Nebensatz die Bindung an die blonde Isolde bekräftigt. Der Wunsch nach freudi-
gem Weltleben klingt gebrochen. Wenn Tristan es von der Blonden nicht mehr
fordert, ist das als Einsicht im Grunde richtig. Die Weißhändige kann es ihm
noch weniger geben; das hat sich bereits gezeigt, und die Geschichte wird noch
davon zu berichten haben.

So ist es nicht angemessen, über Tristans Wunsch nach Sinnenliebe, den das
junge Mädchen in ihm entfacht, moralisch den Stab zu brechen, Tristan des Ver-
rats zu überführen und ihn auf das Niveau eines Marke herunterzudrücken oder,
gerade umgekehrt, das Bekenntnis zu seinen sexuellen Bedürfnissen als Befrei-
ungsakt zu beklatschen. Beides wird der inneren Gespaltenheit der Situation
nicht gerecht. Tristans Flucht in die Sinnlichkeit als Weg zur Weltfreude ist Ausdruck seiner Verwirrung. Schuld und Versagen in Liebesdingen sind für Gottfrieds Figuren in ihrer eingeschränkten Verantwortung, ihren unauflösbaren Ver-
strickungen, fragwürdige Kategorien. Isoldes Fall im Baumgarten kann in seinem
Kontext nicht abgeurteilt werden, ebensowenig – das macht der Rückblick deutlicher – die Ratlosigkeit des unglücklichen Marke.

Tristans „Versagen" in der Schlußphase erneuert in psychologischer Optik
das archaische Mythenschema vom 'gebundenen' Helden. So wird Diarmaid von
einem Tabu zum nächsten, Zug um Zug, mattgesetzt und schließlich in den Tod
getrieben. Tristans Trennung von Isolde (und in anderer Weise von Marke) hat
ihn als Tabubruch bereits tödlich verwundet. Er, der aktiv sein müßte, ist in die
Passivität geworfen. Wieder ist er wie Tantris mit der Moroldwunde den Wellen

ausgeliefert. Das ändert sich über alle Peripetien des Stoffes im Schlußteil wenig. Die Moroldwunde wird ihre Entsprechung in der Wunde finden, die Tristan als Liebeshelfer für den Doppelgänger Tristan le Nain davonträgt. Nur Isolde kann sie heilen. Isolde wird sich diesmal zu ihm übers Meer begeben, aber zu spät kommen. In dem getrennt-gemeinsamen Tod der Liebenden dürfte, anders als in der Tragödie des Helden Siegfried, nicht Heillosigkeit allein das letzte Wort haben. Freilich fehlt uns dazu Gottfrieds Wort.

Gottfrieds Text endet mit Tristans Monolog. Es ist verführerisch, in die Bruchstelle des Fragments einen Sinn hineinzulesen. Die Entsprechungen zu Isoldes Monolog vor dem entschwindenden Segel sind nicht zu übersehen, Tristan hat nun die exakte Gegenposition erreicht. Beide Partner suchen in der Lösung voneinander die Lösung ihres Dilemmas. Isoldes Haltung ist aber die menschlich größere und reifere, daran ändert alle aufgeklärte Skepsis gegen falsche Ideale nichts. Isolde schickt nicht den lebenden Partner weg, um sich einen Ideengeliebten zu konservieren. Ihre Entsagung ist kein verhärmter Verzicht, keine Beschönigung des Unabänderlichen. Indem sie von sich zurücktritt und den Geliebten losläßt, öffnet sie einen neuen Weg. Die leidenschaftliche Minne wagt es, aus dem Postulat einer letzten Sicherheit heraus die Subversionen der Seele anzunehmen.

So kann man nicht behaupten, mit Tristans Monolog sei alles gesagt, oder es sei über einen unheilbaren Bruch hinweg nichts mehr zu sagen. Die Hypothesen, die für einen notwendig gewordenen oder von vornherein geplanten Abbruch des Romans an dieser Stelle plädieren, begründen dies im Bewußtsein des Autors oder in der objektiven Aussagekraft der literarhistorischen Situation. Der Autor hat aber das Entscheidende bereits disponiert, er hat den Einschlag, der das Gewebe bis zum Schluß tragen soll, von Anfang an fest gezogen. In der literarischen Situation weiß man von dem Ende, auch wenn die Versionen differieren. Manche Interpreten berufen sich auf ein Scheitern von Gottfrieds Minneideal an der Realität des epischen Verlaufs. Davon kann aus der Warte der Exkurse nicht die Rede sein. Im platonistischen Rahmenwerk von Gottfrieds Theorie kann das Ideal gar nicht scheitern, es kann sich höchstens entziehen, um als Entelechie einer universalen Geschichte der Personalität fortzubestehen und als Gut der Erzählung bei den *Tristan*-Lesern neu aufzuleben. Auf der Ebene des epischen Verlaufs wurde die schwerste Stelle, der Übergang in die Phase der Trennung, von Gottfried souverän, ja sublim bewältigt. Ein Wiederfinden der Liebenden bis in die Perspektive des gemeinsamen Endes ist minnetheoretisch und narrativ bruchlos vorbereitet. So ist der Fragmentstatus des *Tristan* als ästhetisch notwendig nicht zu halten. Er ist so sinnvoll, wie eine unvollendete Kathedrale des Mittelalters von der Idee ihrer Ganzheit spricht. Dabei tut die Geschlossenheit des Gefüges dem spannungsvollen Wagnis des so Erdachten und Erzählten keinen Abbruch.

Literaturhinweise und Diskussion

Die Entdeckungsszene des Thomas ist überliefert im Fragment Cambridge (BONATH, Ausgabe 1985, S. 50 ff.). Für den Vergleich von Gottfrieds Schlußteil mit der Thomas-Vorlage sind die Detailanalysen von BUSCHINGER (1982) und HUBY (1982; 1988) beizuziehen, deren Ergebnisse freilich im Detail stecken und auf ihre Prämisse einer rein formal verfahrenden „adaptation courtoise" beschränkt bleiben.

Das Abschiedsgespräch analysiert WAPNEWSKI (1964); Signale der Distanzierung des Autors will hier wie auch in Isoldes Monolog PESCHEL (1976, S. 136-152) erkennen.

Zur Weißhand-Minne MEISSBURGER (1954); Tristans Verhalten analysiert unter semiotischen Aspekten RIES (1980). Aktueller interpretiert Tristans Sprachverwirrung als Wahrnehmungs- und Bezeichnungsdilemma DRAESNER (1996), wobei sie Tristans Liedvortrag in den Kontext des Minnesangs rückt. Sein „Versagen" kennzeichnet als mythisches Merkmal des 'gebundenen Helden' zutreffend UNTERREITMEIER (1984), bes. S. 230 ff. Das Problem gefährdeter weiblicher Identität in der Figur der Isolde Weißhand behandelt SCHÖNING (1989).

Daß Gottfried durch den Tod an der Vollendung des *Tristan* gehindert wurde, bezeugt Ulrich von Türheim im Prolog seiner Fortsetzung. Dem Fragmentstatus hat sich die Gottfried-Forschung trotzdem zu stellen, sofern sie die Bruchstelle interpretiert und auf einen möglichen, bereits angelegten Abschluß vorausblickt. Forschungsreferate liefern DIETZ (1974), S. 223-226, und WEBER-HOFFMANN (1981), S. 95 ff. Nachdem in der älteren Forschung der Text in der vorliegenden Form mehrfach als abgeschlossen erklärt wurde (gegen das abbrechende Akrostichon), plädiert für einen notwendigen Abbruch PESCHEL (1976). Von vornherein geplanten Abbruch verficht STEIN (1980). Den Schluß diskutiert in Auseinandersetzung mit RUHs Literaturgeschichte BERTAU (1983), S. 165 ff.; er versteht den Abbruch als historisch notwendig und wahrhaftig. CLASSEN (1995) argumentiert dagegen wieder inhaltlich und macht eine inkommensurable Qualität dieser Liebesbeziehung geltend, die auch Gottfried nicht bewältigt habe. Aber sollte der Dichter den Ausgang noch nicht bedacht haben, als er zu schreiben begann?

Den ausstehenden Schlußteil der Trennung der Liebenden reflektiert Werner SCHRÖDER (Liebe der Getrennten 1993) als schlichte moralische Probe. Zu Gottfrieds Spiegelung des Liebestodes bereits im überlieferten Torso und zur Auseinandersetzung mit dem Schluß des Thomas vom Prolog an HUBER (1996). In intertextueller Sicht vergleicht den bei Gottfried impliziten Liebestod mit spätmittelalterlichen Romanen RIDDER (1999).

Auswahlbibliographie

Die Bibliographie bringt eine Auswahl von wichtigen Titeln und dient vor allem der Identifizierung der Kurzzitate im Text (dort Verfassername und Jahr, bei mehreren Titeln des Verfassers in einem Jahr mit einem zusätzlichen Stichwort). Ausführlichere Bibliographien werden in den Hinweisen nach der Einleitung zusammengestellt (S. 12 f.). Das Verzeichnis ist gegliedert in 1. Texte (1.1. Anthologien, deutsche und französische, jeweils chronologisch; 1.2. Einzelausgaben mittelalterlicher Autoren alphabetisch; die Ausgaben sind chronologisch angeordnet, Editionen stehen vor Übersetzungen) und 2. Forschungsliteratur (alphabetisch).

1. Texte

1.1. Anthologien

deutsch

RANKE, Friedrich: Tristan und Isold. München 1925 (Bücher der Mittelalters). [französische und deutsche Tristandichtungen, Darstellung mit Textauszügen und deren Übersetzung].
BUSCHINGER, Danielle u. SPIEWOK, Wolfgang (Hg.): Tristan und Isolde im europäischen Mittelalter. Ausgewählte Texte in Übersetzung und Nacherzählung. Stuttgart 1991. (= RUB, 8702).

französisch

Tristan et Yseut. Edition comprenant Texte, traduction nouvelle, introduction, bibliographie, documents, notes critiques et notes par Jean Charles PAYEN. Paris 1974 (Classiques Garnier).
Tristan et Iseut. Les poèmes français, la saga norroise. Textes originaux et intégraux présentés, traduits et commentés par Daniel LACROIX et Philippe WALTER. Paris 1989 (Lettres gothiques).
Tristan et Yseut. Les premières versions européennes. Hg. v. Christiane MARCHELLO-NIZIA u.a. Paris 1995.

1.2. Einzelausgaben

Andreas Capellanus: De amore libri tres. Hg. v. E. TROJEL. Hauniae 1892. München ²1972.

Béroul: Tristan und Isolde. Übers. v. Ulrich MÖLK. München 1962 (= Klassische Texte des romanischen Mittelalters in zweisprachigen Ausgaben, 1).

Chrétien de Troyes: Erec und Enitc. Übers. u. eingeleitet v. Ingrid KASTEN. München 1979 (= Klassische Texte des romanischen Mittelalters in zweisprachigen Ausgaben, 17).

Eilhart von Oberge. Hg. v. Franz LICHTENSTEIN. Straßburg, London 1877 (= Quellen und Forschungen zur Sprach- und Culturgeschichte der Germanischen Völker, 19).

Eilhart von Oberg: Tristrant. Synoptischer Druck der ergänzten Fragmente mit der gesamten Parallelüberlieferung. Hg. v. Hadumod BUßMANN. Tübingen 1969 (= Altdeutsche Textbibliothek, 70).

Eilhart von Oberg: Tristrant. Edition diplomatique des manuscrits et traduction en français moderne avec introduction, notes et index par Danielle BUSCHINGER. Göppingen 1976 (= Göppinger Arbeiten zur Germanistik, 202) [Paralleldruck der Haupthandschriften, zu benutzende Ausgabe].

Eilhart von Oberg: Tristrant und Isalde. Mittelhochdeutsch / neuhochdeutsch. Hg. v. Danielle BUSCHINGER u. Wolfgang SPIEWOK. Greifswald 1993 (= Greifswalder Beiträge zum Mittelalter, 27) [Ausgabe nach der Heidelberger Handschrift].

Eilhart von Oberg: Tristrant und Isalde. Neuhochdeutsche Übersetzung. Hg. v. Danielle BUSCHINGER und Wolfgang SPIEWOK. Göppingen 1986 (= Göppinger Arbeiten zur Germanistik, 436).

Gottfried von Straßburg: Tristan und Isold. Hg. v. Friedrich RANKE. Dublin, Zürich 1930. ¹¹1967.

Gottfried von Straßburg: Tristan und Isold. In Auswahl hg. v. Friedrich RANKE. Bern 1946 (= Altdeutsche Übungstexte, 3) [Auswahlausgabe mit kritischem Apparat].

Gottfried von Straßburg: Tristan. Hg. v. Karl MAROLD. 3. Abdr. mit einem durch F. RANKES Kollationen erw. u. verb. Apparat, besorgt u. mit einem Nachwort versehen v. Werner SCHRÖDER. Berlin 1969.

Gottfried von Straßburg: Tristan. Nach der Ausg. v. Reinhold BECHSTEIN hg. v. Peter GANZ. 2 Teile. Wiesbaden 1978 (= Deutsche Klassiker des Mittelalters, 4).

Handschriften

Gottfried von Straßburg: Tristan und Isolde. Mit der Fortsetzung Ulrichs von Türheim. Faks.-Ausg. des Cgm 51 der Bayerischen Staatsbibliothek München. 2 Bde. Hg. v. Ulrich MONTAG u. Paul GICHTEL. Stuttgart 1979.

Gottfried von Strassburg: Das Tristan-Epos. Mit der Fortsetzung des Ulrich von Türheim. Nach der Heidelberger Handschrift Cod. Pal. Germ. 360. Hg. v. Wolfgang SPIEWOK. Berlin 1989 (= Deutsche Texte des Mittelalters, 75).

Übersetzungen

Tristan und Isolde. Gedicht von Gottfried von Straßburg. Übertragen u. beschlossen v. Hermann KURTZ. Stuttgart 1844. – Nach der Übertragung von Hermann KURTZ bearb. v. Wolfgang MOHR. Göppingen 1979 (= Göppinger Arbeiten zur Germanistik, 290).

Gottfried von Straßburg: Tristan. Übers. v. Xenja VON ERTZDORFF u.a. München 1979 (= UTB, 858).

Gottfried von Straßburg: Tristan. Nach dem Text von Friedrich Ranke neu hg., ins Neuhochdeutsche übers., mit e. Stellenkommentar u. e. Nachw. v. Rüdiger KROHN. Bd. 1-3 Stuttgart 1980 u. öfter (= RUB, 4471-3). – Bd. 3: 4. durchges. Aufl. Stuttgart 1995.

Gottfried von Straßburg: Tristan und Isolde. Ulrich von Türheim: Tristan. Fortsetzung. Dieter Kühn. Frankfurt a.M., Leipzig 1991. – Inzwischen sind mehrere Auflagen auf dem Markt, darunter in der RUB: Gottfried von Straßburg: Die Geschichte der Liebe von Tristan und Isolde. Aus dem Mhd. übertr. u. ausgew. v. Dieter KÜHN. Stuttgart 1998 (= RUB 4474).

Hartmann von Aue: Erec. 6. Aufl. bes. v. Christoph CORMEAU u. Kurt GÄRTNER. Tübingen 1985 (= Altdeutsche Textbibliothek, 39).

Hartmann von Aue: Erec. Mhd. Text u. nhd. Übertragung v. Thomas CRAMER. Frankfurt a. M. 1972.

Heinrich von Freiberg: Tristan. Mit Einleitungen über Stil, Sprache, Metrik, Quellen und die Persönlichkeit des Dichters hg. von Alois BERNDT. Halle a. d. Saale 1906 (Nachdruck Tübingen 1978).

Heinrich von Freiberg: Tristan. Edité avec introduction et index par Danielle BUSCHINGER. Göppingen 1982 (= Göppinger Arbeiten zur Germanistik, 270).

Heinrich von Freiberg: Tristan und Isolde (Fortsetzung des Tristan-Romans Gottfrieds von Straßburg). Originaltext (nach der Florenzer Handschrift ms. B.R. 226) v. Danielle BUSCHINGER. Versübersetzung v. Wolfgang SPIEWOK. Greifswald 1993 (= Wodan. Ser. 1. Texte des Mittelalters, 16).

Heinrich von Veldeke: Eneasroman. Mhd./nhd. Nach dem Text v. Ludwig ETTMÜLLER ins Nhd. übers. mit einem Stellenkommentar u. einem Nachwort v. Dieter KARTSCHOKE. Stuttgart 1986 (= RUB, 8303).

Heinrich von Veldeke: Eneasroman. Die Berliner Bilderhandschrift mit Übersetzung und Kommentar. Hg. v. Hans FROMM. Frankfurt a. M. 1992 (= Bibliothek des Mittelalters, 4).

Hyginus: Fabulae. Hg. v. H. I. ROSE. Lugdun Batavorum 1963.

Marie de France: Die Lais. Übersetzt, mit einer Einleitung, einer Bibliographie sowie Anmerkungen versehen v. Dietmar RIEGER. München 1980 (=

Klassische Texte des romanischen Mittelalters in zweisprachigen Ausgaben, 19).

Des Minnesangs Frühling. Unter Benutzung der Ausgabe v. Karl LACHMANN, Moriz HAUPT, Friedrich VOGT u. Carl von KRAUS. Bearbeitet v. Hugo MOSER u. Helmut TERVOOREN. 38., erneut rev. Auflage. Stuttgart 1988.

[Robert, Mönch] Tristans Saga ok Isondar. Hg. v. Eugen KÖLBING. Heilbronn 1878. Nachdruck Hildesheim 1978 [mit dt. Übersetzung].

Sachs, Hans: Tragedia von [...] Tristant u. Isalden. In: Hans Sachs, Werke. Bd. 12. Hg. v. Adelbert von KELLER. Tübingen 1879, S. 142-186.

Thomas: Tristan. Eingeleitet, textkritisch bearbeitet und übersetzt v. Gesa BONATH. München 1985 (= Klassische Texte des romanischen Mittelalters in zweisprachigen Ausgaben, 21).

Thomas d'Angleterre: Tristan et Yseut. Altfranzösisch – neuhochdeutsch. Hg. v. Anne BERTHELOT, Danielle BUSCHINGER, Wolfgang SPIEWOK. Greifswald 1994 (= Greifswalder Beiträge zum Mittelalter, 27. Serie Wodan, 42). – Mit Ergänzungsband: Thomas d'Angleterre: Tristan et Yseut, Das Carlisle-Fragment.

Thomas d'Angleterre: Un nouveau fragment du 'Tristan' de Thomas. Hg. v. Michael BENSKIN, Tony HUNT, Ian SHORT. In: Romania 113 (1992/5), S. 289-319.

Tristrant und Isalde. Prosaroman nach dem älteren Druck aus Augsburg vom Jahre 1484. Hg. v. Alois BRANDSTETTER. Tübingen 1966 (= Altdeutsche Textbibliothek, Ergänzungsreihe, 3).

Ulrich von Türheim: Tristan. Hg. v. Thomas KERTH. Tübingen 1979 (= Altdeutsche Textbibliothek, 89).

Ulrich von Türheim: Tristan und Isolde (Fortsetzung des Tristanromans Gottfrieds von Straßburg). Originaltext (nach der Heidelberger Handschrift Cod. Pal. Germ. 360). Versübers. u. Einl. v. Wolfgang SPIEWOK in Zusammenarbeit mit Danielle BUSCHINGER. Amiens 1992 (= Wodan 11; Vol. 11; Ser. 1. Texte des Mittelalters, 4).

Wolfram von Eschenbach: Parzival. Mhd. Text nach der Ausgabe v. Karl LACHMANN. Übers. v. Peter KNECHT. Einführung zum Text v. Bernd SCHIROK. Berlin, New York 1998.

Wolfram von Eschenbach: Willehalm. Text der Ausgabe v. Werner SCHRÖDER. Völlig neubearb. Übersetzung, Vorwort u. Register v. Dieter KARTSCHOKE. Berlin, New York 1989.

2. Forschungsliteratur

ALLGAIER, Karl: Der Einfluß Bernhards von Clairvaux auf Gottfried von Straßburg. Frankfurt, Bern 1983 (= Europäische Hochschulschriften. Reihe 1, 641).

BAEHR, Rudolf: Chrétien de Troyes und der Tristan. In: Sprachkunst 2 (1971), S. 43-58.

BARTHES, Roland: Fragments d'un discours amoureux. Paris 1977. Dt.: Fragmente einer Sprache der Liebe. Frankfurt a. M. 1984.

BATTS, Michael S.: Tristan and Isolde in Modern Literature. L'éternel retour. In: Tristan and Isolde. A Casebook. Hg. v. Joan Tasker GRIMBERT. New York, London 1995 (= Arthurian Characters and Themes, 2), S. 505-520.

BAYER, Hans: Gralsburg und Minnegrotte. Die religiös-ethische Heilslehre Wolframs von Eschenbach und Gottfrieds von Straßburg. Berlin 1978 (= Philologische Studien und Quellen, 93).

BAYER, Hans: *parasitus Golias.* Gottfried von Straßburg (Gunther von Pairis) und die zeitkritisch-häretische Schulpoesie der Carmina Burana. In: Mittellateinisches Jahrbuch 31 (1996), S. 39-80.

BÉDIER, Joseph: Le roman de Tristan par Thomas. Poème du XIIe siècle, 2 Bde. Paris 1902-1905 (= Sociétés des anciens textes français, 46).

BÉDIER, Joseph: Le roman de Tristan et Iseut. Paris 1900. [Erzählende Rekonstruktion des „Urromans"; spätere Auflagen z. B. 1981]. – Dt. v. Rudolf G. BINDING. Leipzig 1911 u. öfter.

BENSKIN / HUNT / SHORT (1992/95) s. Texte, Einzelausgaben, Thomas d'Angleterre.

BERTAU, Karl: Deutsche Literatur im europäischen Mittelalter. 1195-1220. Bd. 2: München 1973.

BERTAU, Karl: Über Literaturgeschichte. Literarischer Kunstcharakter und Geschichte in der höfischen Epik um 1200. München 1983.

BETZ, Werner: Gottfried von Straßburg als Kritiker höfischer Kultur und Advokat religiöser erotischer Emanzipation. In: Festschrift Konstantin Reichardt. Hg. v. Christian GELLINEK. Bern, München 1969, S. 168-173. Wieder in: Gottfried von Straßburg. Hg. v. Alois WOLF. Darmstadt 1973 (= Wege der Forschung, 320), S. 518-525.

BEUTIN, Wolfgang: Zum Lebensweg des 'Helden' in der mittelhochdeutschen Dichtung (Erec, Iwein, Tristan, Parzival). Bemerkungen aus psychoanalytischer Sicht. In: Literatur und Linguistik 7 H. 26 (1977), S. 39-57.

BLODGETT, E. D.: Music and Subjectivity in Gottfried's *Tristan.* In: Analogon rationis. Festschrift Gerwin Marahrens. Hg. v. Marianne HENN u. Christoph LOREY. Edmonton 1994, S. 1-18.

BONATH, Gesa: Nampetenis – Tristan der Zwerg: Zum Schluß von Eilharts 'Tristrant' und dem Tristan-Roman des Thomas. In: Germanistik in Erlangen. Hg. v. Dietmar PESCHEL. Erlangen 1983, S. 41-60.

BONATH, Gesa: Nachtrag zu den Akrosticha in Gottfrieds 'Tristan'. In: Zeitschrift für deutsches Altertum und deutsche Literatur 115 (1986), S. 101-116.

BRANDSTETTER, Alois: Über den Stellenwert des neugefundenen St. Pauler Fragments in der Überlieferung von Eilharts 'Tristand'. In: Festschrift Ingo Reiffenstein zum 60. Geburtstag. Hg. v. Peter STEIN u.a. Göppingen 1988 (= Göppinger Arbeiten zur Germanistik, 478), S. 339-352.

BRINKMANN, Hennig. Der Prolog im Mittelalter als literarische Erscheinung. Bau und Aussage. In: Wirkendes Wort 14 (1964), S. 1-21. Wieder in: Hennig BRINKMANN: Studien zur Geschichte der deutschen Sprache und Literatur. Bd. 2. Düsseldorf 1966, S. 79-105

BÜSCHEN, Ilka: Sentimentalität. Überlegungen zur Theorie und Untersuchungen an mittelhochdeutschen Epen. Stuttgart 1974.

BUMKE, Joachim: Liebe und Ehebruch in der höfischen Gesellschaft. In: Liebe als Literatur. Aufsätze zur erotischen Dichtung in Deutschland. Hg. v. Rüdiger KROHN. München 1983, S. 25-45.

BUMKE, Joachim: Überlegungen zur Überlieferungsgeschichte und Textkritik der höfischen Epik im 13. Jahrhundert. In: 'Aufführung' und 'Schrift' in Mittelalter und früher Neuzeit. DFG-Symposion 1994. Hg. v. Jan-Dirk MÜLLER. Stuttgart, Weimar 1996 (= Germanistische Symposien, 17), S. 118-129.

BUSCHINGER, Danielle (Hg.): La légende de Tristan au Moyen Age. Actes du colloque des 16 et 17 Janvier 1982. Göppingen 1982 (= Göppinger Arbeiten zur Germanistik, 355).

BUSCHINGER, Danielle (Hg.): Tristan et Iseut. Mythe européen et mondial. Actes du colloque des 10, 11 et 12 janvier 1986. Göppingen 1987 (= Göppinger Arbeiten zur Germanistik, 474).

BUSSMANN, Hadumod: Der Liebesmonolog im frühhöfischen Epos. Versuch einer Typbestimmung am Beispiel von Eilharts Isalde-Monolog. In: Werk – Typ – Situation. Festschrift Hugo Kuhn (60. Geb.). Hg. v. Ingeborg GLIER u. a. Stuttgart 1969, S. 45-63.

CATALINI, Claire V.: Gottfried von Straßburg's Account of Breaking up a Deer. In: Annali. Studi tedeschi 27 (1984), S. 65-79.

CAZENAVE, Michel: La Subversion de l'âme. Mythanalyse de l'histoire de Tristan et Iseut. Paris 1981.

CHINCA, Mark: History, Fiction, Verisimilitude. Studies in the Poetics of Gottfried's Tristan. Diss. London 1993 (= Texts and Dissertations, 35. Bithell Series of Dissertations, 18).

CHRIST, Winfried: Rhetorik und Roman. Untersuchungen zu Gottfrieds von Straßburg 'Tristan und Isold'. Meisenheim (Glan) 1977 (= Deutsche Studien, 31).

CLASSEN, Albrecht: König Marke in Gottfrieds von Straßburg *Tristan*. Versuch einer Apologie. In: Amsterdamer Beiträge zur älteren Germanistik 35 (1992), S. 37-63.

CLASSEN, Albrecht: Der Text, der nie enden will. Poetologische Überlegungen zu fragmentarischen Strukturen in mittelalterlichen und modernen Texten. In: Zeitschrift für Literaturwissenschaft und Linguistik 99 (1995), S. 83-113.

CLOSS, August: The Love-Potion as a Poetic Symbol in Gottfried's *Tristan*. In: Gottfried von Straßburg and the Medieval Tristan Legend. Papers from an Anglo-North American Symposium. Hg. v. Adrian STEVENS u. Roy WISBEY. Cambridge 1990 (= Arthurian studies, 23; Publications of the Institute of Germanic Studies, 44), S. 235-245.

COMBRIDGE, Rosemary N.: Das Recht im „Tristan" Gottfrieds von Straßburg. Münster 1959 (zugl. Diss. Münster 1957). 2., überarbeitete Aufl. Berlin 1964 (= Philologische Studien und Quellen, 15).

COURCELLE, Pierre: La colle et le clou de l'âme dans la tradition néo-platonicienne et chrétienne. In: Revue belge de philologie et d'histoire 36 (1958), S. 72-95.

CURSCHMANN, Michael: Images of Tristan. In: Gottfried von Straßburg and the Medieval Tristan Legend. Papers from an Anglo-North American Symposium. Hg. v. Adrian STEVENS u. Roy WISBEY. Cambridge 1990 (= Arthurian studies, 23; Publications of the Institute of Germanic Studies, 44), S. 1-17.

CURTIUS, Ernst Robert: Europäische Literatur und lateinisches Mittelalter. Bern 1948. [10]1984.

DIETZ, Reiner: Der Tristan Gottfrieds von Straßburg. Probleme der Forschung (1902-1970). Göppingen 1974 (= Göppinger Arbeiten zur Germanistik, 136).

DRAESNER, Ulrike: Zeichen – Körper – Gesang. Das Lied in der Isolde-Weißhand-Episode des *Tristan* Gotfrits von Straßburg. In: Wechselspiele. Kommunikationsformen und Gattungsinterferenzen mittelhochdeutscher Lyrik. Hg. von Michael SCHILLING und Peter STROHSCHNEIDER. Heidelberg 1996, S. 77-101.

EHRISMANN, Otfrid: Isolde, der Zauber, die Liebe – der Minnetrank in Gottfrieds *Tristan* zwischen Symbolik und Magie. In: Ergebnisse und Aufgaben der Germanistik am Ende des 20. Jahrhunderts. Festschrift Ludwig Erich Schmitt zum 80. Geburtstag. Hg., eingel. u. mit Verzeichnissen versehen v. Elisabeth FELDBUSCH. Hildesheim u. a. 1989, S. 282-301.

EHRISMANN, Otfrid: Theologie und Erotik. Die geistesgeschichtliche Wende der 'Tristan'-Rezeption und ihr Heiterkeitsdefizit. In: *Uf der mâze pfat*. Festschrift Werner Hoffmann. Hg. v. Waltraud FRITSCH-RÖßLER unter Mitarb. v. Liselotte HOMERING. Göppingen 1991 (= Göppinger Arbeiten zur Germanistik, 555), S. 115-134.

EIFLER, Günter: Publikumsbeeinflussung im strophischen Prolog zum Tristan Gottfrieds von Straßburg. In: Festschrift Karl Bischoff. Hg. v. G. BELLMANN u.a. Köln, Wien 1975, S. 357-389.

EISNER, Sigmund: The Tristan Legend. A Study in Sources. Evanston 1969.

ERNST, Ulrich: Gottfried von Straßburg in komparatistischer Sicht. Form und Funktion der Allegorese im Tristanepos. In: Euphorion 70 (1976), S. 1-72.

ERTZDORFF, Xenja von: Tristan und Lanzelot. Zur Problematik der Liebe in den höfischen Romanen des 12. und frühen 13. Jahrhunderts. In: Germanisch romanische Monatsschrift 63 (1983), S. 21-52.

ERTZDORFF, Xenja von (Hg.): Tristan und Isolt im Spätmittelalter. Vorträge eines interdisziplinären Symposiums vom 3. bis 8. Juni 1996 an der Justus Liebig-Universität Gießen. Amsterdam, Atlanta 1999 (= Chloe, 29).

FLOOD, John L.: *schapel und lorzwî*. Poetic Laurels between Antiquity and Renaissance. In: Blütezeit. Festschrift für Peter L. Johnson. Hg. von Marc CHINCA u.a. Tübingen 2000, S. 395-407.

FRITSCH-RÖSSLER, Waltraud: Der 'Tristan' Gottfrieds von Straßburg in der deutschen Literaturgeschichtsschreibung (1768-1985). Frankfurt a. M. 1989 (= Europäische Hochschulschriften I, 1119).

FROMM, Hans: Tristans Schwertleite. In: Deutsche Vierteljahrsschrift für Literaturwissenschaft und Geistesgeschichte 41 (1967), S. 333-350. Wieder in: Hans FROMM, Arbeiten zur deutschen Literatur des Mittelalters. Tübingen 1989, S. 155-172.

FROMM, Hans: Gottfried von Straßburg und Abaelard. In: Beiträge zur Geschichte der deutschen Sprache und Literatur 95 (1973) (Sonderheft: Festschrift Ingeborg Schröbler. Hg. v. Dietrich SCHMIDTKE), S. 196-216. Wieder in: Hans FROMM, Arbeiten zur deutschen Literatur des Mittelalters. Tübingen 1989, S. 173-190.

FRÜHMORGEN-VOSS, Hella: Tristan und Isolde in mittelalterlichen Bildzeugnissen. In: Deutsche Vierteljahrsschrift für Literaturwissenschaft und Geistesgeschichte 47 (1973), S. 645-663. Wieder in: Text und Illustration im Mittelalter. Aufsätze zu den Wechselbeziehungen zwischen Literatur und bildender Kunst. Hg. v. Norbert H. OTT. München 1975 (= Münchener Texte und Untersuchungen zur deutschen Literatur des Mittelalters, 50), S. 119-139.

FURSTNER, Hans: Der Beginn der Liebe bei Tristan und Isolde in Gottfrieds Epos. In: Neophilologus 41 (1957), S. 25-38.

GANZ, Peter F.: Polemisiert Gottfried gegen Wolfram? In: Beiträge zur Geschichte der deutschen Sprache und Literatur 88 (1966/67), S. 68-85.

GANZ, Peter F.: Minnetrank und Minne. Zu Tristan, Z. 11707f. In: Formen mittelalterlicher Literatur. Festschrift Siegfried Beyschlag. Hg. v. Werner u. B. NAUMANN. Göppingen 1970 (= Göppinger Arbeiten zur Germanistik, 25), S. 63-75 u. 289.

GEIL, Gerhild: Gottfried von Straßburg und Wolfram von Eschenbach als litera-rische Antipoden. Zur Genese eines literaturgeschichtlichen Topos. Köln, Wien 1973.

GLENDINNING, Robert: Gottfried von Strassburg and the School-Tradition. In: Deutsche Vierteljahrsschrift für Literaturwissenschaft und Geistesge-schichte 61 (1987), S. 617-638.

GLENDINNING, Robert: Eros, Agape and Rhetoric around 1200. Gervase of Melk-ley's *Ars poetica* and Gottfried von Strassburg's Tristan. In: Speculum 67 (1992), S. 892-925.

GNAEDINGER, Louise: Musik und Minne im 'Tristan' Gotfrids von Straßburg. Düsseldorf 1967 (= Beihefte zu Wirkendes Wort, 19).

GOEBEL, Dieter: Tristans Einkleidung. In: Zeitschrift für deutsche Philologie 96 (1977), S. 61-72.

GÖLLER, Karl Heinz: Tristan und das Haus Anjou; Exkurs zum Aufsatz: Der mittelenglische 'Sir Tristrem'. Vom höfischen Lied zur *minstrel-romance*. In: Il romanzo di Tristano nella letteratura del Medioevo. Der 'Tristan' in der Literatur des Mittelalters. Hg. v. Paola SCHULZE-BELLI u. Michael DALLA-PIAZZA. Trieste 1990, S. 61-65.

GOLDSCHMIDT KUNZER, Ruth: The 'Tristan' of Gottfried von Strassburg. An Ironic Perspective. Berkeley, Los Angeles, London 1973 (= University of California Publications in Modern Philology, 105).

GOLTHER, Wolfgang: Tristan und Isolde in den Dichtungen des Mittelalters und der neuen Zeit. Leipzig 1907.

GOTTZMANN, Carola L.: Identitätsproblematik in Gottfrieds 'Tristan'. In: Germa-nisch-romanische Monatsschrift 39 (1989), S. 129-146.

GRAVIGNY, Louis: La composition de „Tristan" de Gottfried de Strasbourg et les initiales dans les principaux manuscrits et fragments. In: Études Germani-ques 26 (1971), S. 1-17.

GRIMBERT, Joan Tasker (Hg.): Tristan and Isolde. A Casebook. New York, Lon-don 1995 (= Arthurian Characters and Themes, 2).

GROSSE, Siegfried: Der Gebrauch des Wortes *meister* in Gottfrieds 'Tristan'. In: Sprache – Literatur – Kultur. Studien zu ihrer Geschichte im deutschen Süden und Westen. Wolfgang Kleiber zu seinem 60. Geburtstag . Hg. v. Albrecht GREULE u. Uwe RUBERG. Stuttgart 1989, S. 291-299.

GROSSE, Siegfried u. RAUTENBERG, Ursula: Die Rezeption mittelalterlicher deut-scher Dichtung. Eine Bibliographie ihrer Übersetzungen und Bearbeitun-gen seit der Mitte des 18. Jahrhunderts. Tübingen 1989.

GRUBMÜLLER, Klaus: *ir unwarheit warbæren*. Über den Beitrag des Gottesurteils zur Sinnkonstitution in Gotfrids 'Tristan'. In: Philologie als Kulturwissen-schaft. Studien zur Literatur und Geschichte des Mittelalters. Festschrift Karl Stackmann. Hg. v. Ludger GRENZMANN u. a. Göttingen 1987, S. 149-163.

GRUENTER, Rainer: Bauformen der Waldleben-Episode in Gotfrids *Tristan und Isold*. In: Gestaltprobleme der Dichtung. Festschrift Günther Müller. Hg. v. Richard ALEWYN. Bonn 1957, S. 21 ff. Wieder in: GRUENTER, Rainer: Tristan-Studien. Hg. v. Wolfgang ADAM. Heidelberg 1993 (= Euphorion Beihefte, 27), S. 9-46.

GRUENTER, Rainer: Das *wunnecliche tal*. In: Euphorion 55 (1961), S. 341-403. Wieder in: Gruenter, Rainer: Tristan-Studien. Hg. v. Wolfgang Adam. Heidelberg 1993 (= Euphorion Beihefte, 27), S.65-140.

GRUENTER, Rainer: Der Favorit. Das Motiv der höfischen Intrige in Gotfrids *Tristan und Isold*. Ein Vortrag. In: Euphorion 58 (1964), S. 113 ff. Wieder in: GRUENTER, Rainer: Tristan-Studien. Hg. v. Wolfgang ADAM. Heidelberg 1993 (= Euphorion Beihefte, 27), S. 141-158.

GRUENTER, Rainer: Tristan-Studien. Hg. v. Wolfgang ADAM. Heidelberg 1993 (= Euphorion Beihefte, 27).

HAAS, Alois M.: Todesbilder im Mittelalter. Fakten und Hinweise in der deutschen Literatur. Darmstadt 1989.

HAHN, Ingrid: *Daz lebende paradis* (Tristan 17858-18114). In: Zeitschrift für deutsches Altertum und deutsche Literatur 92 (1963), S. 184-195.

HAHN, Ingrid: Raum und Landschaft in Gottfrieds Tristan. Ein Beitrag zur Werkdeutung. München 1963 (= Medium Aevum, 3).

HALL, Clifton D.: A Complete Concordance to Gottfried von Straßburg's 'Tristan'. Mellen 1992.

HAUBRICHS, Wolfgang: Namendeutung in Hagiographie, Panegyrik – und im „Tristan". Eine gattungs- und funktionsgeschichtliche Analyse. In: Namen in deutschen literarischen Texten des Mittelalters. Vorträge Symposion Kiel, 9.-12.9.1987. Hg. v. Friedhelm DEBUS u. Horst PÜTZ. Neumünster 1989 (= Kieler Beiträge zur deutschen Sprachgeschichte, 12), S. 205-224.

HAUG, Walter: *aventiure* in Gottfrieds von Straßburg 'Tristan'. In: Festschrift Hans Eggers. Hg. v. Herbert BACKES (Beiträge zur Geschichte der deutschen Sprache und Literatur 94, Sonderheft). Tübingen 1972, S. 88-125. Wieder in: Walter HAUG: Strukturen als Schlüssel zur Welt. Kleine Schriften zur Erzählliteratur des Mittelalters. Tübingen 1989, S. 557-582.

HAUG, Walter: *Der aventiure meine*. In: Würzburger Prosastudien II. Untersuchungen zur Literatur und Sprache des Mittelalters. Festschrift Kurt Ruh. Hg. v. Peter KESTING. München 1975, S. 93-111. Wieder in: Walter HAUG: Strukturen als Schlüssel zur Welt. Kleine Schriften zur Erzählliteratur des Mittelalters. Tübingen 1989, S. 447-463.

HAUG, Walter: Rudolfs 'Willehalm' und Gottfrieds 'Tristan': Kontrafaktur als Kritik. In: Deutsche Literatur des späten Mittelalters. Hamburger Colloquium 1973. Hg. v. Wolfgang HARMS u. Leslie Peter JOHNSON. Berlin 1975, S. 83-98. Wieder in: Walter HAUG: Strukturen als Schlüssel zur Welt. Kleine Schriften zur Erzählliteratur des Mittelalters. Tübingen 1989, S.637-650.

HAUG, Walter: Literaturtheorie im deutschen Mittelalter. Von den Anfängen bis zum Ende des 13. Jahrhunderts. Darmstadt 1985. Zweite überarb. u. erw. Aufl. 1992 (= Germanistische Einführungen).

HAUG, Walter: Gottfrieds von Straßburg 'Tristan'. Sexueller Sündenfall oder erotische Utopie. In: Akten des VII. Internationalen Germanisten-Kongresses Göttingen 1985. Kontroversen, alte und neue. Bd. 1. Hg. v. Albrecht SCHÖNE. Tübingen 1986, S. 41-52. Wieder in: Walter HAUG: Strukturen als Schlüssel zur Welt. Kleine Schriften zur Erzählliteratur des Mittelalters. Tübingen 1989, S. 600-611.

HAUG, Walter: Erzählen als Suche nach personaler Identität. Oder: Gottfrieds von Straßburg Liebeskonzept im Spiegel des neuen 'Tristanfragments von Carlisle'. In: Erzählungen in Erzählungen. Phänomene der Narration in Mittelalter und Früher Neuzeit. Hg. v. Harald HAFERLAND u.a. München 1996, S. 177-187.

HAUG, Walter: Reinterpreting the Tristan Romances of Thomas and Gotfrid. Implications of a Recent Discovery. In: Arthuriana 7 (1997), S. 44-59.

HAUG, Walter: Gottfrieds von Straßburg Verhältnis zu Thomas von England im Licht des neu aufgefunden 'Tristan'-Fragments von Carlisle. Amsterdam 1999 (= Nederlandse Akademie van Wetenschapen. Medelingen van de Afdeling Letterkunde, 62, 4).

HAUG, Walter: Der Tristanroman im Horizont der erotischen Diskurse des Mittelalters und der Frühen Neuzeit. Freiburg/Schweiz 2000 (Wolfgang Stammler Gastprofessur, 10).

HAUPT, Barbara: Zum Prolog des 'Tristan' Gottfrieds von Straßburg. Prolegomenon zu einer wirkungs- und rezeptionsorientierten Untersuchung mittelalterlicher volkssprachlicher Prologe. In: Beiträge zur älteren deutschen Literaturgeschichte. Bd. 1: Literatur – Publikum – historischer Kontext. Hg. v. Gert KAISER. Bern / Frankfurt a.M. 1977, S. 109-136

HAUPT, Barbara: Literaturgeschichtsschreibung im höfischen Roman. Die Beschreibung von Enites Pferd und Sattelzeug im 'Erec' Hartmanns von Aue. In: Festschrift Herbert Kolb. Hg. v. Barbara HAUPT u. Hilkert WEDDIGE. Bern 1989, S. 202-219.

HEIMERLE, Magda: Gottfried und Thomas. Ein Vergleich. Frankfurt a. M. 1942 (= Frankfurter Quellen und Forschungen, 31).

HEINZLE, Joachim (Hg.): Modernes Mittelalter. Neue Bilder einer populären Epoche. Frankfurt a. M., Leipzig 1994.

HENKEL, Nikolaus: Kurzfassungen höfischer Erzähldichtung im 13./14. Jahrhundert. Überlegungen zum Verhältnis von Textgeschichte und literarischer Interessenbildung. In: Literarische Interessenbildung im Mittelalter. DFG-Symposion 1991. Hg. v. Joachim HEINZLE. Stuttgart, Weimar 1993 (= Germanistische Symposien. Tagungsbände, 14), S. 39-59.

HERZMANN, Herbert: Warum verlassen Tristan und Isolde die Minnehöhle? Zu Gottfrieds *Tristan*. In: Euphorion 69 (1975), S. 219-228.

HERZMANN, Herbert: Nochmals zum Minnetrank in Gottfrieds *Tristan*. Anmerkungen zum Problem der psychologischen Entwicklung in der mittelhochdeutschen Epik. In: Euphorion 70 (1976), S. 73-94.

HUBER, Christoph: Wort-Ding-Entsprechungen. Zur Sprach- und Stiltheorie
Gottfrieds von Straßburg. In: Befund und Deutung. Festschrift Hans
Fromm. Hg. v. Klaus GRUBMÜLLER u.a. Tübingen 1979, S. 268-308.

HUBER, Christoph: Gottfried von Straßburg. 'Tristan und Isolde'. Eine Einführung. München, Zürich 1986 (= Artemis-Einführungen, 25).

HUBER, Christoph: Die Aufnahme und Verarbeitung des Alanus ab Insulis in
mittelhochdeutschen Dichtungen. Untersuchungen zu Thomasin von
Zerklaere, Gottfried von Straßburg, Frauenlob, Heinrich von Neustadt,
Heinrich von St. Gallen, Heinrich von Mügeln und Johannes von Tepl.
München 1988 (= Münchener Texte und Untersuchungen zur deutschen
Literatur des Mittelalters, 89).

HUBER, Christoph: Spiegelungen des Liebestodes im 'Tristan' Gottfrieds von
Straßburg. In: Tristan und Isolde. Unvergängliches Thema der Weltkultur.
Tristan et Iseut. Un thème éternel dans la culture mondiale. Hg. v. Da-
nielle BUSCHINGER u. Wolfgang SPIEWOK. Greifswald 1996 (Wodan, 57),
S. 127-140.

HUBY, Michel: Dans quel ésprit Gottfried travaille-t-il? In: La légende de Tristan
au moyen-âge. Actes du colloque des 16 et 17 janvier 1982. Hg. v. Danielle BUSCHINGER. Göppingen 1982 (= Göppinger Arbeiten zur Germanistik, 355), S. 151-165.

HUBY, Michel: Prolegomena zu einer Untersuchung von Gottfrieds *Tristan*. Bd.
1: Text; Bd. 2: Anhang. Göppingen 1984 (= Göppinger Arbeiten zur Germanistik, 397/I, II).

HUBY, Michel: Tristan und kein Ende? In: Études Germaniques 43 (1988), S.
195-202.

HURST, Peter W.: Zur Interdependenz von Gottfrieds *blintheit*- und *huote-/mâze*-
Exkursen. ('Tristan' vv. 17723-18114). In: Zeitschrift für deutsche Philologie 105 (1986), S. 321-332.

JACKSON, William T. H.: Tristan the Artist in Gottfried's Poem. In: Publications
of the Modern Language Association of America 77 (1962), S. 364-372. –
Dt. Übers. in: Gottfried von Straßburg. Hg. v. Alois WOLF. Darmstadt
1973 (= Wege der Forschung, 320), S. 280-304. – Wieder in: Tristan and
Isolde. A Casebook. Hg. v. Joan Tasker GRIMBERT. New York, London
1995 (= Arthurian Characters and Themes, 2), S. 125-146.

JACKSON, William T. H.: The Anatomy of Love. The Tristan of Gottfried von
Strassburg. New York 1971.

JACKSON, William T. H.: The Court of the Poet and the Court of the King. In:
The Medieval Court in Europe. Hg. v. Edward E. HAYMES. München
1986 (= Houston German Studies, 6), S. 26-40.

JACOBSON, Evelyn M.: Biblical Typology in Gottfried's *Tristan und Isolde*. In: Neophilologus 69 (1985), S. 568-578.

JAEGER, C. Stephen: The Crown of Virtues in the Cave of Lovers Allegory of Gottfried's *Tristan*. In: Euphorion 67 (1973), S. 95-116.

JAEGER, C. Stephen: Medieval Humanism in Gottfried von Strassburg's Tristan und Isolde. Heidelberg 1977 (= Germanische Bibliothek. Reihe 3. Untersuchungen und Einzeldarstellungen).

JAEGER, C. Stephen: On Recent Interpretations of Gottfried's *Tristan*, lines 17031-17057. In: Monatshefte 70 (1978), S. 375-386.

JAEGER, C. Stephen: Mark and Tristan. The Love of Medieval Kings and their Courts. In: *in hôhem prîse*. Festschrift Ernst S. Dick. Hg. v. Winder MCCONNELL. Göppingen 1989 (= Göppinger Arbeiten zur Germanistik, 480), S. 183-197.

JAEGER, C. Stephen: Melancholie und Studium. Zum Begriff 'Arbeitsælikeit', seinen Vorläufern und seinem Weiterleben in Medizin und Literatur. In: Literatur, Artes und Philosophie. Hg. v. Walter HAUG u. Burghart WACHINGER. Tübingen 1992 (= Fortuna vitrea, 7), S. 117-140.

JAFFE, Samuel: Gottfried von Strassburg and the Rhetoric of History. In: Medieval Eloquence. Studies in the Theory and Practice of Medieval Rhetoric. Hg. v. James J. MURPHY. Berkeley, Los Angeles, London 1978, S. 288-318.

JAFFE, Samuel: *Da wil man, des man niene wil*. Sallustische Prologtopik und Bernhardische Seelenanalyse in der dritten Strophe des „Tristan"-Prologs Gottfrieds von Straßburg. In: Bildhafte Rede in Mittelalter und früher Neuzeit. Probleme ihrer Legitimation und ihrer Funktion. Hg. v. Wolfgang HARMS u. Klaus SPECKENBACH. Tübingen 1992, S. 173-195.

JANTZEN, Ulrike u. KRÖNER, Niels: Zum neugefundenen *Tristan*-Fragment des Thomas d'Angleterre: Editionskritik und Vergleich mit Gottfrieds Bearbeitung. In: Euphorion 91 (1997), S. 291-309.

JOHNSON, Laurie: Reading the Excursus of Women as a Model of "Modern" Temporality in Gottfried's *Tristan*. In: Neophilologus 82 (1998), S. 247-257.

KARG, Ina: Die Markefigur im 'Tristan'. Versuch über die literaturgeschichtliche Position Gottfrieds von Straßburg. In: Zeitschrift für deutsche Philologie 113 (1994), S. 66-87.

KARTSCHOKE, Dieter: Eneas – Erec – Tristrant. Zur relativen Chronologie der frühen höfischen Versromane. In: Festschrift Elfriede Stutz zum 65. Geburtstag. Hg. v. Alfred EBENHAUER. Wien 1984 (Philologica Germanica, 7), S. 212-222.

KECK, Anna: Die Liebeskonzeption der mittelalterlichen Tristanromane. Zur Erzähllogik der Werke Berouls, Eilharts, Thomas' und Gottfrieds. München 1998 (= Beihefte zu Poetica, 22).

KEUCHEN, Rolf: Typologische Strukturen im 'Tristan'. Ein Beitrag zur Erzähltechnik Gottfrieds von Straßburg. Diss. Köln 1975.

KLEIN, Thomas: Die Parzivalhandschrift Cgm 19 und ihr Umkreis. In: Wolfram-Studien 12. Probleme der Parzival Philologie. Hg. v. Joachim HEINZLE u.a. Berlin 1992, S. 32-66.

KNAPP, Fritz Peter: Der Selbstmord in der abendländischen Epik des Hochmittelalters. Heidelberg 1979 (Germanische Bibliothek, 3).

KOLB, Herbert: *Der minnen hus*. Zur Allegorie der Minnegrotte in Gottfrieds Tristan. In: Euphorion 56 (1962), S. 229 ff. Wieder in: Gottfried von Straßburg. Hg. v. Alois WOLF. Darmstadt 1973 (= Wege der Forschung, 320), S. 305 ff.

KOLB, Herbert: *Der ware Elicon*. Zu Gottfrieds Tristan vv. 4862 bis 4907. In: Deutsche Vierteljahrsschrift 41 (1967), S. 1-26. Wieder in: Gottfried von Straßburg. Hg. v. Alois WOLF. Darmstadt 1973 (= Wege der Forschung, 320), S. 453 ff.

KOLB, Herbert: Der Hof und die Höfischen. Bemerkungen zu Gottfried von Straßburg. In: Zeitschrift für deutsches Altertum und deutsche Literatur 106 (1977), S. 236-252.

KOLB, Herbert: Ars venandi im 'Tristan'. In: Medium aevum deutsch. Festschrift Kurt Ruh. Hg. v. Dieter HUSCHENBETT. Tübingen 1979, S. 175-197.

KOLB, Herbert: Isoldes Eid. Zu Gottfried von Straßburg, Tristan 15267-15764. In: Zeitschrift für deutsche Philologie 107 (1988), S. 321-335.

KRASCHEWSKI-STOLZ, Siegrun: Studien zu Form und Funktion der Bildlichkeit im 'Tristan' Gottfrieds von Straßburg. Göppingen 1983 (= Göppinger Arbeiten zur Germanistik, 403).

KRAUSE, Burkhardt: Das Eine und die Teile. Der Bast in Gottfrieds 'Tristan'. Variae lectiones. In: Literaturgeschichte als Profession. Festschrift Dietrich Jöns. Hg. v. Hartmut LAUFHÜTTE. Tübingen 1993 (= Mannheimer Beiträge zur Sprach- und Literaturwissenschaft, 24), S. 18-40.

KRAUSE, Burkhardt: Die Jagd als Lebensform und höfisches 'spil'. Mit einer Interpretation des 'bast' in Gottfrieds von Straßburg Tristan. Stuttgart 1996 (Helfant Studien, 12).

KROHN, Rüdiger: Erotik und Tabu in Gottfrieds 'Tristan': König Marke. In: Stauferzeit. Geschichte, Literatur, Kunst. Hg. v. Rüdiger KROHN u.a. Stuttgart 1979 (= Karlsruher Kulturwissenschaftliche Arbeiten, 1), S. 362-376

KROHN, Rüdiger: Gottfried von Straßburg und der Minnesang. Anmerkungen zu einem heiklen Verhältnis. In: Tristan et Iseut. Mythe européen et mondial. Actes du colloque des 10, 11 et 12 janvier 1986. Hg. v. Danielle BUSCHINGER. Göppingen 1987 (= Göppinger Arbeiten zur Germanistik, 474), S.199-211.

KROHN, Rüdiger: Der Minnesänger Gottfried von Straßburg. Noch ein Plädoyer für ein erweitertes Autorverständnis. In: *„Dâ hœret ouch geloube zuo"*.

Überlieferungs- und Echtheitsfragen zum Minnesang. Beiträge zum Festcolloquium für Günther Schweikle anläßlich seines 65. Geburtstags. Hg. v. Rüdiger KROHN. Stuttgart, Leipzig 1995, S. 89-102.

KÜHNEL, Jürgen: Derdriu und Noín / Grainne und Diarmaid / Tristan und Isolt. Die Epik des alten Irland und die Tristan-Romane des europäischen Mittelalters. In: Tristan et Iseut, mythe européen et mondial. Actes du colloque des 10, 11 et 12 janvier 1968. Hg. v. Danielle BUSCHINGER. Göppingen 1987 (= Göppinger Arbeiten zur Germanistik, 474), S. 394-404.

KUHN, Hugo: Tristan, Nibelungenlied, Artusstruktur. In: Sitzungsberichte der Bayerischen Akademie der Wissenschaften. Phil.-hist. Klasse, 1973, H. 5. München 1973.

KUHN, Hugo: Bemerkungen zur Rezeption des Tristan im deutschen Mittelalter. Ein Beitrag zur Rezeptionsdiskussion. In: Wissen aus Erfahrungen. Werkbegriff und Interpretation heute. Festschrift Herman Meyer. Hg. v. Alexander von BORMANN u.a. Tübingen 1976, S. 53-63.

KUNISCH, Hermann: *edelez herze – edeliu sêle*. Vom Verhältnis höfischer Dichtung zur Mystik. In: Mediaevalia litteraria. Festschrift Helmut de Boor. Hg. v. Ursula HENNIG u. Herbert KOLB. München 1971, S. 413-450.

LANGER, Otto: Der 'Künstlerroman' Gottfrieds – Protest bürgerlicher 'Empfindsamkeit' gegen höfisches 'Tugendsystem'? In: Euphorion 68 (1974), S. 1-41.

LANGMEIER, Beatrice M.: Forschungsbericht zu Gottfrieds von Strassburg 'Tristan' mit besonderer Berücksichtigung der Stoff- und Motivgeschichte für die Zeit von 1759-1925. Diss. Freiburg (Schweiz) 1976. Zürich 1978.

LANZ-HUBMANN, Irene: *Nein unde jâ*. Mehrdeutigkeit im 'Tristan' Gottfrieds von Straßburg: Ein Rezipientenproblem. Frankfurt a. M., Bern u. a. 1989 (= Deutsche Literatur von den Anfängen bis 1700, 5).

LEJEUNE, Rita: Rôle littéraire d'Aliénor d'Aquitaine et de sa famille. In: Cultura Neolatina 14 (1954), S. 1-57.

LENSCHEN, Walter: Väter und Vaterbild in Gottfrieds 'Tristan'. In: Begegnung mit dem „Fremden". Grenzen – Traditionen – Vergleiche. Akten des VIII. Internationalen Germanisten-Kongresses Tokyo 1990. Bd. 6. Hg. v. Eijiro IWA-SAKI. München 1991, S. 210-216.

MÄLZER, Marion: Die Isolde-Gestalten in den mittelalterlichen deutschen Tristan-Dichtungen. Ein Beitrag zum diachronischen Wandel. Diss. Kiel 1990. Heidelberg 1991 (= Beiträge zur älteren Literaturgeschichte).

MARKALE, Jean: La femme celte. Paris 1972 u. öfter. – Dt.: Die keltische Frau. München 1984.

MARX, Jean: La naissance de l'amour de Tristan et Iseut dans les formes les plus anciennes de la légende. In: Romance Philology 9 (1955/56), S. 167-173.

MCCANN, W. J.: Tristan: The Celtic Material Re-examined. In: Gottfried von Straßburg and the Medieval Tristan Legend. Papers from an Anglo-North American Symposium. Hg. v. Adrian STEVENS u. Roy WISBEY. Cambridge 1990 (= Arthurian Studies, 23; Publications of the Institute of Germanic Studies, 44), S. 19-28. Erweitert unter dem Titel: Tristan: The Celtic and Oriental Material Re-examined. In: Tristan and Isolde. A casebook. Hg. v. Joan Tasker GRIMBERT. New York, London 1995 (= Arthurian Characters and Themes,2), S. 3-35.

MCCONEGHY, Patrick M.: Ah, To Be Young and Rich! A New Look at Gottfried's *edele herzen* in light of Walther's 42.31. In: Amsterdamer Beiträge zur älteren Germanistik 22 (1984), S. 109-137.

MCDONALD, William C.: Gottfried von Straßburg. *Tristan* and the Arthurian Tradition. In: *in hôhem prise*. Festschrift Ernst S. Dick. Hg. v. Winder MCCONNELL. Göppingen 1989 (= Göppinger Arbeiten zur Germanistik, 480), S. 243-266. Vgl. später in: Tristan and Isolde. A Casebook. Hg. v. Joan Tasker GRIMBERT. New York, London 1995 (= Arthurian Characters and Themes, 2), S. 147-185.

MCDONALD, William C.: Arthur and Tristan. On the Intersection of Legends in German Medieval Literature. Lewiston, Queenston, Lampeter 1991.

MEISSBURGER, Gerhard: Tristan und Isold mit den weißen Händen. Die Auffassung der Minne, der Liebe und der Ehe bei Gottfried von Straßburg und Ulrich von Türheim. Basel 1954.

MERTENS, Volker: Eilhart, der Herzog und der Truchseß. Der 'Tristrant' am Welfenhof. In: Tristan et Iseut, mythe européen et mondial. Actes du colloque des 10, 11 et 12 janvier 1986. Hg. v. Danielle BUSCHINGER. Göppingen 1987 (= Göppinger Arbeiten zur Germanistik, 474), S. 262-281.

MERTENS, Volker: Intertristanisches. Tristan-Lieder von Chrétien de Troyes, Bernger von Horheim und Heinrich von Veldeke. In: Kultureller Wandel und die Germanistik in der Bundesrepublik. Germanistentag 1991 Augsburg 6. bis 9. Oktober. Hg. v. Johannes JANOTA. Tübingen 1993, S. 37-55.

MERTENS, Volker: Bildersaal – Minnegrotte – Liebestrank. Zu Symbol, Allegorie und Mythos im Tristanroman. In: Beiträge zur Geschichte der deutschen Sprache und Literatur 117 (1995), S. 40-64.

MERTENS, Volker: Der deutsche Artusroman. Stuttgart 1998 (= RUB, 17 696).

MIETH, Dietmar: Dichtung, Glaube und Moral. Studien zur Begründung einer narrativen Ethik. Mit einer Interpretation zum Tristanroman Gottfrieds von Straßburg. Mainz 1976 (= Tübinger theologische Studien, 7).

MIKASCH-KÖTHNER, Dagmar: Zur Konzeption der Tristanminne bei Eilhart von Oberg und Gottfried von Straßburg. Stuttgart 1991 (= Helfant Studien, S7).

MOHR, Wolfgang: *Tristan und Isold* als Künstlerroman. In: Euphorion 53 (1959), S. 153-174. Wieder in: Gottfried von Straßburg. Hg. v. Alois WOLF. Darmstadt 1973 (= Wege der Forschung, 320), S. 248 ff.

MONTAG / GICHTEL (1979) s. Texte, Einzelausgaben, Gottfried von Straßburg, Handschriften.

MORSCH, Klaus: *schœne daz ist hœne*. Studien zum Tristan Gottfrieds von Straßburg. Erlangen 1984 (= Erlanger Studien, 50).

MÜLLER, Irmgard: Liebestränke, Liebeszauber und Schlafmittel in der mittelalterlichen Literatur. In: Liebe – Ehe – Ehebruch in der Literatur des Mittelalters. Vorträge des Symposiums vom 13. bis 16. Juni 1983 am Institut für deutsche Sprache und mittelalterliche Literatur der Justus Liebig-Universität Gießen. Hg. v. Xenia von ERTZDORFF u. Marianne WYNN. Gießen 1984 (= Beiträge zur deutschen Philologie, 58), S. 71-87.

MÜLLER, Jan-Dirk: Tristans Rückkehr. Zu den Fortsetzern Gottfrieds von Straßburg. In: Festschrift Walter Haug u. Burghart Wachinger. Hg. v. Johannes JANOTA u.a. Tübingen 1992, S. 529-548.

MÜLLER, Ulrich u. WUNDERLICH, Werner (Hg.): Mittelaltermythen. Bd. 1. Herrscher Helden Heilige. St. Gallen 1996. Bd. 2. Dämonen Monster Fabelwesen. St. Gallen 1999.

MÜLLER-KLEIMANN, Sigrid: Gottfrieds Urteil über den zeitgenössischen deutschen Roman. Ein Kommentar zu den Tristanversen 4619-4748. Stuttgart 1990 (= Helfant Studien, 6).

NELLMANN, Eberhard: Wolfram und Kyot als *vindœre wilder mœre*. Überlegungen zu 'Tristan' 4619-88 und 'Parzival' 453,1-17. In: Zeitschrift für deutsches Altertum und deutsche Literatur 117 (1988), S. 31-67.

NELLMANN, Eberhard: Dichtung ein Würfelspiel? Zu 'Parzival' 2,13 und 'Tristan' 4693. In: Zeitschrift für deutsches Altertum und deutsche Literatur 123 (1994), S. 458-466.

NELLMANN, Eberhard: Der Türverschluß der Minnegrotte ('Tristan' 16989-17061). In: *Ze hove und an der strâzen*. Die deutsche Literatur des Mittelalters und ihr „Sitz im Leben". Festschrift Volker Schupp zum 65. Geburtstag. Hg. v. Anna KECK u. Theodor NOLTE. Stuttgart, Leipzig 1999, S. 305-310.

NICKEL, Emil: Studien zum Liebesproblem bei Gottfried von Straßburg. Königsberg 1927 (= Königsberger Deutsche Forschungen, 1).

NOWÉ, Johan: Riwalin und Blanscheflur. Analyse und Interpretation der Vorgeschichte von Gottfrieds „Tristan" als formaler und thematischer Vorwegnahme der Gesamtdichtung. In: Leuvense Bijdragen 71 (1982), S. 265-330.

OHLY, Friedrich: Schriften zur mittelalterlichen Bedeutungsforschung. Darmstadt 1977.

OHLY, Friedrich: Typologie als Denkform der Geschichtsbetrachtung. In: Typologie. Hg. v. Volker BOHN. Frankfurt a. M. 1988, S. 7-21.

OKKEN, Lambertus: Kommentar zum Tristan-Roman Gottfrieds von Straßburg. Bd. 1.2. Amsterdam 1984-85. Bd. 3, 1988 (= Amsterdamer Publikationen zur Sprache und Literatur, 57-58, 2., gründlich überarbeitete Auflage, 2 Bde. Amsterdam 1996).

OTT, Norbert H.: Katalog der Tristan-Bildzeugnisse. In: Text und Illustration im Mittelalter. Aufsätze zu den Wechselbeziehungen zwischen Literatur und bildender Kunst. Hg. v. Norbert H. OTT. München 1975 (= Münchener Texte und Untersuchungen zur deutschen Literatur des Mittelalters, 50), S. 140-171.

OTT, Norbert H.: Tristan auf Runkelstein und die übrigen zyklischen Darstellungen des Tristanstoffes. Textrezeption oder medieninterne Eigengesetzlichkeit der Bildprogramme? In: Runkelstein. Die Wandmalereien des Sommerhauses. Hg. v. Walter HAUG u. a. Wiesbaden 1982, S. 194-239.

OTT, Norbert H.: Geglückte Minne-Aventiure. Zur Szenenauswahl literarischer Bildzeugnisse im Mittelalter. Die Beispiele des Rodenecker 'Iwein', des Runkelsteiner 'Tristan', des Braunschweiger 'Gawan' und des Frankfurter 'Wilhelm von Orlens' Teppichs. In: Jahrbuch der Oswald von Wolkenstein Gesellschaft 2 (1982/83), S. 1-32.

OWEN, Douglas D.R.: Eleanor of Aquitaine, Queen and Legend. Oxford 1993.

PALMER, Craig: A Question of Manhood. Overcoming the Paternal Homoerotic in Gottfried's *Tristan*. In: Monatshefte 88 (1996), S. 17-30.

PARIS, Gaston: Études sur les romans de la table ronde – I. Lancelot du Lac – II. Le Conte de la Charrette. In: Romania 12 (1883), S. 459-534.

PAYEN, Jean Charles: Le palais de verre dans la 'Folie d'Oxford'. In: Tristania 5, H. 2 (1981), S. 17-27.

PEIFFER, Lore: Zur Funktion der Exkurse im 'Tristan' Gottfrieds von Straßburg. Göppingen 1971 (= Göppinger Arbeiten zur Germanistik, 31).

PESCHEL, Gerd-Dietmar: Prolog-Programm und Fragment-Schluß in Gotfrits Tristanroman. Erlangen 1976 (= Erlanger Studien, 9).

PETER, Klaus: Die Utopie des Glückes. Ein neuer Versuch über Gottfried von Straßburg. In: Euphorion 62 (1968), S. 317-344.

PIQUET, Félix: L'originalité de Gottfried de Strasbourg dans son poème de Tristan et Isolde. Étude de littérature comparée. Lille 1905.

PIQUET, Félix: Le Problème Eilhart – Gottfried. In: Revue Germanique 20 (1929), S. 119-132, 242-254.

POAG, James F.: Entzauberte Heilsmuster. Zur Vorgeschichte von Gottfrieds Tristan. In: Entzauberung der Welt. Deutsche Literatur 1200-1500. Hg. v. James F. POAG u. Thomas C. FOX. Tübingen 1989, S. 19-33.

PÖRKSEN, Gunhild und Uwe: Die „Geburt" des Helden in mittelhochdeutschen Epen und epischen Stoffen des Mittelalters. In: Euphorion 74 (1980), S. 257-286.

RANKE, Friedrich: Die Allegorie der Minnegrotte in Gottfrieds Tristan. In: Schriften der Königsberger Gelehrten Gesellschaft. Geisteswiss. Kl. 2 (1925), S. 21-39. Wieder in: Gottfried von Straßburg. Hg. v. Alois WOLF. Darmstadt 1973 (= Wege der Forschung, 320), S. 1-24. Wieder in: RANKE, Friedrich, Kleine Schriften. Hg. v. Heinz RUPP u. Eduard STUDER. Bern, München 1971, S. 13- 30.

RANKE-GRAVES, Robert von: Griechische Mythologie. Quellen und Deutungen (Englische Originalausgabe 1955). Reinbeck 1985.

RATHOFER, Johannes: Der 'wunderbare Hirsch' der Minnegrotte. In: Zeitschrift für deutsches Altertum und deutsche Literatur 95 (1966), S. 27-42. Wieder in: Gottfried von Straßburg. Hg. v. Alois WOLF. Darmstadt 1973 (= Wege der Forschung, 320), S. 371-391.

RIDDER, Klaus: Liebestod und Selbstmord. Zur Sinnkonstitution im *Tristan*, im *Willehalm von Orlens* und in *Partonopier und Meliur*. In: Tristan und Isold im Spätmittelalter. Vorträge eines interdisziplinären Symposions vom 3. bis 8. Juni 1996 an der Justus- Liebig-Universität Gießen. Hg. v. Xenia von ERTZDORFF. Amsterdam, Atlanta 1999 (= Chloe, 29), S. 303-329.

RIES, Sybille: Erkennen und Verkennen in Gottfrieds 'Tristan' mit besonderer Berücksichtigung der Isold-Weißhand-Episode. In: Zeitschrift für deutsches Altertum und deutsche Literatur 109 (1980), S. 316-337.

ROCHER, Daniel: Denis de Rougement, la „légende" de Tristan et le roman de Gottfried von Strassburg. In: La Légende de Tristan au Moyen Age. Actes du colloque des 16 et 17 Janvier 1982. Hg. v. Danielle BUSCHINGER. Göppingen 1982 (= Göppinger Arbeiten zur Germanistik, 355), S. 139-150.

ROCHER, Daniel: Essai sur la spiritualisation du Tristan de l'Estoire à Gottfried. In: Cahiers d'Études Germaniques 6 (1982), S. 39-74.

ROCHER, Daniel: 'Monumenta amoris' zwischen Unterhaltung und Kult. Die Funktion von Leichs und *senemæren* in Gottfrieds 'Tristan'. In: Erkennen und Erinnern in Kunst und Literatur. Kolloquium Reisensburg, 4.-7. Januar 1996. In Verbindung mit Wolfgang FRÜHWALD hg. v. Dietmar PEIL. Tübingen 1998, S. 169-180.

ROUGEMONT, Denis de: L'amour et l'occident. Paris 1939. – Deutsch: Die Liebe und das Abendland. Köln 1966.

ROUGEMONT, Denis de: Les mythes de l'amour. Paris 1967.

RUBERG, Uwe: Zur Poetik der Eigennamen in Gottfrieds 'Tristan'. In: Sprache – Literatur – Kultur. Studien zu ihrer Geschichte im deutschen Süden und Westen. Wolfgang Kleiber zu seinem 60. Geburtstag. Hg. v. Albrecht GREULE u. Uwe RUBERG. Stuttgart 1989, S. 301-320.

RUBERG, Uwe: „Lancelot malt sein Gefängnis aus". Bildkunstwerke als kollektive und individuelle Memorialzeichen in den Aeneas-, Lancelot- und Tristan-Romanen. In: Erkennen und Erinnern in Kunst und Literatur. Kolloquium Reisensburg, 4.-7. Januar 1996. In Verbindung mit Wolfgang FRÜHWALD hg. v. Dietmar PEIL. Tübingen 1998, S. 181-194.

RUH, Kurt: Kap. „Gottfried von Straßburg". In: Ders., Höfische Epik des deutschen Mittelalters. Bd. II. Berlin 1980 (= Grundlagen der Germanistik, Bd. 7), S. 203-261.

SÄLZER, Gerda: Studien zu Gottfried von Straßburg. Diss. (masch.). Bochum 1975.

SAWICKI, Stanislaw: Gottfried von Straßburg und die Poetik des Mittelalters. Berlin 1932. Nachdruck Nendeln 1967 (= Germanische Studien, 124).

SCHAIK, Martin van: Musik, Aufführungspraxis und Instrumente im Tristan-Roman Gottfrieds von Straßburg. In: OKKEN, Lambertus: Kommentar zum Tristan-Roman Gottfrieds von Straßburg 1988, Bd. 3, S. 165-224. [2]1996, Bd. 2, S. 1009-1055.

SCHEUER, Hans Jürgen: Die Signifikanz des Rituals. Zwei 'Tristan'-Studien. In: PBB 121 (1999), S. 406-439.

SCHILD, Wolfgang: Das Gottesurteil der Isolde. Zugleich eine Überlegung zum Verhältnis von Rechtsdenken und Dichtung. In: Alles was Recht war. Rechtsliteratur und literarisches Recht. Festschrift Ruth Schmidt-Wiegand zum 70. Geburtstag. Hg. v. Hans HÖNINGHOFF u. a. Essen 1996, S. 55-75.

SCHIROK, Bernd: Zu den Akrosticha in Gottfrieds 'Tristan'. Versuch einer kritischen und weiterführenen Bestandsaufnahme. In: Zeitschrift für deutsches Altertum und deutsche Literatur 113 (1984), S. 188-213.

SCHIROK, Bernd: Handlung und Exkurse in Gottfrieds 'Tristan'. Textebenen als Interpretationsproblem. In: Texttyp, Sprechergruppe, Kommunikationsbereich. Studien zur deutschen Sprache in Geschichte und Gegenwart. Festschrift Hugo Steger. Hg. v. Heinrich LÖFFLER u.a. Berlin, New York 1994, S. 33-51.

SCHNELL, Rüdiger: Rechtsgeschichte und Literaturgeschichte. Isoldes Gottesurteil. In: Akten des VI. Internationalen Germanisten-Kongresses Basel 1980. Tl. 4. Hg. v. Heinz RUPP u. Hans-Gert ROLOFF. Bern 1980 (= Jahrbuch für Inter-nationale Germanistik. Reihe A, 8, 2-4), S. 307-319.

SCHNELL, Rüdiger: Der Frauenexkurs in Gottfrieds Tristan (V. 17858-18114). Ein kritischer Kommentar. In: Zeitschrift für deutsche Philologie 103 (1984), S. 1-26.

SCHNELL, Rüdiger: Causa amoris. Liebeskonzeption und Liebesdarstellung in der mittelalterlichen Literatur. Bern, München 1985. (= Bibliotheka Germanica, 27)

SCHNELL, Rüdiger: Die 'höfische Liebe' als höfischer Diskurs über die Liebe. In: Curialitas. Studien zu Grundfragen der ritterlich-höfischen Kultur. Hg. v. Josef FLECKENSTEIN. Göttingen 1990 (= Veröffentlichungen des Max-Planck-Instituts für Geschichte, 100), S. 231-301.

SCHNELL, Rüdiger: Die 'höfische Liebe' als Gegenstand von Psychohistorie, Sozial- und Mentalitätsgeschichte. In: Poetica 23 (1991), S. 374-424.

SCHNELL, Rüdiger: Suche nach Wahrheit. Gottfrieds 'Tristan und Isold' als erkenntniskritischer Roman. Tübingen 1992 (= Hermanea N. F., 67)

SCHNELL, Rüdiger: Unterwerfung und Herrschaft. Zum Liebesdiskurs im Hochmittelalter. In: Modernes Mittelalter. Neue Bilder einer populären Epoche. Hg. v. Joachim HEINZLE. Frankfurt a. M., Leipzig 1994, S. 103-133.

SCHÖNE, Albrecht: Zu Gottfrieds 'Tristan'-Prolog: In: Deutsche Vierteljahrsschrift für Literaturwissenschaft und Geistesgeschichte 29 (1955), S. 447-474. Wieder in: Gottfried von Straßburg. Hg. v. Alois WOLF. Darmstadt 1973 (= Wege der Forschung, 320), S. 147-181.

SCHÖNING, Brigitte: Namen ohne Person. Auf den Spuren der Isolde Weisshand. In: *Der frauwen buoch*. Versuche zu einer feministischen Mediävistik. Hg. v. Ingrid BENNEWITZ. Göppingen 1989, S. 159-178.

SCHOEPPERLE, Gertrude: Tristan and Isolt. A Study of the Sources of the Romance. Erste Aufl. Frankfurt a. M. 1913. 2. Aufl. mit Bibliographie u. Forschungsbericht v. Roger S. LOOMIS. New York 1960.

SCHOLTE, Jan Hendrik: Gottfrieds von Straßburg Initialenspiel. In: Beiträge zur Geschichte der deutschen Sprache und Literatur 65 (1942), S. 280-302. Wieder in: Gottfried von Straßburg. Hg. v. Alois WOLF. Darmstadt 1973 (= Wege der Forschung, 320), S. 74-96.

SCHRÖDER, Werner: Das Hündchen Petitcreiu im *Tristan* Gotfrids von Straßburg. In: Dialog. Festschrift Josef Kunz. Hg. v. Rainer SCHÖNHAAR. Berlin 1973, S. 32-42.

SCHRÖDER, Werner: *Die von Tristande hant gelesen*. Quellenhinweise und Quellenkritik im 'Tristan' Gottfrieds von Straßburg. In: Zeitschrift für deutsches Altertum und deutsche Literatur 104 (1975), S. 307-338.

SCHRÖDER, Werner: Text und Interpretation I. Das Gottesurteil im 'Tristan' Gottfrieds von Straßburg. Wiesbaden 1979 (= Sitzungsberichte der wissenschaftlichen Gesellschaft an der Johann Wolfgang Goethe Universität Frankfurt a. M., 16).

SCHRÖDER, Werner: Text und Interpretation II. Isoldes Mordanschlag auf Brangæne im 'Tristan' Gottfrieds von Straßburg. Stuttgart 1989 (= Sitzungsberichte der Wissenschaftlichen Gesellschaft an der Johann Wolfgang Goethe Universität Frankfurt a. M., 25).

SCHRÖDER, Werner: Irrwege und Wege zu einer neuen 'Tristan'-Ausgabe. In: Zeitschrift für deutsches Altertum und deutsche Literatur 120 (1991), S. 140-156.

SCHRÖDER, Werner: Text und Interpretation IV. Zu Aussage und Funktion des *huote*-Exkurses im 'Tristan' Gottfrieds von Straßburg. Stuttgart 1993 (= Sitzungsberichte der Wissenschaftlichen Gesellschaft an der Johann Wolfgang Goethe Universität Frankfurt a. M., 30).

SCHRÖDER, Werner: Text und Interpretation V. Über die Liebe der Getrennten im 'Tristan' Gottfrieds von Straßburg. Stuttgart 1993 (= Sitzungsberichte der Wissenschaftlichen Gesellschaft an der Johann Wolfgang Goethe Universität Frankfurt a. M., 31).

SCHULTZ, James A.: Why Does Mark Marry Isolde? And Why Do We Care? An Essay on Narrative Motivation. In: Deutsche Vierteljahrsschrift für Literaturwissenschaft und Geistesgeschichte 61 (1987), S. 206-222.

SCHULTZ, James A.: Why Do Tristan and Isolde Leave for the Woods? Narrative Motivation and Narrative Coherence in Eilhart von Oberg and Gottfried von Straßburg. In: Modern Language Notes 102 (1987), S. 586-607.

SCHWEIKLE, Günther: Zum Minnetrank in Gottfrieds 'Tristan'. Ein weiterer Annäherungsversuch. In: *Uf der mâze pfat*. Festschrift für Werner Hoffmann. Hg. v. Waltraud FRITSCH-RÖßLER unter Mitarb. v. Liselotte HOMERING. Göppingen 1991 (= Göppinger Arbeiten zur Germanistik, 555), S. 135-148.

SCHWIETERING, Julius: Der Tristan Gottfrieds von Straßburg und die Bernhardische Mystik. Berlin 1943 (= Abhandlungen der Preußischen Akademie der Wissenschaften 1943, phil.-hist. Klasse, 5). Wieder in: Julius SCHWIETERING: Philologische Schriften. München 1969, S. 338-361.

SIMMER, Horst: Dermat und Tristan. Vergleich von Sage und höfischem Epos am Beispiel der gälischen Dermatsage RIA 24P9 und Gottfrieds 'Tristan'. Diss. Saarbrücken 1988. Frankfurt a. M. 1989 (= Europäische Hochschulschriften: Reihe 1, 1146).

SIMON, Ralf: Thematisches Programm und narrative Muster im Tristan Gottfrieds von Straßburg. In: Zeitschrift für deutsche Philologie 109 (1990), S. 354-380.

SPECKENBACH, Klaus: Studien zum Begriff „*edelez herze*" im 'Tristan' Gottfrieds von Straßburg. München 1965 (= Medium Aevum, 6).

SPIEWOK, Wolfgang: Zur Edition des Tristan-Epos Gottfrieds von Straßburg mit der Fortsetzung von Ulrich von Türheim nach der Heidelberger Handschrift Cod. Pal. Germ. 360. In: Jahrbuch der Reineke-Gesellschaft 1 (1991), S. 87-98.

SPITZ, Hans-Jörg: *bickelwort: Würfel und Speerworte*. Zu einer poetologischen Waffenmetapher im Literaturexkurs Gottfrieds von Straßburg. In: Lingua theodisca. Beiträge zur Sprach- und Literaturwissenschaft. Jan Goossens zum 65. Geburtstag. Hg. von José CAJOT. Münster 1995, S. 1019-1032.

STACKMANN, Karl: *Gîte* und *Gelücke*. Über die Spruchstrophen Gotfrids. In: Festschrift Ulrich Pretzel. Berlin 1963, S. 191-204. Wieder in: Karl STACKMANN: Mittelalterliche Texte als Aufgabe. Kleine Schriften I. Hg. Von Jens HAUSTEIN. Göttingen 1997, S. 106-119.

STEIN, Peter K.: Formaler Schmuck und Aussage im „strophischen" Prolog zu Gottfrieds von Straßburg Tristan. In: Euphorion 69 (1975), S. 371-387.

STEIN, Peter K.: Tristans Schwertleite. Zur Einschätzung ritterlich-höfischer Dichtung durch Gottfried von Straßburg. In: Deutsche Vierteljahrsschrift für Literaturwissenschaft und Geistesgeschichte 51 (1977), S. 300-350

STEIN, Peter K.: Die Musik in Gotfrids von Straßburg 'Tristan' – ihre Bedeutung im epischen Gefüge. Vorstudien zu einem Verständnishorizont des Textes. In: Sprache – Text – Geschichte. Hg. v. Peter K. STEIN u. Renate HAUSNER. Göppingen 1980 (= Göppinger Arbeiten zur Germanistik, 304), S. 569-694.

STEIN, Peter K.: Tristan. In: Epische Stoffe des Mittelalters. Hg. v. Volker MERTENS u. Ulrich MÜLLER. Stuttgart 1984 (= Kröners Taschenausgabe, 483), S. 365-394.

STEINHOFF, Hans-Hugo: Bibliographie zu Gottfried von Straßburg, Berlin 1971 (= Bibliographien zur deutschen Literatur des Mittelalters, 5).

STEINHOFF, Hans-Hugo (Hg.): Gottfried von Straßburg. 'Tristan'. Ausgewählte Abbildungen zur Überlieferung. Göppingen 1974 (= Litterae, 19).

STEINHOFF, Hans-Hugo: Bibliographie zu Gottfried von Straßburg. 2. Berlin 1986 (= Bibliographien zur deutschen Literatur des Mittelalters, 9).

STEVENS, Adrian u. WISBEY, Roy (Hg.): Gottfried von Strassburg and the Medieval Tristan Legend. Papers from an Anglo-North American Symposium. Cambridge 1990 (= Arthurian Studies, 23; Publications of the Institute of Germanic Studies, 44).

STEVENS, Adrian: Memory, Reading and the Renewal of Love: on the Poetics of Invention in Gottfried's 'Tristan'. In: German Narrative Literature of the Twelth and Thirteenth Centuries. Festschrift Roy Wisbey. Hg. v. Volker HONEMANN. Tübingen 1994, S. 319-335.

STROHSCHNEIDER, Peter: Gotfrit-Fortsetzungen. Tristans Ende im 13. Jahrhundert und die Möglichkeiten nachklassischer Epik. In: Deutsche Vierteljahrsschrift für Literaturwissenschaft und Geistesgeschichte 65 (1991), S. 70-98.

STROHSCHNEIDER, Peter: Höfische Romane in Kurzfassungen. Stichworte zu einem unbeachteten Aufgabenfeld. In: Zeitschrift für deutsches Altertum und deutsche Literatur 120 (1991), S. 419-439.

SZIRÀKY, Anna: Eros, Logos, Musiké. Sprache und Sprachreflexion in Gottfrieds von Straßburg *Tristan*: Sprachkritik oder eine utopische *renovatio* der (Dichter)sprache und der Welt aus dem Geiste der Minne und Musik? Thèse masch. Genf 1998.

TAX, Petrus W.: Wort, Sinnbild, Zahl im Tristanroman. Studien zum Denken und Werten Gottfrieds von Straßburg. Berlin 1961 (= Philologische Studien und Quellen, 8).

TENNANT, Elaine C.: The Principle of Authority in Gottfried's Concept of Narrative Writing. In: Euphorion 76 (1982), S. 222-259.

THELEN, Christian: Das Dichtergebet in der deutschen Literatur des Mittelalters. Berlin, New York 1989 (= Arbeiten zur Frühmittelalterforschung, 18).

THIBAULT-SCHAEFER, Jacqueline: Tristan. In: Dictionnaire des Mythes Littéraires. Hg. v. Pierre BRUNEL. Rocher 1988, S. 1385-1399.

THIBAULT-SCHAEFER, Jacqueline: Mythe et Modernisme, étude sur Tristan. In: The Turn of the Century / Le tournant du siècle. Modernism and Modernity in Literature and the Arts. Hg. von Christian BERG u.a. Berlin 1995 (= European cultures, 3), S. 339-352.

THOMAS, Neil: Tristan in the Underworld. A Study of Gottfried von Straßburg's „Tristan" together with the 'Tristan' of Thomas. Lewiston 1991 (= Studies in Medieval Literature, 10).

THOSS, Dagmar: Studien zum *locus amoenus* im Mittelalter. Wien, Stuttgart 1972 (= Wiener romanistische Arbeiten, 10).

TOMASEK, Tomas: Die Utopie im 'Tristan' Gotfrids von Straßburg. Tübingen 1985 (= Hermaea N. F. 4).

TOMASEK, Tomas: Moral und Menschenbild in den mittelalterlichen Tristandichtungen. In: Sandbjerg 85. Dem Andenken von Heinrich Bach gewidmet. Hg. v. Friedhelm DEBUS u. Ernst DITTMER. Neumünster 1986 (= Kieler Beiträge zur deutschen Sprachgeschichte, 10), S. 113-139.

TOMASEK, Tomas: Über den Einfluß des Appoloniusromans auf die volkssprachliche Erzählliteratur des 12. und 13. Jahrhunderts. In: Mediävistische Komparatistik. Festschrift Josef Worstbrock zum 60. Geburtstag. Hg. v. Wolfgang HARMS u. Jan-Dirk MÜLLER. Stuttgart, Leipzig 1997, S. 221-239.

TOMASEK, Tomas: Überlegungen zum *'truren'* im Tristan Gottfrieds von Straßburg. In: Literatur und Linguistik 29 (1999), S. 9-20.

UNTERREITMEIER, Hans: Tristan als Retter. Perugia 1984 (= Centro internazionale di studi di filosofia della religione. Saggi, 13).

URBANEK, Ferdinand: Die drei Minne-Exkurse im 'Tristan' Gottfrieds von Straßburg. In: Zeitschrift für deutsche Philologie 98 (1979), S. 344-371.

VAN D'ELDEN, Stephanie Cain: Reading Illustrations of Tristan. In: Literary Aspects of Courtly Culture. Selected Papers from the Seventh Triennial Congress of the International Courtly Literature Society, University of Massachusetts, Amherst, USA 27 July-1 August 1992. Hg. v. Donald MADDOX u. Sara STURM-MADDOX. Rochester, NY 1994, S. 343-351.

VENNEMANN, Theo: Gegen wen polemisierte Gottfried von Straßburg? *Des Hasen geselle* und die *vindære wilder mære* ('Tristan' vv 4636-4688). In: Aspekte der Germanistik. Festschrift Hans-Friedrich Rosenfeld. Hg. v. Walter TAUBER. Göppingen 1989 (= Göppinger Arbeiten zur Germanistik, 521), S. 147-172.

VOLFING, Annette: Gottfried's *huote*-Excursus (*Tristan* 17817-18114). In: Medium Aevum 67 (1998), S. 85-103.

VOß, Rudolf. Subjektive und objektive Motivation. Zur epischen Struktur und zum weltanschaulichen Problemgehalt des 'Tristan' Gottfrieds von Straßburg. In. Sprache – Literatur – Kultur. Studien zu ihrer Geschichte im deutschen Süden und Westen. Wolfgang Kleiber zu seinem 60. Geburtstag. Hg. v. Albrecht GREULE u. Uwe RUBERG. Stuttgart 1989, S. 321-336.

WACHINGER, Burghart: Zur Rezeption Gottfrieds von Straßburg im 13. Jahrhundert. In: Deutsche Literatur des Mittelalters. Hamburger Colloquium 1973. Hg. v. Wolfgang HARMS und Leslie P. JOHNSON. Berlin 1975, S. 56-82

WALWORTH, Julia: Tristan in Medieval Art. In: Tristan and Isolde. A Casebook. Hg. v. Joan Tasker GRIMBERT. New York, London 1995 (= Arthurian Characters and Themes, 2), S. 255-299.

WAPNEWSKI, Peter: Tristans Abschied. Ein Vergleich der Dichtung Gotfrits von Straßburg mit ihrer Vorlage Thomas. In: Festschrift Jost Trier. Hg. v. William FOERSTE und Karl Heinz BORCK. Köln, Graz 1964, S. 335-363.

WEBER, Gottfried: Gottfrieds von Straßburg Tristan und die Krise des hochmittelalterlichen Weltbildes um 1200. 2 Bde. Stuttgart 1953.

WEBER, Gottfried u. Hoffmann, Werner: Gottfried von Straßburg. 5. v. Werner HOFFMANN bearb. Aufl. Stuttgart 1981/82 (= Sammlung Metzler, 15).

WEIR, Alison: Eleanor of Aquitaine. By the Wrath of God Queen of England. Oxford 1994.

WELZ, Dieter: Glück und Gesellschaft in den Artusromanen Hartmanns von Aue und im „Tristan" Gottfrieds von Straßburg. In: Acta Germanica 6 (1971), S. 11-40.

WENZEL, Horst: Negation und Doppelung. Poetische Experimentalformen von Individualgeschichte im 'Tristan' Gottfrieds von Straßburg. In: Wege in die Neuzeit. Hg. v. Thomas CRAMER. München 1988 (= Forschungen zur Geschichte der älteren deutschen Literatur, 8), S. 229-251.

WESSEL, Franziska: Probleme der Metaphorik und die Minnemetaphorik in Gottfrieds von Straßburg 'Tristan und Isolde'. München 1984 (= Münstersche Mittelalter-Schriften, 54).

WETZEL, René: Die handschriftliche Überlieferung des „Tristan" Gottfrieds von Straßburg. Untersucht an ihren Fragmenten. Freiburg, Schweiz 1992 (= Germanistica Friburgensia, 13).

WETZEL, René: Der Tristanstoff in der Literatur des deutschen Mittelalters: Forschungsbericht 1969-1994. In: Forschungsberichte zur Germanistischen Mediävistik 1 (1996), S. 190-254.

WHARTON, Janet: *daz lebende paradis?* A Consinderation of the Love of Tristan and Isot in the Light of the *huote* Discourse. In: Gottfried von Straßburg and the Medieval Tristan Legend. Papers from an Anglo-North American Symposium. Hg. v. Adrian STEVENS u. Roy WISBEY. Cambridge 1990 (= Arthurian Studies, 23; Publications of the Institute of Germanic Studies, 44), S. 143-154.

WILLMS, Eva: *Der lebenden brôt.* Zu Gottfrieds von Straßburg 'Tristan' 238 (240). In: Zeitschrift für deutsches Altertum und deutsche Literatur 123 (1994), S. 19-44.

WISBEY, Roy: The *renovatio amoris* in Gottfried's Tristan. In: London German Studies 1 (1980), S. 1-66.

WOLF, Alois (Hg.): Gottfried von Straßburg. Darmstadt 1973 (= Wege der Forschung, 320).

WOLF, Alois: *Diu waren wirtinne – der ware Elicon.* Zur Frage des typologischen Denkens in volkssprachlicher Dichtung des Hochmittelalters. In: Amsterdamer Beiträge zur älteren Germanistik 6 (1974), S. 93-131.

WOLF, Alois: Die *adaptation courtoise*. Kritische Anmerkungen zu einem neuen Dogma. In: Germanisch-romanische Monatsschrift N. F. 1977 (27), S. 257-283.

WOLF, Alois: Gottfried von Straßburg und die Mythe von Tristan und Isolde. Darmstadt 1989.

WORSTBROCK, Franz Josef: Der Zufall und das Ziel. Über die Handlungsstruktur in Gottfrieds 'Tristan'. In: Fortuna. Hg. v. Walter HAUG u. Burghart WACHINGER. Tübingen 1995 (= Fortuna vitrea, 15), S. 34-51.

WYNN, Marianne: Nicht-Tristanische Liebe in Gottfrieds 'Tristan'. Liebesleidenschaft in Gottfrieds Elterngeschichte. In: Liebe – Ehe – Ehebruch in der Literatur des Mittelalters. Vorträge des Symposiums vom 13. bis 16. Juni 1983 am Institut für deutsche Sprache und mittelalterliche Literatur der Justus Liebig-Universität Gießen. Hg. v. Xenia von ERTZDORFF u. Marianne WYNN. Gießen 1984 (= Beiträge zur deutschen Philologie, 58), S. 56-70.

ZOTZ, Nicola: Programmatische Vieldeutigkeit und verschlüsselte Eindeutigkeit. Das Liebesbekenntnis bei Thomas und Gottfried. In: Germanisch-romanische Monatsschrift N.F. 50 (2000), S. 1-19.

Neue Reihe

KLASSIKER LEKTÜREN

Die neue Reihe „KLASSIKER-LEKTÜREN" unterzieht klassische Texte einer kritischen Neu-Lektüre und revidiert so altbekannte Positionen zu Autoren und Werken. Die einzelnen Bände enthalten Informationen zum jeweiligen literarischen sowie historischen Hintergrund, zur Entstehungsgeschichte und zur zeitgenössischen Aufnahme. Sie bieten einen Überblick über die wissenschaftliche Rezeption, eine Analyse und Interpretation der entsprechenden Texte und eine Auswahlbibliographie.

Die Bände sind damit vor allem für die begleitende Lektüre in Seminaren und zur Vorbereitung auf Prüfungen wertvoll.

RÜDIGER BRANDT

Konrad von Würzburg
Kleinere epische Werke

1999, 158 Seiten, 14,4 x 21 cm, kartoniert, DM 29,80/sfr. 26,50/ ab 1.1.2002: € (D) 16,80, ISBN 3 503 04946 0 (Band 2)

❚ Der vorliegende Band liefert zunächst Informationen zu Biographie und Werk Konrads, führt in den zeit- und literaturgeschichtlichen Hintergrund ein und versucht, Spezifika seiner Kunstkonzeption darzustellen. Eine Übersicht über die Konrad-Rezeption in Mittelalter und früher Neuzeit illustriert seine Bedeutung für die deutsche Literaturgeschichte; ein Abriss der Forschungsgeschichte demonstriert, auf welchen Wegen sich die Wissenschaft im Lauf der Zeit diesem Autor genähert hat. Eingehend behandelt werden die vier heute bekanntesten epischen Werke Konrads – „Herzmäre", „Heinrich von Kempten", „Der Welt Lohn" und „Engelhard" –, wobei die Perspektive von den philologischen Grundlagen über Zusammenfassungen aktueller Interpretationsansätze bis hin zu Versuchen reicht, Konrads Werk weiteren Fragestellungen zu öffnen. ❚

HTTP://WWW.ERICH-SCHMIDT-VERLAG.DE
E-MAIL: PHILOLOGIE@ESVMEDIEN.DE

ERICH SCHMIDT VERLAG
Berlin Bielefeld München

Neue Reihe

KLASSIKER LEKTÜREN

Jan-Dirk Müller

Das Nibelungenlied

2001, ca. 160 Seiten, DIN A5, kart., ca. 24,80 DM,
ISBN 3 503 06100 2 (Band 5)

❚ Das Nibelungenlied ist nicht zuletzt aufgrund seiner schillern-
den und nicht immer glücklichen Rezeptionsgeschichte das heute
vielleicht bekannteste Werk des deutschen Mittelalters. Als es gegen Ende des 12. Jahrhunderts als Buchepos konzipiert wird, hat
sein bis dahin überwiegend mündlich überlieferter Stoff bereits
eine 700-jährige Vergangenheit hinter sich. Der hochmittelalterlichen Feudalgesellschaft mussten die Geschichten aus der Völker-
wanderungszeit, zusammengeschoben auf eine einzige Generation,
allerdings schon einigermaßen fremd sein. Die dort geschilderte,
archaische Lebensordnung stand in scharfem Kontrast zum von der
Jahrhundertmitte in West- und Mitteleuropa ausgebildeten Ideal
einer höfischen Lebensweise, wie sie vor allem im Artusroman
verherrlicht wird. ❚

❚ Dieses Spannungsverhältnis ist Ausgangspunkt der Interpretation, die das Nibelungenlied unter neuer Perspektive betrachtet.
Sie versucht nicht, wie es lange Zeit geschehen ist, die im Text auf-
tretenden Motivationslücken und Brüche aus der angeblich nicht
recht gelungenen Kompilation heterogener Stoffe zu erklären, sondern liest das Nibelungenlied im Lichte der Auseinandersetzung
zwischen heroischer Vergangenheit und feudalhöfischer Gegenwart.
An der Überlieferung des Epos, insbesondere der konkurrierenden
Fassungen *B und *C, wird gezeigt, wie auch nach einer ersten
Verschriftlichung der *alten maeren* die ‚Arbeit an der Sage‘ in der
Umgestaltung des Textes weiterging. ❚

HTTP://WWW.ERICH-SCHMIDT-VERLAG.DE
E-MAIL: PHILOLOGIE@ESVMEDIEN.DE

ERICH SCHMIDT VERLAG
Berlin Bielefeld München